## 编 委 会

**荣誉主编：** 郭文安
**主　　编：** 郭元祥
**副 主 编：** 邓　阳　伍远岳　姚林群
**编　　委：** 王志高　方晓波　邓　阳　汪拥军　刘　艳　李冰雪
　　　　　　 汤雪平　朱桂琴　叶映峰　伍远岳　陈　娜　罗朝猛
　　　　　　 武凤霞　张红周　张丽清　郭元祥　郭永华　屈佳芬
　　　　　　 姚林群　杨莹莹　董　艳　谢虎成　崔　鸿

梦山书系

# 深度教学研究

（第二辑）

郭元祥 ◎ 主编

海峡出版发行集团 | 福建教育出版社

**图书在版编目（CIP）数据**

深度教学研究. 第二辑/郭元祥主编. —福州：福建教育出版社，2023.10
ISBN 978-7-5334-9515-2

Ⅰ.①深… Ⅱ.①郭… Ⅲ.①中小学教育－教学研究 Ⅳ.①G632.0

中国版本图书馆 CIP 数据核字（2022）第 179243 号

Shendu Jiaoxue Yanjiu（Di erji）

**深度教学研究（第二辑）**

郭元祥　主编

---

| | |
|---|---|
| 出版发行 | 福建教育出版社 |
| | （福州市梦山路 27 号　邮编：350025　网址：www.fep.com.cn |
| | 编辑部电话：0591-83727542 |
| | 发行部电话：0591-83721876　87115073　010-62024258） |
| 出 版 人 | 江金辉 |
| 印　　刷 | 福州印团网印刷有限公司 |
| | （福州市仓山区建新镇十字亭路 4 号） |
| 开　　本 | 710 毫米×1000 毫米　1/16 |
| 印　　张 | 19.25 |
| 字　　数 | 285 千字 |
| 插　　页 | 2 |
| 版　　次 | 2023 年 10 月第 1 版　2023 年 10 月第 1 次印刷 |
| 书　　号 | ISBN 978-7-5334-9515-2 |
| 定　　价 | 55.00 元 |

---

如发现本书印装质量问题，请向本社出版科（电话：0591-83726019）调换。

**卷首语**

# 论学科育人的逻辑起点、内在条件与实践诉求

郭元祥

一直以来，人们把学科教学理解为智育或知识教育，忽视了学科的整体育人功能，导致学科系统育人功能的结构性沉默。聚焦新时代背景下立德树人的根本任务，发展素质教育的现实要求，学科育人功能日益得到应有重视。有学者认为，学科育人是全面地、全方位地、全过程地育人，是落实立德树人的一种实现方式。[①] 当前，学科育人的研究呈现出批判性、创新性趋向，学科育人价值的挖掘需要透过知识的表层，去追寻知识背后的文化意义与价值传承。从知识价值论的表达与理解来看，知识的价值可分为两种：一是以知识的传授为目的，追求知识的学科性、学术性的学科价值；二是以学生的成长作为衡量标准的、追求知识对个人发展意义的育人价值。[②] 有学者认为，学校教育中的学科及其知识是人类长期积淀下来的认知成果，是历史形成的学科体系并转化具有确定性的教育内容，"学科教育知识是对学科知识进行'教育学转化'和'生本化表达'后形成的，以发挥学科知识育人功能为目的的一种新的学科知识形态"。[③] 学科育人的特殊性体现在与人们广泛提及的课程育人、教学育人、教书育人有一定关联，但又基于不同的问题视角和实现方式，它落实于学科学习之中。[④]

---

① 王磊，张景斌. 学科育人的理论逻辑、价值内容与实践路径 [J]. 教学与管理，2019 (10).
② 张良. 从学科价值走向育人价值——改革开放 40 年基础教育改革知识价值论的演进与融生 [J]. 课程·教材·教法，2018 (12).
③ 周彬. 学科教育专业化：知识基础和行动路径 [J]. 教育研究，2019 (3).
④ 成尚荣. 学科育人：教学改革的指南针和准绳 [J]. 课程·教材·教法，2019 (10).

不同学科具有不同的育人价值。学者们结合具体学科开展了学科育人价值的探索。有学者认为，"新基础教育"以"育人价值"为关键概念和主张，并对其进行了学科层面的实践转化，提出在教学实践中深度开放与转化学科教学的育人价值。① 其中，语文学科的育人价值可以从"教学内容""教学方法""教学工具"三个方面入手，做好语文教学资源的转化融通。② 国内诸多中小学就学科育人功能的实现进行了实践变革，其中有"基于学科育人功能的课程综合化实施与评价"改革，主张深耕学科，夯实素养，综合育人。③ 有学者认为，数学的基本思想承载了独特的、鲜明的学科育人价值。④ 也有学者结合对普通高中英语课标的解读，认为英语的学科育人观是以落实立德树人根本任务为使命，培养具有中国情怀、国际视野和跨文化沟通能力的时代新人。⑤ 因而，学科育人问题实际就是中小学各门课程的育人问题。

实现学科育人功能，是我国当前改革基础教育育人方式，全面提高教育质量的现实课题。尽管学科育人功能蕴含在知识和学习之中，但如果把知识仅仅作为学习的对象和目的，孤立地开展学科知识教学，无视学科知识教学与学生发展的生动关联性，必然会消解学科的育人功能。学科育人的逻辑起点、内在条件是什么，究竟怎样在课程实施、学科教学中实现学科育人功能？这些是当前深化育人方式改革需要回答的根本问题。把握学科育人的本质规定性及其逻辑起点，聚焦学科核心素养，明确学科育人的价值向度，创设学科育人的内在条件，实施深度教学，有助于克服学科育人的诸多难点问题。

---

① 李政涛. 深度开发与转化学科教学的"育人价值"［J］. 课程·教材·教法，2019（3）.

② 李重. 语文"学科育人"价值的深度挖掘与融通转化［J］. 课程·教材·教法，2019（10）.

③ 马宏，等. 巴蜀小学校：基于学科育人功能的课程综合化实施与评价［J］. 人民教育，2019（32）.

④ 曹培英. 从学科核心素养与学科育人价值看数学基本思想［J］. 课程·教材·教法，2015（9）.

⑤ 梅德明. 培养具有中国情怀、国际视野和跨文化沟通能力的时代新人——《普通高中英语课程标准（2017年版）》的学科育人观及实现路径［J］. 人民教育，2018（11）.

## 一、学科育人的本质与逻辑起点

从严格意义上来说,学科是指人类千百年来形成的相互关联又相对独立、分门别类的认识成果或科学知识体系,或称为科学门类。学科事实、学科范畴、学科命题和学科逻辑构成其基本要素。学科本质上是由某领域的认识所构成的"知识逻辑体系"。[①] 人类学科的发展从笼统的综合化到门类的分化与独立,再到交叉与融合,不断形成了比较稳定的体系,其基本形态人们统称为学科或学科知识,而学科知识是由事实与价值、观念与思想、逻辑与方法等构成的。学科反映的是人类认识的进程和发展水平,从人类科学门类中精选出适合儿童青少年身心发展水平的内容而构成的新的内容体系,便是基础教育中与各门科学相对应的教学科目,即学科。因而,学科育人所指的学科,在本质上是指中小学教育中的学科或科目。学科何以育人?传授学科知识就是育人吗?显然需要确认学科育人的本质和逻辑起点。

### (一)发展性是学科育人的质的规定性

促进学生发展,是学科教学的终极价值追求,也是课程与教学改革的价值支柱。多少年来,"课堂教学是主渠道"的理念,确认了学科教学是学校教育最经常、最普遍的育人方式和育人途径。教学的发展性和实施发展性教学,也确认了学科的发展性本质。什么是发展性?通俗地说,发展性即改变性,是指学科教学所引起的学生在身心多方面发生的结构性变化,使学生终身必备的具体领域学科核心素养得到整体提升。学科教学应建立知识与学生发展、学习与学生发展的关系,追求学生在认知能力、情感品质、思想意识、生活方式等维度发生实质性的成长与优化。

学科教学必须摆脱应试主义的价值观,以学生发展为价值取向,"忠诚于学科教育的本质追求,切实体现学科的教育价值取向和育人本质,完整达成学科教学目标而体现出来的高阶发展性品质"。[②] 从表面上看,学科育人的本质体现在促进学生学科素养的发展等功能上;但从实质上看,学科育人的本

---

① 孙绵涛. 学科论 [J]. 教育研究,2004 (6).
② 郭元祥. 课堂教学改革的基础与方向 [J]. 教育研究与实验,2015 (12).

质是通过学科教育或教学来丰富学生作为人的社会本质、文化本质和精神本质，促进学生由作为自然生命的人向作为社会生命、精神生命的主体的转化。在这一转化过程中，学科知识成为建立学生与外部世界的关系并理解外部世界的一个重要的纽带。学生通过学科知识的学习，认识与理解客观的自然世界、社会世界的规律，并结成"物—我"关系、"你—我"关系、"我—本我"关系，丰富学生的社会本质。理解社会并进入社会，成为结成社会关系的人，同时，理解文化并能够进入文化，成为具有文化本质的社会主体，人的发展才能真正实现。

教学的发展性是指使学生"成人"，即使学生对自我的社会本质和文化本质的生成与确认。学科教学的发展价值在于，一方面，通过人类知识的传承，习得并占有人类文化成果，引导学生获得人类文化的本质和内容，达到人类和民族文化的同一性，进而使个体具有人的文化本质和文化属性，由自然生命的人转化成为文化的人或精神生命的人；另一方面，通过学科知识教学引导学生发展自我，达到"认识你自己"的境界，实现对自我的理解与确认。以社会活动主体的身份参与社会生活和社会实践，推进人的社会化，进而由自然生命的人转化成为社会的人。从总体上说，人的生命发展过程就是"从自我确认到自我实现"的过程。[①] 自我确认就是苏格拉底（Socrates）主张的"认识你自己"，人只有真正认识自我、找到自我、觉醒自我，才能为"成人"提供可能的基础。自我实现，就是指人的社会本质、文化本质、精神本质的生长和成熟。黑格尔（Hegel, G. W. F.）把人的自我成熟分为三个阶段，即"单个自我意识阶段""承认自我阶段"和"全体自我阶段"。[②] "单个自我意识阶段"是主体意识到自我的存在，能够清晰地确认自己同一性，并与其他客体相区别。而"承认自我阶段"，是在产生人际关系的基础上，人意识到自己与他在的关联性，并理解自我亦为他人的存在。"全体自我意识"则更进一步上升到道德范畴，确认自我是一个道德存在，成为与自我同一的道德

---

① [苏] 科恩. 自我论 [M]. 佟景韩，等译. 北京：生活·读书·新知三联书店，1986.

② [苏] 科恩. 自我论 [M]. 佟景韩，等译. 北京：生活·读书·新知三联书店，1986.

实体。

人的自我成熟的基础是人在与外部客观世界的交互作用，并在这一作用过程中不断提升自我，实现发展阶段的进阶，实现"从'存在的自我'，逐步走向'体验的自我'和'概念的自我'"① 的成长。人的自我确认与成熟的过程，不仅仅是单一的对外部世界的符号认知过程，而且还是一个基于前人创造的符号知识建立"社会关系"或主客一体的交互作用关系，体现出来的人的文化过程、交往过程和实践过程。因而，学科教学的发展性并不是由学生占有多少符号知识来决定，而是由符号知识这一中介建立起的学生自我与客观世界的意义联结而决定的，表现为学科教学所引起的学生作为人的社会本质和文化本质的实现状态。学科教学的价值就在于使学生获得对客观世界认识为中介和基础，进而结成与客观世界的"社会关系"，形成"社会关系的总和"，并达到与客观世界的意义性联结，从而实现自我成熟，成为道德存在和社会主体。结成社会关系，参与社会生活，理解人类文化，获得文化同一性，达到文化自信与文化自觉，从而实现人的发展。因此，学科育人的本质是"成人"，是使学生成为具有符合人类历史发展进程的社会本质、文化本质和精神本质的人。

苏联教育家赞科夫在《教学与发展》一书中提出了"使班上所有的学生都得到一般发展"的教学原则，建立了发展性教学观。他主张"教学要走在发展的前面"，反对割裂知识与学生发展的价值关联，克服停留于单一的书本知识传授式教学的局限，丰富教学的发展性。实现学科育人功能，需要提升教学的发展性，丰富学科教学的发展品质。聚焦学科教学对于学生"成人"的意义达成，从学生自我认知、构造学生与社会关系、深化文化理解和文化认同，建立合理的思想意识等维度，关注学科学习的意义向度，使教学过程成为引导学生主动探寻与客观世界的关系，并创造成长意义的过程，从而消解学科教学价值性和意义性"结构性沉默"的状态。教学促进学生发展，需要"消解儿童青少年对内心自我的孤独感、对外部世界的迷茫感、对社会生

---

① [苏]科恩. 自我论 [M]. 佟景韩，等译. 北京：生活·读书·新知三联书店，1986.

活的陌生感和对现实世界的厌恶感"①，增强学生对社会的责任感、对生活的热情和对世界的关怀，真切地把学生培养成为具有社会本质、精神属性和文化特质的社会活动的主体、道德生命存在，这是教学发展性的本质诉求，也是"立德树人"的应有之义。

### （二）人—知互动是学科育人的逻辑起点

学科何以育人？作为反映人类认识成果，学科是一种理性存在、历史存在、文化存在、社会存在，要让学科具有育人功能，其逻辑起点是构筑学生生命成长与学科之间的生动关联。"人—知"关系，是教学活动的基本关系，知识与学生的关系既是教学的本体论问题，也是教学的价值论和实践论问题。建构"人—知"互动关系是学科育人的逻辑起点。"人—知"互动的本质是建立学习者与学科知识的双向循环关系，是知识与学习者生命的相遇。相遇是一种生动的循环，是交往与互动的一种状态。教育中最基本的"相遇问题"是教师与课程的相遇、学生与知识的相遇。从课程的角度看，"没有课程是完美的，因为它不能预测学生、教师和情境的不确定性的变化"，师生与学科、课程、知识的相遇是必然要发生的，但不是自发的、随意的接触。"在这种相遇中，教师挖掘课程的意义，将课程中的观点和材料转化为与学习者相适应的活动和表征。"②教学的根本目的不只是通过知识教学引导学生理解世界，更重要的是引导学生进入世界。知识与人的生动相遇，是在教学过程中知识与学生相结合的一种状态。从学习的角度看，相遇追求的是知识真正进入学生生命的状态，而不是将知识仅仅停留于一种学习内容、一种学习对象的状态。知识对于学生发展而言，不是一种学习对象的存在，而是一种意义的存在，是一种"意义领域"，蕴含着对于人的生成的社会意义、精神旨趣和文化意蕴。因此，深度教学追求知识的发展价值，重视挖掘并且实现知识对于学生生命成长的意义。

第一，"人—知"互动的根本前提是建立知识与人的发展之间的意义关

---

① 郭元祥. 课堂教学改革的基础与方向［J］. 教育研究与实验，2015（12）.

② Miriam，B. P. . *The Teacher-curriculum Encounter*. Princeton University Press，1990.

系。学科教学的发展性，强调的是站在学生发展的角度理解知识和处理知识，挖掘知识本身固有的科学价值、文化意义、社会功能，实现知识对于学生生命成长的终极意义，即确立知识的育人导向。从认识论的立场上看，"知识是对实在的理解"，而从教育学的立场来看，"知识对于心智和美好生活具有重要意义"，知识的教学需要导向人的自由。① 教学需要超越把知识仅仅作为学习的对象、作为孤立于社会和文化之外的符号来占有，追求知识对学生的成长意义。知识是客观世界的规律的陈述体系，从形式上看，知识涉及的是客观世界的物质性，但对学生发展而言，"知识是一个意义的领域"。②

知识与学生发展的意义关系的建立，是实现学科育人功能的逻辑前提。学科教学不应把知识占有作为终极目标，而只应作为教学的材料，作为学生发展的意义关联方，因为学生发展是教学的根本目的。学科教学中首先需要建立关于"人—知"关系的价值思维和意义思维，即从学生发展的角度来挖掘知识对于学生生命成长的意义。面对具体的学习内容或课程知识，教学需要追问的不是学生知道了什么，而是懂得了什么、悟到了什么，并获得进入世界的思想意识、价值观念、思维方式和处世的能力。

从内容上看，"人—知"互动一方面是新知识与学生已有知识、观念的相互作用，另一方面是学生生活体验与新知识的互动。互动即相互关联、相互作用，因而知识与学生相遇必然引起学生基于已有知识、经验和生活体验对知识的批判性理解、独立思考，从而生成"个人知识"。知识与学生相遇的理想形态，是学生在知识理解过程中产生同理认知，激发"共情"与"共鸣"。同理，是对知识科学规定性的获得过程，从逻辑、思维、方法论以及思想上理解知识，以达到文化认同并形成文化同一性。共情，是对知识所表达的情感、态度和价值观达到一致性，产生情感共鸣。正因为如此，深度教学注重引导学生在知识学习过程中的高阶思维，即通过反思、质疑、批判、创新的思维过程，反求诸己、切己体察，获得为学、为事、为人的道理。

从形式上看，知识与人的互动是知识与人的相互作用，是通过知识引起

---

① Hirst, P. H.. Liberal Education and the Nature of Knowledge. Archambault, R. D. *Philosophical Analysis and Education*. London: Routledge and Kegan Paul, 1972.

② Phenix, P.. *Realms of Meaning*. New York: McGrawHill, 1964.

学生内在精神世界的变化和发展。知识是人类的一种文化形式，知识与人的相遇，其实是学习者与前人的相遇，是与人类文化的相遇，也是与人的现实背景的相遇。教学不单是要打开人类的知识宝库，把学生引入这个宝库，而是恰恰相反，要让人类的知识真正进入学生的生命世界。从内容上看，知识与人的相遇，其实是学习者与知识生产者的相遇、与人类文化的相遇、与人类历史境遇的相遇。真正的科学知识，乃人类认识史上得到确认并逐渐沉淀下来的认识精华，具有文化地标的意义。因而，知识与人的相遇，是学习者理解并进入人类认识历史的过程，是与文化相遇的过程，是学习者与大师对话的过程。把一切知识仅仅当作结果来学习，是难以真正理解知识的。

第二，"人—知"互动的根本方式由理解世界走向进入世界，进而使知识学习的过程成为学生特殊的社会实践、特殊的文化实践和自主生命实践的过程。知识与人的互动，蕴含着知识与人的生命的相互关系，知识不但是外在于学生的生命成长，还是进入学生生命成长过程，是两种完全不同的教学境界。教育过程中的学生面对着与世界的关系，"构筑学生与世界的关联性"，从了解世界，到进入世界，再到改变世界，让学生与世界对话，则是深度学习的根本宗旨。[①] 对学生而言，知识若外在于人的生命，那就是一种对象化的物的存在，并成为学生要完成的一种学习任务甚至是负担。知识若真正进入学生的生命，那么知识对于生命成长的意义就被激活了。现实的教学活动大多只是把学生投入到知识的海洋里，而不是把知识引入学生的生命世界。促进知识与人的互动，必须让知识进入学生的生命，注重从引导学生通过知识学习来认识和理解世界，走向通过知识学习来进入世界、改造世界。作为人的认识成果，知识表述的是客观事物的内在规律。知识与人的相遇，不仅仅体现在只是对于学生在理解世界的意义上，更在于帮助学生进入世界，结成与世界的各种社会关系，参与社会生活，并成为社会活动的主体。只有"进入世界"，知识对人的发展价值才真正得以体现。知识教学，改变的不仅仅是学生的知识结构，更是学生的认知结构、情感与处世的价值观，乃至生活方式和思维方式的改变。

---

[①] Fullan, M. etal. *Deep Learning：Engage the World，Change the World*. California：Corwin Press，2018.

促进知识与人的互动或相遇，追求的是将作为认知实践的知识学习过程，向科学实践、文化实践、社会实践、生活实践的转化和进阶。从表层上看，知识是一种符号的存在；但从内容上看，知识是一种文化存在、社会存在。因而，知识学习的过程在本质上是一种特殊的文化实践、特殊的社会实践。只有知识与人的生命、精神相遇，学生对知识的学习才能达到文化层面、社会层面、精神层面的意义。所以，真正具有发展性的教学，是以知识与人的相遇为基础，构成"人—知"互动关系的过程。脱离学生的生活体验，难以把知识学习的过程变成生活体验的反思过程，难以"以文化人"。知识进入学生的生命，意味着知识对学生的人生体验、价值观念乃至生活方式的引领。因而，知识与人的相遇，最根本的标志是引起生命对话、生命觉醒。

## 二、实现学科育人功能的内在条件

知识是学科育人的关键要素，是有待发育的精神种子，学科育人的内在条件是引起知识向学生素养的转化。知识问题是教学的根本问题。[①] 实现学科育人功能，需要真切转变知识观。以课堂教学为载体，创新课堂的育人方式，摆脱十多年来中小学存在的教学时间分配、教学程序简单翻转或单一的教学技术改变的局限，切实进入学生的知识学习过程，创设实现学科育人功能的内在条件。

### （一）确立发展取向的知识观

对于教育而言，知识问题是不可回避的根本问题。当代美国著名分析教

---

① 在教育发展史上，能够被称为知识的经典教育学问题并以学者命名的问题真还不多，如果像哲学发展史那样以人名来刻画知识的经典问题，如"笛卡尔问题""洛克问题""休谟问题""康德问题""波普尔问题"等，的确屈指可数。若以人名的形式来梳理教育史上的经典知识问题，能得到认可的或许有："斯宾塞问题"，即知识的价值及选择问题，他是教育学史上第一个明确从学生发展的角度，在《教育论》中提出"什么知识最有价值"这个经典的课程问题；"杜威问题"，即知识的还原问题与经验问题，他在《民主主义与教育》《经验与教育》等著述中探究了知识、经验与学生生长的问题；"布鲁纳问题"，即知识的结构与认知结构问题，他在《教育过程》一书及其在20世纪60年代领导的美国教育改革运动中提出了结构主义教学论；"谢夫勒的知识问题"，即知识理解的条件问题，他早在《知识的条件》《教育的语言》等著作中，系统探讨了知识理解的内在条件。

育哲学家谢夫勒（Scheffler，I.）认为，教育中的知识问题表现为五个方面。[①] 第一个方面是"知识的认识论问题"，即"什么是知识"。教育和教学"必须要寻求清晰地、逻辑地表述知识的标准"。第二个方面是"对知识的评价问题"，即"什么知识是值得信赖的或最重要的"，这个问题涉及"知识的分类和知识的价值标准"。第三个方面是"知识的发生学问题"，即"知识究竟是怎样产生的"，回答这一问题需要"给出知识发生的过程和机制，以及知识对促进心智发展提供多种模式"。第四个方面是"知识的方法论问题"，即"应该怎样指导学生去发现知识"，这一问题的答案就是"提供适用于探究、整合知识的有关方法的理念"。第五个方面是"知识的教育学问题"，即"如何最佳地教知识"，这一问题要回答"怎样进行理想的教学来促进知识的转化"。从认识论、发生学、价值论、方法论、教学论的视角来分析知识教育问题，无疑是建立知识的教育学立场的根基。

对学生的成长而言，学科知识是"种子"和"养料"，教学活动是"土壤"和"发育过程"。从教学价值观的角度看，学科知识是有待发育的"精神种子"。学科知识是美德之种、思想之种、文化之种、智慧之种。知识是关于"科学世界"的，即"关于世界的知识"，更是关于"生活世界"的，即"进入世界的知识"。[②] 学科学习的目的，一方面在于从前人那里获得对客观世界的认识，占有公共知识，收获并吸收人类认识关于世界的思想遗产；另一方面在于通过与自我生活世界的意义联结，在探究、反思和重构的基础上，将公共知识转化为个人知识，从而形成自我认识世界并进入世界的方式。公共知识对于个体而言，"公共"的意义是什么？由于"大多数哲学家都声称知识是关于世界的真理，也是关于人与世界的信念"[③]，因而公共知识内在凝结着对学习者认识世界和进入世界赋有启发和借鉴意义的真理和信念，是知识的符号所蕴藏的逻辑形式和意义系统。从此意义上说，公共知识是学生认识世

---

[①] Scheffler, I. *Conditions of Knowledge*: *on Introduction to Epistemology and Education*. Chicago: Scott, Foresman & Company, 1965.

[②] 赵汀阳. 知识，命运和幸福 [J]. 哲学研究, 2001 (8).

[③] Scheffler, I., *Worlds of Truth*: *A Philosophy of Knowledge*. Chichester, West Sussex County: Wiley-Blackwell Publication, 2009.

界、认识自我、理解文化的一面镜子。从认知世界的方式来看，公共知识对学生具有"观念之镜、方法之镜、经验之镜"的价值。① 实现学科育人功能，需要理性地回答谢夫勒所提出的知识的认识论问题、价值论问题以及发生学问题，准确发现和充分挖掘公共知识对于学生成长可能的"公共"意义。

对学生而言，"公共知识"是有待发育的"精神种子"，它为学生提供了发展的可能性。实现从公共意义向个人意义的转化和生成，正是学科育人的实现过程，"以知识为话题和中介的师生对话与交往、理解和探究、体验和反思，其实是知识作为精神种子在学生身上展开精神发育过程的土壤"。② "个人知识"何以成为"个人的"？由于个体对公共知识的加工都打上了社会现实、个体认识方式和鲜活的生活体验的烙印，因而个体对公共知识的加工所产出新的意义系统具有了个性化的差异，或是个体化的对公共知识的意义增值或意义衰减。谢夫勒就特别强调学科命题知识促进学生发展的根本条件是提供充分的"真理条件"，也就是命题性知识对于学习者具有的"双重功能"得到充足实现。知识的真理条件表明，"知识的属性具有双重功能，即当我将知识归入 X，我不仅在描述知识 X 本身也在描述这个世界"；知识的真理条件突出获得知识"不是一种简单而纯粹的认知任务、能力、活动、状态、过程或表现，而是一种成就和意义增值的过程"③，不是对假定意义或可能意义的忠诚，更不是意义衰减。

学科公共知识的个体化生成过程，是个体以公共知识的假定性或可能性意义为参照，通过学习者内化知识并与自我相关联，自主生长社会性品质的过程，也就是弗兰（Fullan, M.）、奎因（Quinn, J.）等学者在深度学习理论中所主张的从理解世界到进入世界，再到改造世界的发展过程。④ 学科育人功能的实现，不去基于学生生命成长的立场确立发展取向的知识观，不去探究公共知识向个体生命成长的意义增值方式，仅仅停留于假定意义或可能意

---

① 郭元祥. 知识之后是什么——谈课程改革的深化 [J]. 新教师，2016 (6).
② 郭元祥. 知识之后是什么——谈课程改革的深化 [J]. 新教师，2016 (6).
③ Scheffler, I. *Conditions of Knowledge: on Introduction to Epistemology and Education*. Chicago: Scott, Foresman & Company, 1965.
④ Fullan, M., etal. *Deep Learning: Engage the World, Change the World*. California: Corwin Press, 2018.

义的接受或复制，不通过学科知识教学让学生进一步"进入世界"和"改变世界"，期冀作为"精神种子"的知识向学科素养发育，几乎是不可能的。

**（二）促进知识向学科素养转化**

学科的育人功能在于通过知识学习和师生交往，使学生成为理性的人、文化的人、社会的人和具有精神属性的人。我国新修订的《普通高中课程标准》明确提出的各门学科核心素养，聚焦了学生在学科学习后应具有的必备品格和关键能力。所谓学科素养，是指学生在特定课程或特定学科领域学习中所表现出来的比较稳定的心理特征和行为特征，是学生通过课程或学科学习应达到的必备的知识基础、基本思想、关键能力和学科经验等方面的总和。各个学科的核心素养并非仅仅是一些抽象的维度或概念，而是凝结着学科具体知识的本质、特定的学科思想、问题解决的方法论，以及学习者在具体学科领域所应具备的能力表现与体验。学科教学要切实发挥育人功能，需要把握学科核心素养的内在要素，促进学科知识向学科素养转化。

第一，学科知识的结构化。零散的知识形不成能力，零散的知识难以让学生建立起学科思想。知识理解与习得，是教学最基本的目的，也是实现教学价值的基础，更是学科育人的基础。学科素养不是空洞的观念和纯粹行为表现，而是以知识为基础的。知识理解是教学的根本基础，知识是学生学科素养发展的种子。学科知识是学科结构中的主要要素，包括基本事实、基本概念及其与理论之间相互关联的形式。学生的学科核心素养的根基是结构化的基础知识，点状的、零散的知识难以形成学科核心素养，学科知识的结构化是形成学科核心素养的条件。在深度教学过程中，引导学生正确地理解知识，获得知识的科学本质和科学属性，为基础知识向学科思想、学科能力的转化奠定坚实的基础。

知识学习的不断进阶，新知识的不断增加，必然引起学生知识结构的重建。知识学习的进阶是通过新旧知识的链接、重组而实现的。已有知识何以成为新知识理解的基础，新旧知识之间如何转换，都是关系到新知识的进入而建立新的知识结构的问题。在学科教学过程中，学生学科知识的结构化是一个持续的过程。教学实施需要引导学生构建"知识网""意义网"，而不是零散的知识点。

第二，学科思想的体系化。知识的本质是观念，是思想。具体的学科知识是反映具体学科思想的载体。学科思想是"对学科事物或学科事物的某些方面或问题的概括性的、总结性的、综合性的、规律性的认识（看法、见解），是人们在对学科事物感性认识基础上进行分析、概括、抽象、整合和辩证等思维活动后的产物"。[①] 学科思想是知识的内核，是学科最凝练的基本规律，也是知识"意义系统"的基本成分。

学科思想是隐含在具体知识之中的，是隐含在符号知识背后的内容，是学生获得"双重功能"和意义增值的起点和源泉。"知识之后"是什么？明确地说，是学科思想、学科方法论，是价值观、文化等更深层的东西。深度教学追求学科思想的明确化。从符号接受，到符号解码、思想建立，再到意义建构，是一个逐层深化的学习过程。学科思想的明确化，不是仅仅靠学生之间的小组合作学习所能实现的。学科思想的教学，是深度教学的应有之义，唯有"问题导向"、高阶思维的发展，才能实现对学科思想的挖掘和明确化。

第三，学科能力的表现化。学科能力是指"学生在具体的学科知识学习过程中，基于知识转化学生在问题解决过程中呈现出来的比较稳定的心理特征和行为特征"。[②] 学科能力是应用已有知识在问题解决过程中所表现出来的能力状态，因而学科能力是表现性的，即学科能力表现。在学生的学科核心素养中，能力表现是关键，因此，学科能力在学科素养中就是学生的学科关键能力。

教学把学科思想、学科能力作为教学价值、育人功能和教学目标的深层次的维度。学科观察、学科想象、学科思维是各学科教学中的关键性的基础能力。不同学科具有独特的学科能力表现，如数学学习中的几何直观、图形抽象、图形建构能力等；如语文阅读中的预测、想象、生活叙事，文本理解中的文化意识、文化觉醒等，都具有鲜明的语文学科特质。深度教学强调以反思性思维、批判性思维和创造性思维为基础，引导学生经历高阶思维的过

---

[①] 陈娜，郭元祥. 学科课程思想内涵、特征及其对教学的观照 [J]. 课程·教材·教法，2017（8）.

[②] 郭元祥，马友平. 学科能力表现：内涵、意义及其类型 [J]. 教育发展研究，2012（8）.

程，促进知识向学科素养的转化。

第四，学科经验的连续化。学科核心素养终究需要在问题解决中来表现和体现，形成问题解决的经验和体验。学科经验是学生学科学习的体验，是解决实际问题的经历、过程和结果，是学生的学科实践学习所达成的表现性学科素养。学科经验是系统的、连贯的、结构性的经验。零散的经验构不成学科素养，学科经验的生成过程是开放的，是面向真实问题、复杂情境和生活背景的。学科经验内在地包含学科知识、学科思维、学科方法，是在问题解决过程中体现出来的表现性学科素养，具有认知性、情感性、审美性、操作性等特征的经验，是知识与人相遇的实践性表达。学科经验既是问题解决取向的学科素养，又是表现性素养，是问题解决过程中所表现出来的学科素养。通过应用已有知识，经历问题解决的过程，才能形成有价值的学科经验。因此，学科经验基于知识理解和应用、问题探究与解决，具有科学实践、文化实践、社会实践、生命实践、技术实践特质的结晶。

### 三、导向学科育人的教学实践诉求

知识和学习是教学的两个基本出发点，学科育人是通过教学活动来实现的。确立知识的教育学立场，引导对知识的深刻学习、充分学习，是实现学科育人的根本方向。对知识的深刻学习、充分学习，旨在切实通过知识理解、师生多元互动，提高学生学科学习的意义感、自我感和效能感，实现对学生思维发展、价值观培育、文化熏染和关键能力培养等方面的价值。实施深度教学，引导深度学习，是实现学科育人功能的实践诉求。

#### （一）表达知识的多维属性

学习是一个复杂的心理活动，也是一种社会活动、文化活动以及生命活动，是促进学生发展的过程。是符号接受，还是文化实践？是符号解码，还是生命探寻？反映的是不同的学习境界和层次。学科育人需要寻求与基于学生生命成长发展取向的知识观相辅的新取向的学习观，提升学习的境界与层次，达到学习过程和学习方式的应有深度。

第一，让学习可见。学习不是静止的内隐活动，而是需要沉浸、需要行为表现支持的活动。可见的学习是层进式理解、层进式思维的可见。从理解到转化，再到反思、迁移，学生的学习是不断进阶的过程，可见的学习必定有对知识的发生学理解、层进式理解和对知识情境的沉浸，以及明确的思维过程。

从哪些层面来引导学生深度理解知识，如何由概念学习、关系学习转化到学科思想的建立，以及由知识向学科能力进行转化？如何让生活经验进入学生理解的过程、反思的过程，又如何通过变式学习来实现举一反三、问题解决？这些都是教学需要回答的关键性问题。教学环节清晰、目标针对性明确，并将目标任务化是可见学习的显著标志，而任务取向、问题导向、过程取向也就是让学习可见的观测点。

第二，让思维发生。思维是人脑以感知为基础概括抽象地反映客观事物本质属性的心理活动，是学生认知过程的高级阶段。良好的思维品质包括思维的敏捷性、广阔性、批判性、创新性等。深度学习最显著的标志是引导高阶思维的发生，即学生思维过程的表现、思维方式的建立、思维品质的提升。

思维作为认知过程的高级阶段，不是课堂教学中要求"同学们想一想"等各种表层活动就能达到的。思维有规则、有过程、有形式。引导学生经历演绎与归纳、分析与综合、分类类比与比较，以及概念、判断、推理等逻辑思维的过程和逻辑思维的形式，是思维发生的根本条件。[①] 发展学生思维，不是空洞的和表层的形式要求，而需要以问题为导向，引导学生规范地经历逻辑思维的基本过程，应用逻辑思维的基本形式。

让思维发生，不是空洞的和无内容的，思维的对象是知识与其依存的多向度的情境相关联的。聚焦问题、关注情境、引导方法，思维才可能真实发生。可见的学习首先是知识理解的多维度、多层面的意义性理解。静止的、平面的、点状的诠释或解释知识的字面意义，粗放的符号表层解释，容易消解学生对知识多维度的意义理解。教学过程中所见到的知识就不再仅仅是一

---

① 从方法论的角度看，人类的认识史就是人类思维的发展史。我们怎样认识世界，是关于思维的问题。从公元前4世纪古希腊哲学家苏格拉底用归纳法进行诘问、亚里士多德（Aristotle）提出演绎法，到16世纪末英国哲学家培根（Bacon, F.）提出归纳法，人类走过了2000多年历史。再到18世纪晚期德国古典哲学家康德（Kant, I.）提出分析判断和综合判断，又过去了200多年的时间。到19世纪上半叶德国哲学家黑格尔、恩格斯（Engels, F.）等所作出的突出贡献，辩证逻辑才得以建立起来。

个"点",而是一个多维的"知识网""意义网",历史、文化、社会、艺术等便是这张知识之网的网上纽节。深度学习需要"超越符号认知,由知识的网状学习、分层处理,引起学生进入知识的多维属性和多重价值,进行科学学习、技术学习、社会学习、文化学习、生命学习"。[①]

深度学习的可见,是准确地触及知识的科学本质、属性和规律。从概念到关系,到思想、方法,再到变式,构成知识科学规定性的整体。更为重要的是,要进入历史视角、知识发生学的视角以及社会视角,让知识所隐含的文化背景、社会背景以及知识所赖以依存的情境进入学生高阶思维的过程。

第三,让文化浸润。从人类的历史长河来看,知识是人类传承下来的文化遗产,是人类的文化形态。知识的生产与演化是人类的文化现象和文化活动,知识又标示着人类文化的进程和精神内涵。知识有其特定的文化意义,文化性是知识的基本属性。教学必须真正引导学生把知识作为文化来学习,而不是作为符号来习得。而忠诚地表达知识的文化属性及其价值,才能实现学科教学的文化育人功能。漠视知识作为人类的文化现象、文化过程、文化形态,掩盖知识的文化本质及其文化蕴含,学科教学无疑会沦为孤立的符号记忆和机械训练。

让文化浸润指向的是凸显学科教学的文化敏感性,引导学生进行文化实践活动。一方面,敏于关切和忠诚表达知识的文化内涵。将学科知识与人类社会的文化进程、社会实践、社会事件相关联,揭示知识的文化属性和文化精神,以文化人,从文化育人的高度来实现学科育人。妥善解决知识的文化发生学问题,寻找教学内容与优秀的民族文化、历史文化、传统文化和先进的革命文化的契合点,提升与丰富学科教学的文化品格,对学生进行文化熏陶。另一方面,创设文化实践活动,使学生学科知识学习的过程同时成为文化实践的过程。让知识理解过程成为学生文化理解的过程,将知识理解上升到文化理解、文化认同的学习层次,引导学生获得文化同一性,丰富学生的文化底蕴。以此为基础,进一步开展文化反思、文化批判活动,直至养成文化自信、文化自觉。缺失历史意识和实践意识的学科教学,将丧失教学的文化品格和育人功能。

---

① 郭元祥. 学习观的变革:学习的边界、境界与层次 [J]. 教育研究与实验,2018 (1).

## （二）引导深度学习

知识是人类科学实践的产物，科学属性是知识的第一属性。知识是人类的一种文化形式和文化现象，文化属性是知识的基本属性。知识是在人类社会实践中产生并经过实践检验，它具有社会属性和实践属性。教学活动只有充分地表达出知识的多维属性，为意义而教，为理解而教，为生成而教，其发展性才能得以真实地实现。因此，从深度教学的视野来说，引导学生学科学习达到充分广度、充分深度和充分关联度，使知识学习的过程成为科学实践的过程、文化实践的过程、社会理解的过程、生命实践的过程，其育人价值才能得到发挥。

"充分广度"是对知识的"发生学问题"的关切。引导学生进入知识发生的过程，理解知识的来龙去脉，为理解和转化奠定认知基础。从此意义上说，"知识学习的充分广度"体现的是对知识学习的历史之维、过程之维的关切。知识不是单一的符号存在，而是思想、思维、文化的结晶，而且任何知识都有其特定的自然背景、社会背景、科学背景、历史背景、文化背景。教学需要超越单一的符号接受、解码和符号认知，立体地处理知识，引导学生知识学习的充分广度。

知识学习的充分广度，要求学习者不应脱离知识背景来抽象地学习知识和解码知识，而要进行沉浸式学习。理解知识所表达的事物的本质和规律，需要沉浸于知识的背景，经历并理解知识的发生过程，从发生学的视角去解码知识。沉浸式学习，是对知识背景的沉浸，对知识发生过程的沉浸，对认知活动情境的沉浸。

"充分深度"是对知识的"认识论问题""方法论问题"的关怀。知识的符号背后内在的元素是知识的逻辑形式和意义系统，知识学习必须理解知识的发生过程、内在的逻辑规则及其具有真理性的信念和意义，才能习得知识的多层次内涵，转化知识的丰富意义，从而展现知识对学生的"意义增值"。因此，具有发展性的教学需要为对知识的深度理解而教，达到知识学习的充分深度。深度教学追求由符号学习走向逻辑学习、意义学习，引导学生获得"符号之后"的东西。从符号学习到逻辑学习，再到意义学习，体现了知识学习的层进性。知识学习的充分深度，旨在进入知识的"逻辑形式"和"意义系统"，为学科知识向学科能力表现转化提供现实基础。层进性学习，是对具体知识的本质规定性、内在关系、思想与方法的分层学习，以及对知识的文化意义、社会意义和实践意义的分层内化。表层教学、表面教学的弊端就在于学习总是游离于知识的内核之外，从而学习从未真正发生，或者学习刚刚发生就戛然而止了。

"充分关联度"是对知识的"方法论问题""教育学问题"的关注。知识的产生一方面具有人类的文化背景，另一方面与种族、个体的想象和经验具有千丝万缕的联系。前人的认识成果对后来的学习者具有"意义增值"，而知识的意义增值的条件是前人的知识与学习者的人生境遇发生充分的关联，尤其是与时代文化的关联，与个体经验的关联和个体想象的关联。学科教学应对"方法论问题"，还需要建立学科学习与学生问题解决能力之间的关联性，有针对性地发展学生的学科观察、学科想象等关键能力。

一直以来，表层教学往往把知识悬置于孤立的、静止的状态，单一的符号孤立、平面处理、与文化和现实的社会生活的隔离，阻断了公共知识向个体知识转化的历史通道，具有历史意义和现实意义的知识演变成了"古董式的存在"或"展品"，知识的文化价值和发展意义被剥离了，教学也就成了对知识的符号接受，进而丧失了学科教学对于人的生成的意义。

# 目　录

## 第一部分　课程教学的文化育人功能

在中小学教学中渗透文化自信教育 …………… 郭元祥　彭雪梅　3
学校教育的文化自觉及其实现 ………………………… 姚林群　19
论课堂教学中的文化育人 ……………………… 郭元祥　刘　艳　34
历史精神的教育意蕴及培育 …………………… 马晓华　郭元祥　46

## 第二部分　学科想象及其生成研究

遇见与预见：学科想象的生成及想象教学 …… 郭元祥　李　新　69
参与历史：历史想象及其能力培养 …………… 郭元祥　王秋妮　87
审美期待：语文学习中的文学想象及能力培养 ……… 王　金　101
认识论资源的研究进路及其教学启示 ……………………………
………………………………………… 邓　阳　刘　莹　王后雄　115

## 第三部分　深度教学的理论探微

人工智能背景下的认识主体与主体性培育 …………… 伍远岳　133
论课程的社会育人功能及其条件 ……………… 伍远岳　余　乐　148
教师教育知识的增长方式 ……………………………… 李桂英　158
教材二次开发的内容向度及其实践追求 ……………… 李冰雪　169
反思性学习：作为一种评价策略 ……………………… 杨　晶　179

教育质量评价的异质性探析
　　——基于 PISA2015 和 PISA2018 的数据分析·········伍远岳　191

## 第四部分　深度教学的教学实践探索

学科实践：作为一种学科学习方式 ··············刘　艳　211
中学生科学写作能力的内涵及培养策略探绎 ·········邓　阳　224
凸显"解释—论证"的科学探究：内涵、现实意义和实践策略······
　　·················································邓　阳　王后雄　234
U 型模式：素养导向下的深度教学设计与改进 ········谢虎成　244
在感悟建构中培养学生的空间观念
　　——《体积与体积单位》教学案例 ············董　艳　251
素养表现型教学：提升学习层次 ··············武凤霞　260
智慧教育视域下的知识追踪：现状、框架及趋势 ···········
　　············王志锋　熊莎莎　左明章　闵秋莎　叶俊民　267

# 第一部分　课程教学的文化育人功能

# 在中小学教学中渗透文化自信教育

郭元祥　彭雪梅

习近平总书记指出："坚定文化自信，是事关国运兴衰、事关文化安全、事关民族精神独立性的大问题"①，"教育改革要坚持文化自信"。② 加强广大儿童青少年的文化自信教育，实现文化育人功能，引导儿童青少年理解与认同中华民族先进文化，提高文化理解力，内化中华民族的历史精神，坚定文化自信，是落实立德树人根本任务，也是培养社会主义建设者和接班人的重要使命，更是关乎国运兴衰、文化安全、民族精神独立性的大问题。

## 一、文化自信的意蕴

文化是一个国家、一个民族的灵魂和根基，文化兴则国运兴，文化强则民族强。在当今百年未有之大变局背景下，多元文化、多种文明的交融与冲突并存。一方面，文化交融促进了世界不同源流的跨文化理解与文化融合；另一方面，文化输入、文明异质性甚至文明冲突必然在一定程度上影响本土文化、本民族文化的纯洁性和独立性，进而影响青少年儿童对本土文化和民族文化的信心和信念。加强中小学生文化自信教育，是时代所必需。

### （一）文化与文化自信的本质

文化自信的对象是国家和民族的文化。文化是一种客观的历史存在、社会存在和社会意识，是国家和民族历史发展的结晶。通常所说的文化，是指

---

① 习近平. 在庆祝中国共产党成立 95 周年大会上的讲话 [N]. 人民日报，2016－7－2.

② 习近平. 在北京八一学校考察时强调全面贯彻党的教育方针努力把我国基础教育越办越好 [N]. 人民日报，2016－9－10.

国家和民族后天获得和创造的并为社会群体所共有的一切事物，是国家、民族甚至整个人类创造的物质和精神产品的总和。文化是以"统一的整体"的形式存在的，[①]是国家和民族所特有的社会实践的历史产物，是由特定社会所共有的物质财富、精神财富构成的复杂整体。从内容上看，文化包括物质文化、制度文化和精神文化三个层面。[②]文化是社会群体对自然世界、社会世界、精神世界共有的理解和行动根据，是维系国家和民族生存、独立与发展的根基，它"被群体中的人们所共同接受才能在群体中维持下去"。[③]尤其是由科学知识、价值规范、审美形式（简称科学、道德、艺术）等构成的精神文化，支持和维系着群体相对稳定性的共同认知、价值观和行为规范。从根本上说，一个国家、一个民族的社会价值观体系、社会发展道路和社会制度是由其文化决定的。

从历史唯物主义的观点看，物质文化、制度文化、精神文化都是国家和民族的社会实践的历史产物，是在社会生产生活实践中产生的结晶体。正如马克思所强调的那样，"历史从哪里开始，思想进程也应当从哪里开始，而思想进程的进一步发展不过是历史过程在抽象的、理论上前后一贯的形式上的反映。"[④]文化的形成是一个历史的发展过程。马克思认为："一切划时代的体系的真正内容，都是由于产生这些体系的那个时期的需要而形成起来的。"[⑤]文化便是群体在社会生产和社会生活实践建立起来的共有、共享、共守的认识、观念和准则，以及处世的行为方式，从而文化的发展历史也是人类或民族的发展历史。中华民族文化就是在不断绵延从未中断的五千年文明发展历史中，沉淀下来的民族群体共有的主体认知与真知灼见、思想意识与价值观

---

[①] 英国人类学家马林洛夫斯基就认为文化"是一个由工具、消费物、在制度上对各种社会集团的认定、观念、技术、信仰、习惯等构成的统一的整体"。Malinowsk, B. A Scientific The ory of Cultureand Other Essays，1944. 转引自郑金洲. 教育文化学 [M]. 北京：人民教育出版社，2014.
[②] 郑金洲. 教育文化学 [M]. 北京：人民教育出版社，2014.
[③] 费孝通. 论文化与文化自觉 [M]. 北京：群言出版社，2010.
[④] 中共中央马克思恩格斯列宁斯大林著作编译局. 马克思恩格斯选集（第2卷）. [M]. 北京：人民出版社，2012.
[⑤] 马克思，恩格斯. 马克思恩格斯全集（第3卷）[M]. 中共中央马克思恩格斯列宁斯大林著作编译局，译. 北京：人民出版社，1960.

念、道德规范与社会准则。比如，作为我国社会主义核心价值观的"诚信"就是我国劳动人民秉承的传统文化中的积极的价值观和行为规范。吸收文化精华，习得、分享、坚守、传承并发展文化，是社会主义文化建设和文化进步的基本规律。

文化自信是社会主体对作为客体的文化，通过对象性活动所形成的对自身文化确信和肯定的稳定的心理特征，也是社会实践主体的一种集体社会意识，是社会实践主体或社会群体基于对其文化的肯定性评判和价值确认而产生的信心和信念，是对国家和民族优秀文化及先进文化的一种积极反映，是关于国家和民族文化的一种积极的社会意识。因而，文化自信是社会主体对本民族和国家文化的积极性、先进性、合理性的充分肯定和价值确认，是对本民族和国家文化从认识到认同再到尊重、信奉和坚守的过程。作为一种社会意识，文化自信所指向的是社会群体所创造的文化本身，是对作为社会存在的文化的一种社会反映。从本质上来看，文化自信是自觉的身份认同、心理认同、精神认同以及坚定的信念和正确的文化心态，是"对所属国家和民族文化的积极态度和充分肯定，标志着对所属国家和民族文化的价值取向认同和身份认同"。[①] 文化自信影响着一个国家、一个民族、一个政党，甚至普通大众。正确理解自身文化，认同自身文化的内涵、价值及其先进性，并对这种文化的生命力和发展前途充满信心，同时以开放包容的文化态度对待不同文化和文明。

文化自信的基本对象是社会成员共享共创的主体文化，包括文化价值观、文化思维方式、文化生活方式、文化制度、民族历史，及其所凝结的民族精神、文化精神或历史精神。著名文化学者钱穆先生在论及中国历史精神时认为，"民族、文化、历史，这三个词，却是同一个实质"，"所谓民族精神，乃是自然人和文化意识融合而始有的一种精神，这始是文化精神，也即是历史精神"。[②] 社会成员在社会实践中如何理解民族历史，如何评判民族文化，如何对待民族精神，体现了不同的文化态度、不同的文化思维方式和文化价值观。文化自信根植于社会主体对本民族和国家文化的历史认知、理性理解和

---

[①] 廖小琴. 文化自信：精神生活质量的新向度 [J]. 齐鲁学刊，2012（2）.
[②] 钱穆. 中国历史精神 [M]. 贵阳：贵州人民出版社，2019.

现实审视，以及对不同民族的文化进行考察比较。文化自信源于主体基于唯物史观对民族和国家文化的一种历史价值和现实价值的认识与理解。正是经历对本民族文化的历史理解和理性审视，社会成员才能在对文化进行价值确认的基础上，将国家和民族文化的灵魂内化于心、外化于行，信奉与坚守。

从总体上看，文化自信的产生过程如同文化的发展过程一样，是一个历史的过程。文化尤其是先进文化，是一个国家、一个民族赖以生存和发展的根基，文化自信不是社会群体对其文化的盲目崇拜，而是经过民族生活史的洗礼，对先进的、合理的、合价值、合道德的先进文化成分的理性判断而逐步建立起来的文化信念，因为"文化是一个民族在其生活空间——包括民族的历史和生命空间史——中的生活秩序及生命意义"[①]。文化产生于社会群体的共同创造、共同享有和共同坚守，也源于社会群体对文化的群体性肯定和价值确认。文化自信是国家、民族、政党和大众理性精神成熟的表现，是一个国家和民族对自身文化价值的一种积极肯定，并由此产生出对自身文化发展进程的信念。文化自信也是文化形成、维系、绵延、稳定和传承的根本条件，没有文化自信便没有先进文化的传承与积淀，也没有群体对文化的价值确认、坚守与传承。而文化创新则源于社会群体对文化中消极的、落后的甚至错误的成分的自我否定、自我改良和自我革新。中华民族的发展历史可以说是五千多年来中华民族的文化发展、文化传承、文化创新和文化自信的历史。历史发展表明，文化自信是关乎文化安全与否、国运兴衰，以及民族振兴和民族精神独立性的根本问题。在当今建设具有中国特色社会主义现代化强国的历史进程中，文化自信为道路自信、理论自信、制度自信奠定了坚实根基，文化自信是民族自信的根本基础，它为民族精神的独立性提供了根本保障，也为社会主义现代化国家、中华民族文化建设与发展提供了不竭动力。

### （二）文化自信对人的发展的价值

人与社会的关系，本质是人与社会文化的关系。一方面，人是文化中的人，人的社会生活时刻与社会文化相伴随；另一方面，人的发展过程与文化

---

[①] [德] 彼德·科斯洛夫斯基. 后现代文化——技术发展的社会文化后果 [M]. 毛怡红，译. 北京：中央编译出版社，1999.

的过程相互交织和交融，文化的发展与个体的发展具有双向循环作用的关系。文化既是人创造的，又供人习得和享用，同时也制约和规约人的观念和行为方式。文化是作为群体或社会的人共同创造的成果，反过来又作用于人。从广义上说，人的发展过程和社会的发展过程，都离不开文化的发展过程。

人的发展过程是一个不断形成和丰富人的社会本质和文化本质的过程，即不断成为"社会人"和"文化人"。从教育的角度看，学生在进入教育领域前就已经不是一个单一的生物意义上的人，而是一个具有了特殊的心理特征，"具有了文化遗产的人"，[1] 并且是处在文化中的人。这些心理特征和"文化遗产"成为学生成长过程中理解世界、理解民族、理解社会、理解自我的"前结构"。人是"文化中的人"，一方面人既是种族或人类文化遗产中的接受者、继承者，又是个体文化和种族文化的发扬者、创造者；另一方面，人在文化中生存和发展，人是一种文化主体。作为个体的自然生命的人的社会化和个性化的过程，就是使个体不断地成为认同、占有、尊重及遵从国家和民族文化的社会意义与文化意义上的人的过程，就是使个体人化和文化的过程。文化最根本的教育价值就在于使个体的人成为社会的人，即人化。离开了群体社会的文化，人的生成是不可能的。因此，人的社会化过程也就是人的文化同化的过程，是作为个体的人习得、分享、遵守甚至参与创造文化的过程。德国文化教育学家斯普朗格（Spranger, E.）把个人与文化的这种关系称为"生动的循环"。教育作为培养人的活动，其根本目的就是促进人的生成，使个体成为人，即成为社会的人、文化的人，以及具有契合时代核心价值观的独立精神的人。人的发展过程与文化的发展过程之间的"生动循环"，决定了教育过程与文化过程具有了本质联系。

人的发展过程，是人作为生命存在，由自然生命发展到社会生命，再到精神生命的过程，是个体以文化为中介融入社会、融入民族的社会化过程。人的社会化过程在本质上是个体获得群体共有的民族精神的同一性，获得群体、民族或社会的文化同一性，是个体社会化的根本途径，是教育与文化、教育与人的发展、人的发展与文化的发展相互交融的结果。斯普朗格认为，

---

[1] Faure E. *Learning to Be: The World of Education Today and Tomorrow*. UNESCO, 1972.

个人只有习得和具有了作为文化形式的团体精神、客观精神、规范精神、人格精神,[①] 才能真正成为人。从此意义上说,人化的过程就是使人进入文化的过程,使人的生命具有文化生命的本质,从而人成了具有自然生命属性、社会生命属性和精神生命属性的统一体。

文化中的人,不是自然而然形成文化自信的。从在文化背景中生存,到获得文化自信,要经历一段从文化理解到文化认同、从文化尊重到文化遵从、从文化反思到文化自觉的"文化苦旅"。从被动的"在"文化中,到内化国家和民族文化的精神实质,需要学生作为主体真正"进入"国家文化和民族文化,在融入文化的历史过程中,内化民族历史精神,获得身份认同、价值观一致和文化涵养,获得丰富个体精神发育的文化养料,用个体对民族的身份认同、价值观认同和精神认同去解释世界、进入世界并践行文化精神。教育尤其是基础教育,需要根植于特定的文化背景、文化传统、文化精神和文化价值观之中,厚植于文化基因之中,才能引导儿童青少年融入这种"生动循环",并让国家和民族文化真实地在人的发展过程中发挥主导作用。文化自信为儿童青少年具有人的社会本质和文化本质提供内生源泉。个体吸收优秀文化遗产,理解和习得文化并受到文化精神的熏陶,获得国家身份认同和民族文化精神的同一性,并丰富自我的文化精神品质,从而获得个体的精神成长。

## 二、文化自信教育及其可能

用先进文化吸引学生、感化学生、感召学生,实施文化育人,需要引导儿童青少年获得国家和民族的先进文化同一性,这既是我国社会发展和人的发展之现实性诉求,也是教育之可能性诉求。

### (一)文化自信教育的性质

让国家和民族先进文化精神浸润学生心田,落实立德树人根本任务,培养社会主义建设者和接班人,需要开展文化自信教育,加强在中小学教育教学中渗透文化自信。文化自信教育是通过引导学生理解中华民族先进文化,

---

① 邹进. 现代德国文化教育学[M]. 太原:山西教育出版社,1992.

领会中华民族优秀文化的精神实质、文化价值观并获得中华民族文化的同一性，养成尊重民族文化的意识、情感和态度，确立文化认同和文化自信意识，具有文化理解能力、文化判断能力、文化反思能力和文化实践能力的教育活动。文化自信教育根本宗旨是引导学生理解中华民族千百年来形成的文化实质和文化精义，从本质上理解和认同中华民族文化的价值性、先进性和优越性，获得对我国璀璨的历史文化、先进的传统文化、丰富的民族文化和壮丽的红色文化的本质同一性、价值同一性、意识同一性和精神同一性的理解，从理解与认同走向尊重与尊崇，从坚持与坚守走向自信与自觉，不断提升文化自信意识与能力。

文化自信教育不仅是具体的文化知识教育，而且是培育学生文化理解力，增强对国家、对民族文化的历史意识和历史责任感的文化理解教育。历史从哪里开始，民族文化就从哪里开始。"没有民族，就不可能有文化，不可能有历史。同时，没有文化，没有历史，也不可能有民族"。[①] 中华民族优秀文化就是悠久的历史积淀下来的精神财富，是民族的科学认知、社会观念、道德准则、价值观念、审美形式等历史发展的结晶。因而，文化自信教育是根植民族历史的精神教育，是塑造儿童青少年民族精神品质的活动。列宁说过：忘记历史就意味着背叛。其实，对历史的背叛在本质上是对民族文化的背叛。民族文化因历史而厚重，民族精神因历史而富有，中华民族的文化自信源于灿烂而悠久的历史。理解与认同国家和民族文化的先进性、价值性，获得文化同一性，达到关于国家文化和民族文化的身份认同与实践参与、引以自豪和深沉热爱，需要培养学生对中华民族的历史态度、历史意识和历史责任感。

文化自信教育不是良莠不分的传统文化输入和价值灌输的接受教育，而是培育学生文化实践力，增强对国家和民族文化的价值意识和价值强度的认同和吸收。人作为一种社会生存者，究其根本，是一个文化生存者，没有任何一个个体能够把自己从与国家文化和民族文化的关联中摘离出去。怀特海认为，伴随着对自身和其他事物的价值创造，所有的实在的"不可分离性"体现在它们之间本质的、相互的价值一致性。他把个体与客观世界的这种价

---

① 钱穆. 中国历史精神[M]. 贵阳：贵州人民出版社，2019.

值不可分离性、价值一致性称为"价值强度（value-intensity）"。① 国家和民族的先进文化对于社会进步、民族振兴和国家富强的价值关联是历史的必然，个体的发展与国家文化、民族文化的"价值强度"无论如何不可能剥离。因而，文化自信教育的核心不是让学生机械地接受价值，而是基于理性过程的价值意识和价值觉醒，认同并内化其价值性，并建立深层次的文化价值观和民族精神。

文化自信教育不是脱离学生原有的学校生活和育人体系的孤立的教学内容，而是依存于德智体美劳五育活动和课程体系的育人方式，浸润性是其基本特征。文化尤其是文化精神是内隐性的，文化凝结于中华民族的历史、传统和民族社会生产与生活实践之中，天人合一、道义和谐、美德一体，皆溶于中华民族的思想史、生活史、实践史，以及壮丽的民族奋进史和鲜活的"中国故事"。中华民族的"文化精神应该称为道德的精神。中国历史乃由道德精神所形成"，"这一种道德精神乃是中国人所内心追求的一种做人的理想标准，乃是中国人所向前积极争取蕲向达到的一种理想人格"。② 我们根本无法从历史文化、传统文化、民族文化和红色文化中剥离出抽象的文化自信教育内容。赋予各种教育活动、教学内容和学习过程以文化敏感性和文化开放性，只有通过价值嵌入、内容渗透、活动浸润、路径整合等方式，引领学生的文化理解、文化体验、文化反思与文化觉醒，才能切实建立起学生学习与国家文化、民族文化之间的意义联结。

### （二）文化自信教育的可能性

作为培养人的活动，教育需要建立起学生与群体、社会、国家、民族和人类之间的文化关联和"价值强度"，引导学生在理解、反思、建构的基础上，获得先进的国家文化、民族文化甚至人类文化的同一性，实现人的发展。因此，建立学生文化自信的基础是促成学生与文化的"相遇"。相遇涉及人的本质和人与国家、与民族、与世界的关系，人在世界中的存在方式及成长方式等问题。关于人的本质，马丁·布伯认为，"不是从集体主义去把握，也不

---

① ［英］怀特海. 思维方式［M］. 刘放桐，译. 北京：商务印书馆，2010.
② 钱穆. 中国历史精神［M］. 贵阳：贵州人民出版社，2019.

是从个人主义去把握,而只能从人与人之间的关系领域中去把握"。① 这种"关系领域"无外乎"我—你""我—它"的关系,其实质是人与群体、社会、国家、民族和世界的文化关系。离开了人与文化的关系,人的本质是无法把握,也无法实现的。从此意义上说,教育作为培养人的社会活动,具有文化属性和文化价值。学生获得文化同一性的过程,不是单一的认知过程,而是文化实践过程。

严格意义上说,教育是一种文化活动,没有文化的教育活动是不存在的,科学知识、道德规范、艺术形式既是文化的基因,也是教育的内生元素。苏格拉底所说的"知识即美德"精辟揭示了教育的文化属性和文化价值。理解与习得文化,内化与传承文化,创新与创造文化,遵守并遵从中华民族美德规范、价值观念和审美形式,是教育彰显文化育人功能的应然选择。文化自信的基础是文化认同。对民族文化的理解与学习,只有达到对民族文化的本质性、价值性、先进性和时代性的认同,学生才能真正进入并融入民族文化。就当前来说,落实立德树人根本任务,引导中小学生获得对中华民族文化的理解与认同,确立文化自信,是深化育人方式改革深层次的要求。

文化自信教育之所以可能,不仅是由于文化自信对于学生发展之价值强度和价值必需,更是由于作为教育内容的学科知识的文化属性之基础。任何知识,不管是科学知识、社会知识,还是人文知识,都是特定文化背景下的产物,都蕴含着特定的文化思想、文化思维方式和文化价值观念。知识依存于特定的文化背景,拥有内在的文化元素,正是人类认知世界的思维方式、文化价值观念、文化思维方式、文化精神等组成了知识的内核,成为人类认识史上的"文化地标"(Culture Heritage Place)。作为文化的知识都内在地包含着特定的文化背景、文化精神、文化思维方式、文化思想和文化价值观念等文化基因。知识所内蕴的文化思维方式和文化思想是人类关于为事、为学、为人的根本看法和观点,属于世界观和方法论层面。文化价值观念和文化精神是知识的灵魂,是知识的"意义系统",它指向的是人类在不同实践领域处世的态度和实践的倾向性,它属于价值观层面。因而,学习知识不只是获得

---

① [德] 马丁·布伯. 人与人 [M]. 张健,韦海英,译. 北京:作家出版社,1992.

前人关于客观世界的看法，而更是为了理解并学习前人看待事物的思考方式，习得凝结在知识之中的智慧涵养。教育在对待知识和处理知识的问题上，超越对知识的符号占有，获得符号所隐含的文化意义，才能让学生获得人类认识史上文化地标的全部价值，否则都只能导致思想荒芜和文化沙漠的结果。

### （三）作为引导学生文化实践过程的教学

确立儿童青少年对中华民族的文化自信，实现文化育人功能，必须引导学生过一种文化生活，将中华民族先进文化嵌入学生学习过程，使他们受到中华民族先进文化的熏陶。把教学过程变成一种文化实践的过程，引导学生经历基于认知与体验的文化觉醒过程。知识不是单一的"符号世界"，而是关于"真理的世界"和"意义的世界"。[1] 知识学习是"对自我世界和外部世界的预见，而预见世界的方式是解释，解释需要诉诸普遍的思维法则，而预见则需要基于推理的完全探究和超验想象"。[2] 促进知识意义增值的教学不是要求学生对他人构设的符号世界的被动接受，而是走向真理世界和生活世界的文化觉醒和自我觉醒。教学不是停留于符号的表层认知引导学生学习的过程，而是激发学生的文化旨趣，经历文化实践的过程。

文化理解和文化认同是文化实践的基础。要使学生的受教育过程、学习过程成为一种文化实践过程，需要引导学生在学校生活、德育活动、学科学习中养成文化意识，形成文化想象，理解中华民族先进的传统文化、历史文化、民族文化和红色文化，让知识学习过程同时成为文化理解过程，进而达到对中华民族文化的身份认同和价值确认，实现文化理解向文化认同的转换。文化理解是对民族历史的理解，是对民族精神的理解，是习得文化并获得文化意义的重要基础。没有对文化先进性的理解和认同，就不可能形成文化意识、文化自信。学生良好的思想意识、价值观念、品德行为都与文化理解和文化认同具有内在关联性，学生的爱国主义情感、民族自豪感等思想意识的

---

[1] Scheffler I. *Worlds of Truth: A Philosophy of Knowledge*. New Jersey: Wiley-Blackwell Publication, 2009.

[2] Scheffler I. *Conditions of Knowledge: on Introduction to Epistemology and Education*. Chicago: Scott, Foresman & Company, 1965.

形成便是如此。理解并认同祖国先进的历史文化、丰富的民族文化、优秀的传统文化，是具有爱国主义情感和民族自豪感的基石。

真正使文化理解和文化认同具有稳定性、一致性，还需要经历文化反思和文化觉醒的学习与实践过程。文化反思与文化觉醒是剔除文化糟粕，自觉拒斥落后文化、腐朽文化的保障。对于从理解与认同到自信与自觉的文化实践过程而言，反思与觉醒是一段"文化苦旅"。没有反思和觉醒，就会变成良莠不分、真伪不辨的文化盲从甚至文化氓流，就会因盲目自信导致文化封闭和文化保守，从而阻碍民族文化的进步。中小学教育实施文化育人，需要培育学生的文化反思能力和文化觉醒能力。文化反思的基本方式是文化探源，尤其是语文、历史等人文学科的学习，需要引导学生经历文化反思过程。通过文化探源、逻辑探源、历史探源，从深层次上认同民族先进文化、尊重民族先进文化，建立文化史观，具有关于民族文化和民族精神的历史意识和历史责任感。

文化实践的高级阶段是文化自觉。尊重与维护祖国文化的纯洁性、价值性、先进性，信奉祖国文化的精神实质，由理解到热爱，由认同到确信，坚守文化精神，融入并引领个体的社会实践，是文化自信与文化自觉的显著特征。文化自觉不是口头的文化解释，而是思想、意识和精神的行动体现。文化自觉不是外在的约束和规定，而是基于内在的信念对文化的尊重与尊崇，并在社会生活实践中主动积极地践行文化价值性和先进性。因此，学校德育、学科教学、知识学习，需要克服表层符号学习的局限性，在彰显高度的文化敏感性和文化包容性中，实施文化回应性教学。应试教学的根本问题在于作为文化实践的教学立场的缺席、教学文化性的缺失和文化育人功能的结构性沉默。

## 三、让先进文化浸润教学过程

教学需要表达知识的文化属性，实现知识对于学生人生成长的人文价值和科学价值，以文化人，充分彰显知识的文化涵养。知识的文化基因是体现知识文化属性的基本单位和要素，离开了这些基本单位和要素，学习者就难以从"知道"走向"得道"和"悟道"。因此,教学务必引导学生理解和内化知识的文化要素和文化基因。

**(一)确立教学的文化实践取向**

教学中最基本的问题是学生与知识的相遇。从课程的角度看,"没有课程是完美的,因为它不能预测学生、教师和情境的不确定性的变化",学生与知识的相遇是必然要发生的,但不是自发的、任意层面的知识解读。"在这种相遇中,教师挖掘课程的意义,将课程中的观点和材料转化为与学习者相适应的活动和表征。"[1] 这种与学生成长相适应的活动无论如何不应将知识与价值、文化与价值、学生与文化、个体与民族历史之间复杂的交融关系加以简单、粗暴的剥离,从而导致学生鲜活的生命面对的是毫无文化内涵的一堆符号。教学的根本目的不只是通过知识教学引导学生理解世界,更重要的是,引导学生进入世界,进入人类实践的历史、中华民族实践的历史,培养"走进历史的人"和融入中华民族文化的人。而引导学生"进入历史"的教学,必须确立教学的文化实践取向。

教学的文化实践取向是一种以"教学过程即文化实践过程"为教学过程观,以文化理解与认同、文化反思与批判、文化尊重与实践为基本学习方式,达成知识、学习与文化的价值一致性,促进学生文化理解、文化想象和文化精神生成的教学立场。彰显教学的文化属性、知识的文化属性,使学生知识获得的认知过程同时成为发展文化理解能力、文化反思能力和文化实践能力的文化实践过程。教学作为教师引导下促进学生发展的过程,以促进学生与知识相遇的学习活动为逻辑起点,切实让"文化学习"真实发生,其根本前提是体现教学的文化性和文化育人功能。[2] 以文化理解、文化探究、文化反思、文化体验为基本方式的文化实践活动,激发学生的文化兴趣,生成学生的文化意象,使其具有文化价值观和文化判断力,内化中华民族文化的进步

---

[1] Miriam B. *The Teacher-curriculum Encounter*. Princeton:Princeton University Press,1990.

[2] 郭元祥. 论学科育人的逻辑起点、内在条件与实践诉求 [J]. 教育研究,2020(4).

基因，学生作为人的文化本质才可能得以养成和丰富。

教学的文化实践取向是一种以引导学生"进入历史、进入世界"为学习观，以建立学生与文化、学生与民族、学生与国家、学生与世界的充分关联性为前提，引导学生进行文化探源的深度教学立场。知识从哪里来的问题，本质上是文化从哪里来的问题。在教学中渗透文化自信教育，不是靠说教所能达成的，相反，需要的是基于文化探源过程来体现教学的历史意识和历史责任感。对符号知识的教与学，如果仅仅停留于引导学生通过符号知识去认识世界，而没有引导学生通过对符号知识的文化探源，经历知识和文化的发生学探究，学生就难以由认识世界过渡到进入世界、进入历史，更不可能去变革世界。[①] 渗透文化自信教育的教学，需要构成学生与民族历史、民族文化与学生成长的意义关联，达成知识与文化、学习与文化的价值一致性，增值学生与文化之间意义关联的价值强度，引导学生在学习过程中形成积极的文化意识、历史意识以及对民族文化的历史责任感。

### (二) 增强教学的文化敏感性和文化自觉

课堂教学是文化育人的主渠道。无视知识作为一种"文化存在"和"文化资本"所内在具有的文化属性和内在意义，教学的文化敏感性、文化包容性和文化开放性会逐步丧失。教学的文化敏感性是指"在课堂教学处理知识过程中高度关切和忠诚表达知识所内蕴的文化背景、文化属性、文化精神、文化价值所体现出来的教学特性"。[②] 教学的文化敏感性、文化包容性和文化开放性涉及课程知识的文化本质，它的显现程度往往受制于教师理解课程知识、解构课程知识的层次的文化意识和能力水平。知识的文化内涵及其价值的丰富性是知识具有文化涵养的根本基础。课堂教学应挖掘知识的文化涵养，让课堂充满文化意蕴和文化活力。

增强教学的文化敏感性，需要教师具有文化自觉的意识，把握知识与民族文化的发生学意义的同一性和价值一致性。雷实教授在论及语文课程知识

---

[①] Fullan M, Quinn J, McEachen J. *Deep Learning: Engage the World*. New York: Corwin Press, 2018.

[②] 郭元祥，刘艳. 论课堂教学中的文化育人 [J]. 课程·教材·教法，2020 (4).

的文化性时说："民族语言传承着民族文化和民族精神。正如洪堡特所指出的那样，'语言仿佛是民族精神的外在表现；民族的语言即民族的精神，民族的精神即民族语言，二者同一的程度超过了人们的任何想象'。"① 但民族精神是蕴藏在语言文字背后的东西，如果语文教学停留于对语言、文字、文学表现手法的表层解读的层面上，那么，语文教学必然导致语言文字文学知识背后所蕴含的民族文化和民族精神的结构性缺失。数学知识、物理学知识等无不凝结着人类思想的光辉和对人类社会生产和社会生活的价值关切。人类知识的发生，不仅是一个逻辑发生过程，更是文化的发生过程、历史的发生过程。正因为如此，现代分析哲学美国派代表人物谢夫勒（SchefflerI）指出，实现知识对于人的生长的意义增值，需要关怀和处理知识的"发生学问题"。② 知识不仅是文化的一种符号，它所承载的民族文化共识、文化价值观以及民族文化精神，是人们对客观事物和社会事务的本质与属性、人与事物的关系及规律、人的情感与观念、思想与思维等的认识，任何知识都承载着特定的文化意义和文化精神。

### （三）在学科教学中渗透文化自信内容

在学科教学中渗透文化自信内容，是课程思政的应有之意，也是彰显学科教学文化育人功能的必然选择。从内容上说，在学科教学中渗透文化自信教育，首先需要结合各门学科特点，突显学科内容中所蕴含的中华民族优秀传统文化元素。数千年来中华民族的勤劳、诚信、友善、好学、修身，以及道义精神、仁爱精神、进取精神、奉献精神、法治精神，尊老爱幼、见义勇为、扶困济贫、济世安邦等积极的价值观念和人格形象，奠定了中华民族传统文化的优良品质，成为中华民族广大劳动人民生生不息的生存之道。这些优秀的传统文化内容在语文、历史、道德与法治、政治等学科中俯拾即是，在引导学生理解、探究和把握中华民族优秀传统文化的精髓，切实发挥优秀

---

① 雷实. 语文课程设计的文化传承与创新 [M]. 广州：广东高等教育出版社，2020.

② Scheffler I. *Conditions of Knowledge: on Introduction to Epistemology and Education*. Chicago: Scott, Foresman & Company, 1965.

传统文化的育人功能方面，具有得天独厚的优势。

其次，突显学科内容中激昂向上的革命文化，渗透无产阶级革命传统教育。中华民族的历史是一部反抗封建主义、殖民主义、帝国主义的英勇抗争的历史，无数革命先烈和英雄人物，为了劳苦大众的幸福，为了民族独立英勇牺牲，构成了中华民族争取自由解放的壮丽诗篇。特别是1840年鸦片战争以来无数革命先烈反对帝国主义侵略的牺牲精神，以及中国共产党领导劳苦大众反对一切反动派，敢叫日月换新天的大无畏革命精神，无不具有激励儿童青少年爱国主义精神的教育功能。在教学中挖掘和渗透红色文化、革命文化，致敬人民英雄、缅怀革命先烈，是革命理想和信念教育的重要途径。

第三，突显勃勃生机的社会主义建设文化，渗透理想信念、艰苦奋斗、担当使命的教育。新中国成立特别是改革开放以来，抗洪精神、抗震精神、抗疫精神赋予了社会主义建设新文化独特的内涵，也为激励和鼓舞广大人民为实现中华民族伟大复兴提供了不竭的精神动力。如何结合学科特点，将社会主义核心价值观、社会主义建设新文化入心入行，达成身份认同、文化认同、价值观认同，是切实实施课程思政、渗透文化自信、创新育人方式必须思考的问题。

**（四）活态化开发与利用文化资源**

一切积极的、先进的人类文化都依存具体的历史实在、历史过程、历史事件、历史阶段，或依存于特定的物质载体。中华民族的先进文化也不是空洞的概念或观念，亲近历史，实证分析与文化探源，才能找到民族文化的根和源，才能为确立文化自信提供有理有据有力的文化资源支持。如何使教学具有文化性，使知识学习的过程同时成为文化育人的过程？如何引导学生过一种文化生活，经历文化实践过程？文化资源的挖掘与嵌入，以及契合学生认知水平的文化资源活态化开发与应用，是基本的前提。

挖掘学科知识、育人环境的文化要素，引导学生对先进文化的理解、认同、反思与觉醒。挖掘和开发文化资源，增强文化敏感性，将教材知识、学生成长环境中的先进的历史文化、民族文化、传统文化、红色文化嵌入学校生活、教育活动和教学过程，通过深度教学，由知识接受的层面升华到文化教育、文化实践层面。文化资源开发与嵌入，是"扎根中国大地办教育"的应有之义。在教学中挖掘并渗透中华优秀的传统文化、悠久的历史文化、灿烂的民族文化和生动的红色文化，把革命传统和革命理想教育、爱国主义教育和社会主义核心价值观教育，与学科知识学习有机融合，无疑有助于建立学生的文化自信。无视学科知识、育人环境中多样态的先进文化元素及其育人价值，教学便丧失了文化敏感性、文化包容性和文化开放性。

结合地区差异和文化背景，将先进的民族文化、历史文化、传统文化、革命文化，以及社会主义建设新文化加以活态化、主题化、体验化开发，"扎根中国本土""讲好中国故事"，引导学生进行文化反思、文化探究、文化体验。实施文化育人，尤其需要警惕文化虚无主义，增强学生的文化体验和文化实践。精神文化往往是隐性的，它深藏于具体事物、社会事件、民族历史和科学历史进程之中。江苏无锡市梁溪区运河小学武风霞校长组织全国古运河沿岸多所小学开展的"运河文化活态化学习空间与育人路径研究"，通过将先进文化活态化、主题化、体验化来实现文化育人，是非常有价值的通过文化资源活态化开发与利用来渗透文化自信教育的典型范例。如何结合地方文化资源实际，结合民族文化历史过程，将先进的民族文化、历史文化、传统文化进行活态化开发、主题式设计、体验式学习，让文化可见、文化可现、文化可验、文化可悟，是让实践性文化学习活动得以真切实施的重要前提。

# 学校教育的文化自觉及其实现

姚林群

全球化进程与新媒体技术发展对人们的文化观念和意识形态产生着重大影响。霸权国家不断采取种种手段输出、传播和浸透自身所谓的"优势文化",使得后发展国家的文化自信和民族认同陷入"破碎化"和"危机"之中。人们很难摆脱"历史与现实""传统与现代""东方与西方"的文化胶着、冲击与博弈。特别是"00 后""10 后"年轻一代,他们自幼在"美风日雨"的"浸泡"中成长,其文化认知和文化观念无疑深受影响。自觉的十八大以来,"文化自信"成为习近平总书记系列重要论述中的一个关键词,被赋予"事关国运兴衰、事关文化安全、事关民族精神独立"的重要地位和意义。事实上,一个国家、民族的文化自信,源自于这个国家、民族中的一个个"个体"的文化自信。而个体的文化自信很大程度上源于从小接受的文化熏陶与教育。面对多元文化观念带来的危机与冲突,学校教育需要以一种更自觉的状态迎接挑战。走向文化自觉是学校应有之义,是实现学生文化自信的必由之路。

## 一、文化自觉与教育意蕴

### (一) 文化与文化自觉

英国著名人类学家泰勒对文化的定义是:"文化,或文明,就其广泛的民族学意义来说,是包括全部的知识、信仰、艺术、道德、法律、风俗以及作为社会成员的人所掌握和接受的任何其他的才能和习惯的复合体。"[1] 美国著名人类学家恩伯提出,"文化包含了后天获得的,作为一个特定社会或民族所

---

[1] [英]爱德华·泰勒. 原始文化——神话、哲学、宗教、艺术和习俗发展之研究[M]. 连树声,译. 上海:上海文艺出版社,1992.

特有的一切行为、观念和态度。我们每个人都诞生于某种复杂的文化中，它将对我们往后一生的生活和行为产生巨大的影响。"① 泰勒对文化的理解主要是从文化所指的内容展开，强调文化内容的综合性和整体性。恩伯等人对文化的理解，则是从文化的所属主体开展，认为文化是某一时期某一社会一定人群所共享的行为、态度和观念。的确，文化是一个整体的综合概念，包括物质层面和精神层面的内容，两者缺一不可，互相形成又互相决定。人是文化的主体，人创造文化；人又是文化的对象，被文化所创造。文化的创造具有社会性和民族性，不同的社会有不同的文化，不同民族的文化反映不同民族的个性与气质。人"被文化"的过程，既是成长为"文化人"的过程，又是对所属民族文化的认同与确信的过程。但是，对于身处文化多元时代中的人而言，面对传统文化与现代文化的交织交融、本土文化与外来文化的此消彼长，往往会产生理解的困顿、选择的困境和认同的危机。

基于文化转型过程中人的这种"上不着天，下不着地"的尴尬状态，费孝通先生提出了文化自觉的观点。他认为，所谓"文化自觉"指的是"生活在一定文化中的人对其文化有'自知之明'，明白它的来历，形成过程，所具的特色和它发展的趋向。自知之明是为了加强对文化转型的自主能力，取得决定适应新环境、新时代时文化选择的自主地位"。② 从根本上讲，文化自觉是文化主体在文化认知、理解、反思基础上产生的一种心理认同以及正确的看待心态，既有对自身所拥有的文化内容和形式的充分肯定，又有对该文化所体现价值的坚定信念，也包含了在与外来文化的比较与选择中对本民族文化的高度认可、认同与信赖。作为中华民族的一员，有责任也有义务认识自己的文化，在充分了解、理解民族文化的基础上参与中华新文化的创造，从而使我们历史悠久、美丽璀璨的中华优秀文化在世界文化中占据一席之地。文化自觉不同于文化回归，也不同于文化复旧，更不是文化自恋或文化沙文主义，而是基于对本民族文化的发展历史、内涵精髓、未来趋势的充分认识、深刻理解、有效把握的基础上生成的一种文化自知、自信与自豪。

---

① ［美］C·恩伯，M·恩伯. 文化的变异——现代文化人类学通论［M］. 杜杉杉，译. 沈阳：辽宁人民出版社，1988.
② 费孝通. 文化与文化自觉［M］. 北京：群言出版社，2016.

文化自觉是一个漫长而艰巨的文化辨识的过程。在这一过程中，既包括对源远流长、博大精深的中华文化的熟知、理解与反思，又包含对"我的"文化与"他的"文化的比较、判断与选择。事实上，小到一个人，大到一个民族或一个国家，"只有在认识自己的文化、理解所接触的多种文化的基础上，才有条件在这个正在形成的多元文化的世界里确立自己的位置，然后经过自主的适应，和其他文化一起，取长补短，共同建立一个由共同认可的基本秩序和一套各种文化都能和平共处、各抒所长、联手发展的共处守则"。[1] 从某种意义上说，人们对文化肯定、认同以及文化价值的确认形成文化自觉，文化自觉又有助于文化的维系、稳定、传承和更新。所以，没有文化自觉便没有先进文化的传承、更新和积淀，人们也不会选择、认同、传承和创造文化。

**（二）文化自觉的教育意蕴**

学校是以促进和实现人的发展为最终目的的专门机构。文化自觉有两个层面与学校教育密切相关：一个是从人的发展指向来看，文化自觉是人之发展的归宿和目的；另一个是从条件和路径来看，人的文化自觉主要通过学校教育实现。

人的发展是一个从自然人向文化人转变的过程。自然人只是具有自然属性的人，"具有自然属性的自然人是人先天具有的自然状态，是人已是的既成状态，它具有自在、自发的特征"。[2] 但人之所以为人，其本质并不是一种自然的既定性存在，而是一种生成的发展性主体。文化作为人独有的一种生存方式，体现着人对自然和本能的超越，以及对自我可能性的无限追求。它是人对自我的一种确证，是区别于动物和其他自然存在物的根本特性。因此，成为"文化人"是人存在与发展的一种使命和最终目标，也体现了人作为人的一种自主、自由的特性。诚如恩格斯所言，"最初的、从动物界分离出来的人，在一切本质方面是和动物本身一样不自由的；但是文化上的每一个进步，

---

[1] 费孝通. 文化与文化自觉 [M]. 北京：群言出版社，2016.
[2] 王德军. 自然人·社会人·文化人——论人的生存特性与生存使命 [J]. 河南大学学报（社会科学版），2006（11）.

都是迈向自由的一步。"① 需要明确的是，现代人都是生活在文化转型过程中的人，"都是在不同文化的接触、矛盾中求安生立命的人"。② 他们不仅知识丰富，更重要的是有安身立命的文化归属，有独立自主的文化判断和选择能力，有刚健自强的文化精神。文化上的自觉，可以给人以身份上的认同，使人清楚"自己是谁"，知道自己"从哪里来"，应该"到哪里去"。

如何才能成为一个自觉的文化人？钱穆先生认为："人生自始只是一个自然人，必待人文教育之陶冶，而始成为一个文化人。"③ 的确，学校教育是人从自然人向文化人转变，实现文化自觉的主要途径。学校教育为何能够实现这一可能？这是由学校教育中知识的文化属性决定的。在人类历史发展过程中，知识作为一种文化遗产，其本身就是典型的文化形式，也是重要的文化表征形式。"知识虽然是以符号为载体和存在形成，但知识不是冷冰冰的符号系统，意义系统是隐藏于知识中的精华。"④ 知识的意义性存在促进了知识学习者与学习对象的文化关联，有助于实现知识对个体的文化思维力的培养、文化观念的形成以及文化精神的塑造。因此，如果学校教育能够超越单一的表层知识符号教学的局限，深入知识的内核，挖掘知识内含的文化元素、文化思维方式、文化精神以及特定的文化背景、文化差异，就能赋予学校教育以文化意义和文化品格，实现"以文化人""以文励人""以文育人"的目的。弗兰克认为，"我们生活在一个弥漫着无意义感的时代里。在我们这样的时代里，必须仰赖教育。不仅为增进知识而且要纯化良心，使得人人皆有足够的聪明，以便能够辨明暗藏在每一个个别情境中的要求。"⑤ 杜威也提出，"教育不是唯一的工具，但它是第一的工具、首要的工具、最审慎的工具，通过这种工具，任何社会团体所珍视的价值，其所欲实现的目标，都被分配和提供

---

① 中共中央马克思恩格斯列宁斯大林著作编译局. 马克思恩格斯选集（第 3 卷）[M]. 北京：人民出版社，1995.
② 费孝通. 文化与文化自觉 [M]. 北京：群言出版社，2016.
③ 钱穆. 文化与教育 [M]. 北京：九州出版社，2014.
④ 姚林群，向野. "教知识的符号"转向"教知识的意义"——兼论知识教学中情意目标的达成 [J]. 中国教育学刊，2018（7）.
⑤ [奥] 维克多·弗兰克. 活出意义来 [M]. 赵可式，沈锦惠，译. 北京：生活·读书·新知三联书店，1991.

给个人,让其思考、观察、判断和选择。"① 也就是说,在当前这个文化转型的社会,学校教育不能仅仅满足于对学生进行文化知识的传授和技能的培养,更为重要的是要培养具有文化自觉的人,帮助人们特别是青少年学生获得文化的归属感和认同感,具备文化的判断和选择能力,能够自主地进行文化的传承与创造。这既是人走进社会、走向世界的基础,也是一个国家或民族保卫民族文化独立、守护国家文化安全、维护民族团结与统一、立足世界文化之林的前提条件。从某种意义上看,文化无处不在,无所不包,只有在学校中文化才可能具有最清晰的表现形式,最有效地反映一个民族的意识和目的。

## 二、走向文化自觉的学校教育

"学校是社会有目的的、有计划、有组织地培养人的专门机构和场所,集中了社会及民族文化主流的教育意识和教育行为,代表着主流文化的走向。"② 走向文化自觉既是时代发展对学校教育的现实诉求,又是其内在的本质性规定。

### (一) 走向文化自觉的学校教育的意涵

走向文化自觉的学校教育,包含两个方面的涵义:一方面,学校自身应成为文化的自觉者;另一方面,学校通过教育活动的开展培养具有文化自觉的学生。而具有文化自觉学生的培养建立在学校自身的文化自觉基础上。这不仅需要学校深入理解民族文化,确立文化自信,而且还要进行文化的教育阐释,开展有效的文化教育活动。

首先,深入理解本民族文化,确立文化自信。虽然我国对学校教育活动有宏观层面的要求,也研制有各门课程的标准、教材,但落实到具体的学校教育教学中,都有一个"校本化"的过程。而在校本化的过程中,要能有效地将中华优秀文化融入到学校教育教学活动中去,学校自身需要对民族文化

---

① [美]约翰·杜威. 人的问题 [M]. 傅统先,邱椿,译. 上海:上海人民出版社,2006.
② 冯曾俊,万明钢. 教育人类学教程 [M]. 北京:人民教育出版社,2005.

有一个充分的认识与理解。事实上,任何一个国家的学校教育,首先要认识自己国家民族的文化,对其历史渊源、发展脉络、主要特质、精华糟粕、未来走向等有一个宏观把握和细致理解。只有这样,才能引导学生认识我国统一多民族国家的文化传统、基本国情,才能引导学生感悟民族文化的精神内涵、思想精华。当然,学校对民族文化的认识过程,"不应该是一种猎奇的心态,而应该以探宝之势再一次潜入中华文化的汪洋大海以寻求教育改革创新的灵感之源"。[①] 学校要充分地认识到中华文化是世界上绵延最久、扩展最广的文化,对中华文化历史价值、现实基础和未来发展要有足够的确信。同时,也要看到无论是传统文化还是现代文化,有精华也有糟粕,对人的发展和社会进步既有促进作用,也会产生消极影响。中华文化历史悠久,古今时空跨度大,有效把握其精髓并非易事。事实上,一个学校文化教育活动的开展状况取决于其对民族文化是否有鉴赏眼光、探宝发现,以及对其价值的充分自信,而这很大程度上又取决于学校自身对中华文化的理解能力和底蕴储备。

其次,进行文化的教育阐释,承担文化的使命。教育应以文化为背景,教育是文化的一种重要形态,从深层意义上来看,教育的使命就是文化使命。[②] 但是,无论是优秀传统文化还是红色革命文化,或者是先进社会主义文化,要能够作为具体的内容进入到学校课程与教学过程中去,为不同发展阶段、生活经验背景的学生接受、理解和认同,需要进行教育学的转化。这种转化即教育阐释的过程。对文化的教育阐释包括两个方面。一个是"本真阐释",即尽量原汁原味地、贴近本色地诠释传统经典或思想[③],在这一过程中需要尽可能地避免教育者头脑中"前文化"概念和思想的影响,最大程度上探求和逼近文化经典或思想的本义。另一个是"话语转化",即将来自传统经典的文化现象、文化思想、文化精神与当前学生的文化认知水平和理解能力进行有效链接,然后转化为符合学生身心发展特点、能够激发其情感共鸣和价值认同的教学表达和活动方式。特别是中华优秀传统文化和红色革命文化,

---

① 刘峻杉. 对传统文化展开教育学研究的意义、难点和方法论省思 [J]. 中国教育科学, 2019 (5).
② 成尚荣. 教师——派到儿童世界去的文化使者 [J]. 人民教育, 2010 (9).
③ 刘铁芳, 刘向辉. 重启教育研究的古典传统 [J]. 国家教育行政学院学报, 2016 (5).

因为是"那个时代"的文化，与学生当前所处的文化语境和生活经验有一定的距离，更需要教育工作者高品质的概念澄清、有效的话语转换和心理化过程，才可能真正被学生理解、接受，成为活化的文化精髓。此外，在当前信息化和全球化的背景下，中国学生需要了解和涵养的文化是什么，哪些文化可以或已经被其他方面的内容所替代而不必学习，这些问题都需要学校教师基于特定的文化内容、学生身心发展需要以及社会发展进行审慎的思考与阐述。文化的教育阐释是超越常识的，教育工作者需要具备深厚文化学养和专业能力。同时，也需要深刻的洞察、切身的体验和理性的判断，才能避免"眉毛胡子一把抓"的盲目或把学生导向歧途的危险。

最后，开展有效的文化教育活动，培养学生的文化自觉。学校教育的文化自觉最终指向学生的文化自觉，从而培养一个个"中国人"的文化自觉和自信，最终实现我们这个国家、这个民族或整个政党的文化自觉和文化自信。学生文化自觉的形成是一个长期的、潜移默化的过程，这一过程需要落实到具体的学校教育活动和课堂教学过程中。"严格意义上说，教育是一种文化活动，没有文化的教育活动是不存在的，科学知识、道德规范、艺术形式既是文化的基因，也是教育的内生元素。"[①] 当然，文化的教育活动以知识的学习为基础，但不等同于知识学习。任何知识都内含有意义系统，具有促进人的情感发展、思想形成、精神发育、价值观提升的力量，自然科学知识也不例外。[②] 但知识意义的探寻，不是建立在传授、接受、记忆和背诵的基础上，而是建立在体验、理解、对话、反思和探究的学习活动中。有文化自觉的学校教育，在设计和开展学校教育活动时，重"意义阐释"而非"知识传授"，通过丰富学习环境的创设和多样学习活动的开展让文化学习真实发生，引导学生认识和了解中华文化的源远流长、博大精深，引导学生感悟中外文化的精神内涵，培养其文化认同感和创新意识。

---

① 郭元祥，彭雪梅. 在中小学教学中渗透文化自信教育［J］. 教育研究与实验，2020（5）.
② 姚林群，向野."教知识的符号"转向"教知识的意义"——兼论知识教学中情意目标的达成［J］. 中国教育学刊，2018（7）.

## （二）走向文化自觉的学校教育的特征

从学校教育的视角来看，文化自觉是学校在与外部社会及内部自我的交流对话中，对自我作为文化存在的一种定位以及对自身文化育人功能的一种认识。具体而言，在文化转型时期，走向文化自觉的学校教育具有以下几个方面的特征。

第一，敏锐的文化意识。人类社会越发达，文化世界越丰富，就越需要学校教育对文化的自觉意识。文化方面的自觉意识，能够帮助学校摆脱直观认识和直觉经验的局限，也能超越欲望、兴趣等本能情感、情绪，自觉地认识到自身与外部社会、文化世界的内在关联性，通过理智和理性的价值分析来指导自身的教育活动。有文化自觉的学校教育对当前人类的文化困境会特别敏感，对当前新形势下产生的新问题会特别关注，能够致力于中国社会和文化的理性反思，基于科学的态度、实事求是的精神，认识传统文化与现代文化、本土文化与外来文化，既有交融又有区别的本质。有文化自觉的学校教育是文化转型社会、文化多元时代的积极参与者与承担者，能够对自身的本质、价值及在社会文化发展中的作用有清醒的意识，摆脱层层束缚，主动承担起文化育人的职责，将学生培养成有文化自主、文化自立、文化自信的"文化人"作为自身的使命。

第二，坚定的文化立场。立场是主体认识和处理问题时所处的地位和持有的态度。学校教育只有拥有坚定的文化立场，才能使自己对社会文化发展趋势的预见和对价值成果的积极追求有机地统一起来，才能使自身的教育活动既沿着文化和时代发展的趋势，又沿着自身需要的指向发展。有文化立场的学校教育，坚持历史唯物主义和辨证唯物主义的立场，能够坚守自身的文化理解与价值追求，不会被错综复杂的文化观念所左右，也不会在纷纷嚷嚷的文化碰撞中无所适从，更不会在激烈的文化碰撞中迷失方向。在文化立场上，学校要摒弃"价值中立"，对所属民族和国家的文化持积极态度和充分肯定，并对多元文化保持一定的开放、宽容和理解的态度。一方面，让国家和民族的优秀、先进文化浸润学生心田，培养学生中华文化的认同与自信，落实立德树人根本任务；另一方面，重视对学生的文化汲取与选择、文化理解与整合、文化批判与反思、文化消化与本土化等相关能力的培养。事实上，"不站在中国原有文化立场上，也将看不出现代西方新文化之真意义和真姿态"。①

第三，理性的价值判断。文化有先进与落后之分，也有健康与腐朽之别，不同性质、不同类型的文化对个人成长、社会发展有不同的作用。学校教育应当在梳理、理解、辨析人类文化古今之变、中外之别中，对每一种文化采取"取其精华，去其糟粕"的选择态度。价值理性作为价值合理化的形式和能力，是形成文化判断力和选择力的基础。具有文化自觉的学校教育，在课程资源的开发和教育内容的选择过程中具有反思意识，坚持理性原则，以正确的态度对待我们自己的文化，观察和思考当前社会中存在的文化现象和文化问题，在中西文化的碰撞和冲突中表现出独立的价值判断和理性精神。此外，作为文化实践的主体，有文化自觉的学校教育还能对自身的文化教育观念、教育行为的价值合理性进行理性反思，从而摆脱感性常识经验的束缚。

第四，丰富的文化实践。文化自觉不仅是一种思想意识层面的文化觉醒，而且体现于具体的文化实践中。从某种意义上说，学校是文化实践和文化创造的场所，教育活动本身就是文化实践的过程，而非单纯的认知、技能掌握的过程。有文化自觉的学校教育所开展的教育教学活动，文化内涵丰富，重视学科知识、育人环境中文化要素的挖掘，能够有效地将教材内容中优秀传统文化、红色革命文化和先进社会主义文化嵌入学生的学校生活和学习过程中。在教育实践中，学校不只是关注文化知识符号的简单占有和文化事实、事件的机械记忆，而是引导学生通过感受、体验、对话、探究等方式开展丰富多样的文化理解和创造活动。这种丰富的文化实践活动是学校教师根据一定价值判断和标准，结合现实状况展开的，是文化的，也是人文的，更是道德的，是以提高学生的文化自觉为最终指向的。

### 三、学校教育文化自觉的实现

文化多元有其客观必然性，是时代发展的必然趋势。那学校如何来应对

---

① 钱穆. 文化与教育 [M]. 北京：九州出版社，2014.

时代发展的这一挑战？走向文化自觉是学校教育的应有之义。为此，有必要从以下几个方面作出努力。

### （一）突显人文主义教育精神

柏拉图在其《理想国》中早就提出："教育非它，乃是心灵的转向。"这种转向实际上是人性、人文的转向，是对实现人的意义与价值的教育诉求。其实，无论是西方还是中国，都有着悠久的人文主义教育传统。关于人文主义教育思想，虽然不同时期有不同的主张，但其根本的教育宗旨不变，即都强调通过广博的文化知识滋养、高雅的文化氛围陶冶和优秀的文化传统熏陶，实现受教育者人性境界的提升、理想人格的塑造和人文精神的涵养。19世纪以来，科学主义思想异军突起，以不可阻挡之势冲入教育领域，使得盛行数千年的人文主义教育传统走向衰落。尽管科学主义在20世纪一直占据主导地位，但反科学的呼声一直没有中断。法兰福克学派的"批判理论"认为，科学的各种规则和技术的专门化操作，以超于价值判断的方式支配人所有的认识活动，造成了文化和个性的毁灭。美国卡内基教学促进基金会主席博伊指出，教育的目的不仅仅是为学生能找到工作——因而学校不能只向学生传授科学知识，还要引导学生树立运用这些知识的价值观念，以使这些知识用于人道的目的。他认为，"教学内容不应当仅仅局限于科学本身，还要在课堂上体现出人文主义的教育精神。"[①]

但审视我国当前的学校教育，不难发现其鲜明的科学主义色彩：教育目标上，重视科学知识和人的智力发展；教育功能上，重社会轻个人，重物质轻精神；教育内容上，重理轻文，强调科学教育；教育方法上，以迅速、高效的书本知识掌握为取舍原则。学校教育的科学主义色彩，回避多元、复杂的社会现实，导致教育活动的文化育人功能和精神涵养作用式微，客观上造成了学生在多元文化危机中的困惑与迷茫。即使有些学校开展相关的文化教育活动，但更多的是把文化看作具有客观性和确定性的"事实性知识"，是能

---

① [美]欧内斯特·L·博伊. 学院——美国本科生教育的经验[A]. 国家教育发展与政策研究中心. 发达国家教育改革的动向和趋势（第二集）[C]. 北京：人民教育出版社，1987.

够被给予和被接受的东西，因此在教育教学中往往用"传递—接受"的方式进行文化知识的灌输。"对文化的分析不是一种寻求规律的实验科学，而是一种探求意义的解释科学。"① 文化问题在学校教育中不是纯粹的科学问题，更不是把现成的文化观念、文化思想当作"展品"展现在学生面前或者将人类文化系统中的文化观念和精神灌输给学生即可。如果把中华先进文化、世界优秀文化仅仅当作符号来传递，当作事实来记忆，那么，这种教学对学生来讲就是缺乏活力的，只能使学生处于被动接受的状态，教育效果甚微。

有目的有意义的人生，我们将称之为人文的人生，或文化的人生，以示别于自然的人生，即只以求生为惟一目的之人生。② 文化的人生需要文化的教育，文化的教育需要人文主义的方法。走向文化自觉的学校教育最为重要的是要能够摆脱科学主义教育思想的束缚，重拾人文主义教育精神。一方面，坚持"以人为本"，深入挖掘课程知识中蕴含的多元文化因子和丰富文化要素，实现学校教育活动以文化人的涵养作用；另一方面，重视学生的独特感受与体悟，引导其与古人先贤、文化大师的对话与交流，深入理解中华民族数千年流传至今的文化要义和精神实质。

### (二) 确立教师的文化使者身份

"教师是谁"问题的思考，既是对教师专业意义和价值的追问，也是对教师专业责任和使命的确证。关于这一问题，已有很多答案，如"教师是传道授业解惑者""教师是教知识的人""教师是学生学习的促进者""教师是平等中的首席"，等等。事实上，每一种教师身份的界定都是从某一视角出发，具有一定的合理性。如果从学校文化自觉的角度看，我们更愿意将教师的专业角色确定为"文化的使者"。所谓"文化使者"，指的是教师作为人类文化的代表和代言人对学生所起到的文化传播、文化引领的职责和作用。作为"派到儿童世界去的文化使者"③，教师带给学生的是全人类的文化，包括本民族

---

① [美] 克利福德·格尔茨. 文化的解释 [M]. 韩莉, 译. 南京: 译林出版社, 2014.
② 钱穆. 人生十论 [M]. 北京: 生活·读书·新知三联书店, 2009.
③ 成尚荣. 教师——派到儿童世界去的文化使者 [J]. 人民教育, 2010 (9).

的文化。通过教师的使者作用，学生感受中华传统文化的源远流长、博大精深，体悟红色革命文化的厚重历史与精神内涵，把握社会主义先进文化的思想精髓与现实意义。教师带领学生学习自己的文化，塑造自身的民族文化个性，彰显民族文化的力量与生命。教师如何行使文化使者的身份？文化使者不仅仅是文化的传播者，更是文化的引领者。文化的引领不是将"有关文化的知识"传递、兜售和灌输给学生，而是引领学生通过与知识的"相遇"感受文化的内涵、体悟文化的精髓、比较文化的异同、把握文化的变迁、反思文化的优劣，进而促进文化的创造性转化和创新性发展。文化的核心是价值观，文化引领的核心是价值观的引领。价值观是人们内心深处的一套价值系统和特有的精神状态，是其思考问题和开展任何行为活动所持立场、观点和态度的总和。人们的所思所想、一言一行都受价值观的支配与影响。教师的价值观引领是帮助学生明辨是非、区分善恶、知晓美丑，明白哪些是应该做的，哪些是不应该做的，哪些是值得追求的，哪些是应该摒弃的，从而建立一套科学、合理的价值系统。教师应突破应试取向的目标定位，科学认识学校教育教学活动的地位与作用，基于学生德性养成、品格塑造、情操陶冶、价值观培养等来处理教育教学问题。教师如何实现文化使者的身份？首先育人先育己，成人先成己。在能够把学生培育成文化自觉的人之前，教师自身要做一个文化自觉的人。一方面，作为文化引领者的教师，应该是孜孜不倦的文化学习者，拥有深厚的文化素养。教师不仅要深入学习中国思想文化的重要典籍，理解中华优秀文化的历史渊源、发展脉络、鲜明特色和基本走向，还应有广阔的文化视野和世界眼光，积极主动地了解其他民族优秀、先进的文化思想与理念，能够对外来文化进行欣赏与辨识。另一方面，作为文化引领者的教师，还是积极冷静的文化反思者，履行自身的神圣使命。教师必须以清醒、理性的眼光看待当前文化多元的时代背景，及时捕捉时代发展和社会变革对教育教学工作带来的影响，明确自身所担负的文化使命。教师要能够对社会中出现的多元文化思想进行理性辩护和反思，能够在激烈的文化碰撞和冲突中坚定文化立场，在保证不迷失自我的情况下承担起对学生的教育责任。

### (三) 注重课堂教学的文化自信教育渗透

课堂教学是学校教育的主渠道。课堂教学应超越单纯的知识教学局限，将帮助学生树立文化自信纳入其中，使课堂成为学校文化自觉的重要阵地。当然，文化自信教育不是文化灌输，更不是文化洗脑，而是引导学生在对文化理解、比较、反思、批判的基础上形成对中华文化的理性认知与充分肯定，对其所具有的生命力和创造力的坚定信念。从某种意义上说，课堂教学渗透文化自信教育，不仅有助于提升课堂教学的文化内涵与品质，而且有利于"立德树人"根本任务的落实。

"文化自信教育之所以可能，不仅是由于文化自信对于学生发展之价值强度和价值必需，更是由于作为教育内容的学科知识的文化属性之基础。"[①] 知识既是文化的载体，更是文化的表现形式。如果将学科知识与知识所隐含的文化元素割裂开来进行教学，课堂教学就会丧失对学生的文化吸引力和影响力。因此，课堂教学渗透文化自信教育不是将文化作为对象来学习，也不是在教学内容中简单地嵌入、补充或延伸古今、中外的文化知识，而是基于整合的理念，将知识学习与文化学习融为一体，使学生在知识学习的过程中提升文化理解力和反思力，发展文化思维方式，建立文化自信。当前，文化自信培育的相关研究强调对中华文化的认知与了解，在萌生崇敬、自豪之心的基础上自觉珍惜、传承本民族文化。我们认为，文化自信建立在跨文化学习的基础上。课堂教学中的文化自信教育渗透，需要教师在教学过程中引导学生认识和了解不同的文化背景、文化立场、文化价值观乃至文化思维方式。同时，回归本民族文化，对不同的文化要素加以差异性理解和判断，在培养学生尊重其他文化的意识和态度基础上帮助其形成对本民族文化的认同感和自豪感，进而提高学生对文化差异性的理解力和欣赏力。因此，课堂教学中文化自信教育的渗透，不仅要重视学生对自我文化与他者文化的了解与理解、对自身文化价值和生命力的充分肯定与坚定信念，而且要重视对学生的文化理解与选择、文化汲取与消化、文化比较与批判、文化本土化与创造等相关能力的培养。

---

① 郭元祥，彭雪梅. 在中小学教学中渗透文化自信教育[J]. 教育研究与实验，2020（5）.

### (四) 营造浸润式的校园文化环境

个体文化素养的形成与其所处的环境密切相关。对于环境的道德影响力，苏霍姆林斯基曾说："对周围世界的美感，能陶冶学生的情操，使他们变得高尚文雅，富于同情心，憎恶丑行。"① 美国实用主义教育家杜威也认为，一个人的信仰和抱负不能进行直接传播，也无法单向灌输，必须依赖环境的作用。作为一种无意识的影响，环境难以捉摸而又无处不在，影响着一个人性格和心理的每一根纤维。学校作为影响个体成长的特殊环境，应尽力排除现存环境中的丑陋现象，清除不良的东西，平衡社会环境中的各种成分，保证使每个人有机会避免他所在社会群体的限制，并和更广阔的环境建立充满生气的联系。这就是学校环境"简化、净化和平衡"的功能。②

的确，由于地域的风土和人情、学校的历史与传统、校长的理念与个性、教师的经验与性格等方面的差异性，一个学校就是一个独具特色的文化世界。在校园中，无论是由场所、建筑、时间、空间、设备、装饰等构成的物理环境，还是由校风、学风、师生关系等组成的心理环境，都会形成与众不同的文化语境，并以一种有形或无形的方式给学生不同的文化体验，从而对学生的文化观念和文化素养产生潜移默化的影响。一个温馨、融洽，富有文化气息的学校环境，不仅能够使学生产生安全感和美的享受，而且是独特的文化熏陶和浸染的过程。因此，具有文化自觉的学校，应高度重视学校文化环境的创设与营造，发挥其对学生静悄悄的文化影响。当然，学校文化环境的建设，不仅仅是文化走廊、文化墙或文化景观等物化形态内容的打造，更是涉及学校师生行为准则、校风班风、人际关系等精神形态内容的构建。学校要具备一定的文化资源开发的能力，"结合地区差异和文化背景，将先进的民族文化、历史文化、传统文化、红色文化加以活态化、主题化、体验化开发，

---

① [苏] 瓦·阿·苏霍姆林斯基. 和青年校长的谈话 [M]. 赵玮，译. 上海：上海教育出版社，1983.
② [美] 约翰·杜威. 民主主义与教育 [M]. 王承绪，译. 北京：人民教育出版社，1990.

引导学生的文化反思、文化探究、文化体验"[1]，增强校园人文环境、学校精神的文化渗透、文化互动和文化实践。此外，学校还要有一定的文化辨识和净化能力，防止校园文化的生态污染。在鱼龙混杂、泥沙俱下的文化洪流中，学校要能够辨识"有害物"对校园文化环境的渗透，自觉扫除校园中出现的低级庸俗、荒诞无稽的文化垃圾，使学生尽情享受优秀文化的滋养与熏陶。

---

[1] 郭元祥，彭雪梅. 在中小学教学中渗透文化自信教育[J]. 教育研究与实验，2020（5）.

# 论课堂教学中的文化育人

郭元祥　刘　艳

深化育人方式改革，落实立德树人根本任务，需要凸显文化育人功能。一直以来，谈及文化育人，人们大多把问题聚焦于校园文化的育人功能上。其实，课堂教学仍然是文化育人的主渠道。如何使课堂教学具有文化性，使知识学习的过程同时成为文化育人的过程，实现文化的育人价值，是当前深化中小学育人方式改革的重要问题。理解和把握文化育人的基础、条件与方式，发挥课堂教学的文化育人功能，对当前深化育人方式改革，全面提高教育质量，具有重要的理论意义和现实价值。

## 一、文化何以育人

从普遍意义上说，教育过程是学生在教师引导下的文化实践过程。理解和习得人类的民族文化及其内化和传承，获得文化的同一性，以具有文化自信和文化自觉的意识和能力，是人发展的本质诉求，更是课堂教学的价值追求。

### （一）文化及其意义

文化是指人类后天获得和创造的并为一定社会群体所接受的一种共识，是人类创造的物质和精神产品的总和。文化是一个"统一的整体[1]，是人类社会所特有、人后天习得和创造、一定社会群体所共有的复杂的整体。从内容

---

[1] 英国人类学家马林洛夫斯基就认为文化"是一个由工具、消费物、在制度上对各种社会集团的认定、观念、技术、信仰、习惯等构成的统一的整体"。转引自郑金洲. 教育文化学[M]. 北京：人民教育出版社，2014.

上看，文化包括"紧密关联的三个层面：物质层面、制度层面和精神层面"[①]，即物质文化、制度文化和精神文化。无论哪个层面，文化都是社会性的和群体性的，是社会或群体的人共有的对世界的认识、价值观和信仰。文化不仅"被群体中的人们所共同接受才能在群体中维持下去"[②]，而且反映在群体人的行为上，并且群体中的人以此解释经验和发起行为，尤其是制度层面和精神层面的文化。制度文化与社会结构、社会运作相关联，涉及维系群体或社会结构的相对稳定性的共同认识、价值观和行为规范。社会的制度文化就是社会活动和社会运作的政治制度、经济制度、法律制度等体系。而精神文化则主要体现在科学知识和技术、价值规范和艺术等文化形式上。尽管有人对精神文化的表现形式有不同的理解[③][④]，但大多认同核心价值观念及其规范体系是精神文化的灵魂这一观点，而精神文化则是群体或社会文化的灵魂。缺乏核心价值观念和价值规范体系，就构不成精神文化，缺失精神文化同样形不成社会文化。从此意义上说，当前我国社会主义核心价值观具有支撑我国文化建设和文化教育的灵魂作用。

无论是人类总体的文化，还是一个民族的文化，都是在一个历史发展过程中形成的，正如马克思所强调的那样："在社会主义的人看来，整个所谓世界历史不外是人通过人的劳动而诞生的过程，是自然界对人说来的生成过程。"[⑤] 从历史唯物主义的观点看，物质文化也罢，制度文化也罢，精神文化也罢，都是人类社会实践的历史产物，是在社会生产和社会生活中产生的，是历史沉淀和社会发展的结晶体。马克思认为："一切划时代的体系的真正内容，都是由于产生这些体系的那个时期的需要而形成起来的。"[⑥] "那个时期的需要"的本质是指那个时期的社会生产和社会生活实践，文化便是群体在社

---

[①] 郑金洲. 教育文化学 [M]. 北京：人民教育出版社，2014.
[②] 费孝通. 论文化与文化自觉 [M]. 北京：群言出版社，2010.
[③] 卓新平认为，精神文化主要通过科学、道德、艺术三种形式表现出来。
[④] 卓新平. 宗教与文化 [M]. 北京：人民出版社，1988.
[⑤] 马克思，恩格斯. 马克思恩格斯全集（第42卷）[M]. 中共中央马克思恩格斯列宁斯大林著作编译局，编译. 北京：人民出版社，1995.
[⑥] 马克思，恩格斯. 马克思恩格斯全集（第3卷）[M]. 中共中央马克思恩格斯列宁斯大林著作编译局，编译. 北京：人民出版社，1960.

会生产和社会生活实践中所共有、共享、共守的认识、观念和准则，以及处世的行为方式，从而文化的发展历史也是人类或民族的发展历史。从传统文化到现代文化，就是一个连贯的发展过程，现代文化中必定蕴含着传统文化的精华，作为我国社会主义核心价值观的"诚信"就是我国劳动人民秉承的传统文化中的积极的价值观和行为规范。文化传承和文化繁衍是社会发展的基本方式，吸收传统文化中的精华，习得、分享、坚守、传承并发展文化，是社会文化建设和文化进步的基本规律。

文化的根本意义在于确立文化自信。文化自信是文化主体的一种集体社会意识，是主体或社会群体基于对其文化的肯定性评判和价值确认而产生的信心和信念，是对优秀文化和先进文化的一种积极反映，是关于文化的一种积极的社会意识。从总体上看，文化的产生过程与发展过程是一个历史的过程，因为"文化是一个民族在其生活空间——包括民族的历史和生命空间史——中的生活秩序及生命意义"。[1] 文化产生于社会群体的共同创造、共同享有和共同坚守，也源于社会群体对文化的群体性肯定和价值确认，从而形成文化自信。文化自信也是文化形成、维系、绵延、稳定和传承的根本条件，没有文化自信便没有先进文化的传承与积淀，也就没有群体对文化的价值确认、坚守与传承。

### （二）文化育人：文化对人的发展的意义

从本质上看，文化育人是基于文化传承与文化习得、文化理解与文化认同、文化反思与文化批判、文化觉醒与文化自信等内化文化的价值体现，发展学生的文化理解能力，形成学生的文化意识、人文情怀和文化实践素养的教育方式。文化育人的宗旨是实现人的文化本质，人的社会化的根本标志是个体合理地进入文化，获得先进的人类文化和民族文化的同一性。文化育人的根本基础是文化对于人的生成的教育意义，是文化的过程、教育的过程与人的发展过程之间的生动关联和生动循环。

人与文化的关系，是一种社会关系，是个体的人与社会文化的关系。一

---

[1] ［德］彼德·科斯洛夫斯基. 后现代文化——技术发展的社会文化后果［M］. 毛怡红，译. 北京：中央编译出版社，1999.

方面，人是文化中的人，人的社会生活时刻与社会文化相伴随。理解民族文化或社会文化，获得文化的同一性，信奉并坚守民族或社会文化，个体的人才能真正进入社会，实现个体的社会化。另一方面，人的发展过程与文化的过程相互交织和交融，文化的发展与个体的发展具有双向循环作用的关系。从广义上说，人的发展过程和社会的发展过程都离不开文化的发展过程。文化既是人创造的，又供人习得和享用，同时也制约和规约人的观念和行为方式。文化是作为群体或社会的人共同创造的成果，反过来又作用于人。作为个体的自然生命的人的社会化和个性化的过程，就是使个体不断地成为占有社会文化的社会意义上的人和文化意义上的人的过程，就是使个体"人化"和"文化"的过程。离开了群体社会的文化，人的生成是不可能的。因此，人的社会化过程也就是人的文化同化的过程，是作为个体的人习得、分享、遵守甚至参与创造文化的过程。德国文化教育学家斯普朗格（Spranger, E.）把个人与文化的这种关系称为"生动的循环"。文化最根本的教育价值就在于使个体的人成为社会的人，即人化。个体与特定群体或一定社会的隔离，本质上是文化的隔离，也就是与精神文化的疏离。精神文化的习得和分享，是个体成为人的关键。斯普朗格认为，个人只有习得和具有了作为文化形式的"团体精神、客观精神、规范精神、人格精神"[1]，才能真正成为人。从此意义上说，人化的过程就是使人进入文化的过程，使人的生命具有文化生命的本质，从而人成了具有自然生命属性、社会生命属性和精神生命属性的统一体。

人的发展过程，是人作为生命存在，从自然生命发展到社会生命，再到精神生命的过程，是个体以文化为中介融入社会、融入民族的社会化过程。人的社会化过程在本质上是个体获得群体共有的民族文化的同一性，获得群体、民族或社会的文化同一性，是个体社会化的根本途径。教育作为培养人的活动，其根本目的就是促进人的生成，使个体成为人，即成为社会的人、文化的人，以及具有契合时代核心价值观的独立精神的人。人的发展过程与文化的发展过程之间的"生动循环"，决定教育过程与文化的过程具有本质联系。教育与文化、教育与人的发展、人的发展与文化的发展相互交融。1974年，教育人类学家斯宾德勒（Spindler, G. D.）的《教育与文化过程》（*Ed-*

---

[1] 邹进. 现代德国文化教育学[M]. 太原：山西教育出版社，1992.

*ucation and Cultural Process*）和金贝尔（Kimball，S.T.）的《文化与教育过程》（*Culture and the Educative Process*）同时聚焦于教育与文化这一关系，揭示了教育的文化过程本质。人是"文化中的人"，一方面，人既是种族或人类文化遗产中的接受者、继承者，又是个体文化和种族文化的发扬者、创造者；另一方面，人在文化中生存和发展，人是一种文化主体。

文化的发展过程与人的发展过程之间存在的"生动循环"决定了教育过程的文化旨趣。作为培养人的活动，教育需要根植于特定的文化背景、文化传统、文化精神和文化价值观之中。教育只有厚植于文化基因之中，才能融入这种"生动循环"并真实地在人的发展过程发挥主导作用。从教育的角度看，学生在进入教育领域前就已经不是一个单一的生物意义上的人了，而是一个具有特殊的心理特征，"具有文化遗产的人"，[①] 并且是处在文化中的人。这些心理特征和"文化遗产"成为学生成长过程中理解世界、理解人生、理解自我的"前结构"。文化既是人的生存背景，也是人的发展的根本条件，作为一切社会关系总和的人，人在本质上是文化中的人或文化人。因此，引导学生真正进入社会和民族文化，是教育的本质诉求。作为培养人的活动，教育需要引导学生吸收优秀文化遗产，理解和习得文化并受到文化精神的熏陶，获得民族文化的同一性及其精神实质，从而获得个体的精神成长。因此，教育只有将人置于文化之中，并经历文化过程，才能促进人的生成。

## 二、教学过程作为一种文化实践过程

引导学生获得先进文化的同一性，内化文化的精神实质，使学生知识学习的过程同时成为学生文化实践的过程，赋予教学以文化品格，实现文化育人功能，既是实现文化育人功能的现实要求，也是彰显教学的文化性的本质诉求。

---

① Faure E, et al. *Learning to Be：The World of Education Today and Tomorrow.* UNESCO，1972.

### (一) 知识的文化属性与教学的文化品格

从学校教育的角度看，构成人类的文化过程与人的发展过程之间"生动循环"关系的根本中介是教育过程。严格意义上的教育教学必须引导学生获得作为人类文化成果的知识或观念，内化知识所凝结的文化价值，发展学生的文化素养。课堂教学中的文化育人方式和文化育人功能，以达到教学的文化性为基础。关于教学过程的本质属性，我国教学理论界普遍认为，教学过程是一种特殊的认知过程、特殊性的实践过程和促进学生发展的过程，但要进一步揭示教学过程本质属性"特殊性"的内涵，还需要从价值观、知识观和学习观（笔者认为这是教学的"三观"）对教学进行教育文化学的审视。"特殊的认知过程""特殊的实践过程"不仅是从作为心理过程的认知来理解，需要聚焦于种族和个体的文化发生问题，从人类知识的增长与演化、个体的精神发育与成长过程来看待，从而确认教学的文化性。

人类知识的增长与演化过程，本身就是人类的文化过程。知识是人类的文化遗产，是人类最典型的文化形式，更是人类文化的结晶。知识既是人类的一种文化现象，又是人类文化的一种形式，知识有其特定的文化意义，文化性是知识的基本属性。当代美国著名分析教育哲学家谢夫勒（Scheffler, I.）认为，知识问题表现为五个方面："认识论问题""评价问题""发生学问题""方法论问题""教育学问题"。[1] 其中，"知识的评价问题"是指确认知识的价值标准和文化标准，缺乏价值标准和文化标准的教学只会陷入一种状态，那就是单向度的"符号解码"进而丧失文化信念和意义增值。而"知识的发生学问题"是指进入人类知识的增长与文化演化过程，去探索"知识究竟是怎样产生的"，回答这一问题需要给出知识发生的文化过程和机制。彰显教学的文化性，必须真正引导学生把知识作为文化来学习，而不是作为符号来习得，忠诚地表达知识的文化属性及其价值，才能真正实现知识育人。教学的文化品格一方面体现在建立知识的文化视野和充分的文化关联性，带领学生从知识的文化发生过程、文化演化机制来内化作为人类文化产品的知识；另

---

[1] Scheffler I. *Conditions of Knowledge*: *on Introduction to Epistemology and Education*. Chicago: Scott, Foresman & Company, 1965.

一方面体现在挖掘知识的文化内涵和文化意义，从文化理解走向文化认同，从文化探究走向文化自觉与自信，以文化人，实现文化育人功能。

教学的文化品格在充分表达知识的文化属性和文化价值中得到体现。符号是知识的表达形式，而文化价值观、文化思维方式和文化精神才是知识的内核。知识具有高度的文化敏感性和文化包容性。知识在高度关切和忠诚表达知识所内蕴的文化背景、文化属性、文化精神、文化价值中得以产生。引导学生理解知识的文化内核，是课堂教学的根本起点。课堂教学过程中的知识处理和认知加工，并非仅仅是对符号的处理和接受，而是对知识内核的深度理解和领悟。正因为如此，以理解为基础的探究、体验、反思才真正成为内化知识价值的根本学习方式。接受主义教学观的错误就在于要求学生对知识的形式和内核一股脑儿地全盘接受，剔除了学生以理解为基础的意义领悟和文化觉醒，以及知识的意义增值的达成。知识是人类文化的种子、思想的种子，也是学生精神发育的种子，忠诚地表达知识的文化属性及其育人价值，是实现课堂教学的文化品格最根本的路径。

### （二）作为文化实践的学习

在日常理解中，人们往往把认知和认知过程等同于学习。其实，"学习是指学习者因经验而引起的行为、能力和心理倾向的比较持久的变化，这些变化不是因成熟、疾病或药物引起的，而且也不一定表现出外显的行为"。[1] 学习即发展过程，尤其是指经验、行为、观念和精神的发展过程。皮亚杰认为，学习与认知的发育"表现出与此相反的情形"，学习是"由情境所激发的""发展解释着学习"。[2] 从此意义上说，学习即发展，学习是促进个体精神发育的全部过程，而作为文化的知识是学生精神发育的种子。尽管课堂中的学习包括科学学习、社会学习、技术学习、生活学习、品德学习、审美学习等多重内容，但文化学习是学习的全部基础，因为科学知识、价值规范、艺术形式是精神文化的三个核心要素。教学的根本目的不只是通过知识教学引导学

---

[1] 施良方. 学习论 [M]. 北京：人民教育出版社，2001.
[2] ［瑞士］皮亚杰. 皮亚杰教育论著选 [M]. 卢濬，选译. 北京：人民教育出版社，1990.

生理解世界，更重要的是，引导学生进入世界、进入文化。根植于文化理解与认同、文化反思与批判、文化自觉与自信的学习，是一种特殊的文化实践活动。

作为一种文化实践，学习是理解性文化实践，其基本方式是文化理解和文化认同。文化是凝结着思维方式、价值观念、审美形式和精神内涵的人类成果，因而学习的起点是习得科学知识，内化价值观念，提升审美情趣，获得精神成长，而文化理解是基础。学生是文化中的人，课堂教学要促进学生作为人的发展，需要把学生引入人类和民族的文化历史进程之中，建立起学生与文化的相遇和互动关系，对学生进行文化熏染，赋予学生文化启迪。文化理解是对人类文化或民族文化本质内涵的习得，文化理解是对文化的科学性、道德性和审美性内涵的充分占有，从而获得文化的同一性。获得文化同一性是文化理解的基本标准，没有文化认同，人永远也不可能真正进入文化而成为"文化人"，也不可能社会化。文化理解与文化认同，是学生真正获得文化的精神实质并进入文化过程的根本方式，为丰富学生的文化积淀，以及使学生具有人的文化本质提供了可能。

作为一种文化实践，学习是反思性文化实践，其基本方式是文化反思和文化批判。文化是在人类社会生产和生活实践过程中不断发展形成的物质和精神产品的总和，其发展过程是人类文化不断演化的过程，是不同思维方式、价值观念的交融、碰撞、冲突甚至斗争的结果，文化自身存在着优与劣、先进与落后、文明与愚昧的分野，而文化反思与文化批判是人真正进入文化的积极方式和正确姿态。学生是社会中的人，也是生活中的人，学生会不可避免地接触不同的文化，文化学习不能良莠不分、是非不明。引导学生进行文化反思和文化批判，提高学生的文化辨别力，具有反思意识和批判能力，是丰富学生的人文情怀、习得先进文化的保证。

作为一种文化实践，学习是创造性文化实践，其基本方式是文化觉醒与文化自信。文化自信是一种社会意识，其指向的是社会群体所创造的文化本身，是对作为社会存在的文化的一种社会反映。社会成员在社会实践中如何理解社会文化、如何评判社会文化、如何对待社会文化，体现了社会成员的文化态度，以及对文化的思维方式和文化价值观。文化自信是主体对本民族文化的积极性、先进性、合理性的充分肯定和价值确认，是对本民族文化从认识到认同再到尊重、信奉和坚守的过程。文化自信的基本对象是社会成员所共享共创的主体文化，包括文化价值观、文化思维方式、文化生活方式、文化制度及其所凝结的精神。建立文化自信，是文化育人的根本追求。

## 三、课堂教学中文化育人的策略

课堂教学是文化育人的根本途径。实现文化育人功能，需要克服点状的知识教学、符号孤立的知识教学和平面的知识教学的局限性，充分表达课程知识的文化属性，彰显教学的文化性，切实使学生知识学习过程同时成为学生特殊的文化实践过程，发展学生的文化积淀、人文素养和人文情怀。

### （一）增强课堂教学的文化敏感性

文化属性是课程知识的基本属性，挖掘课程知识的文化元素，充分表达知识的文化属性，是课堂教学中文化育人方式的前提条件。超越知识表层的符号属性和符号规定的理解，高度关切并进入符号知识所承载的文化意义，忠诚表达出知识的文化意蕴，便是课堂教学的文化敏感性和文化包容性的体现。课堂教学的文化敏感性，就是要敏于揭示学科知识的文化背景、文化精神，充分表达出知识的文化属性和文化价值。具有文化敏感性和文化包容性的课堂教学绝不是仅仅把知识作为一种事实或结论告诉或传递给学生，而是对具体知识进行深入的文化分析，向学生表达出或引导学生探究知识的文化属性、文化思想、文化精神和文化思维方式，体现出知识对学生的文化影响力，真正达成"以文化人"的目的。如果课堂教学剔除了知识的文化内涵和文化意蕴，所传递的知识必然仅仅是冷冰冰的符号。表层教学所传递的便仅仅是作为符号存在的东西，而不是饱含智慧和德性意义的文化知识。课堂教学的文化敏感性在于彰显知识的文化内涵，包容性在于丰富知识的文化内蕴。让课堂拥有文化敏感性和包容性，是建设课堂文化和教学文化，提升课堂教学发展性品质的根本标志。

文化丰富性是知识的文化涵养的基础。课堂教学应挖掘知识的文化涵养，让课堂充满文化意蕴和文化活力。课堂只有体现知识文化敏感性和文化包容性，教学才能具有文化品格。因为真正滋养学生人性的正是知识的文化基因，启迪心智、润育德性、觉醒灵魂是知识赋予学习者的文化涵养和教育价值。知识的理解、内化、迁移仅仅通过符号接受性学习，是难以达成的。加拿大学者艾根（Egan，K.）在深度学习的研究中提出了深度学习的三个"深度标准"，即学习的充分广度、学习的充分深度和学习的充分关联度。[①] 其中，学习的充分关联度，就是指知识学习指向多维度理解知识的丰富内涵及其与文化、经验的内在联系。从广度到深度再到关联度，学生认知的过程是逐层深化的。所谓意义建构，即从公共知识到个人知识的建立过程，都需要建立在知识学习的深度和关联度之上，触及知识的文化本质。

### （二）引导文化回应性学习，促进学生与文化的相遇

课堂教学中的文化育人方式不仅需要充分挖掘课程的文化元素，更需要确立教学的文化立场，构成学生与文化的良性互动。促进学生与文化的相遇，是课堂教学中文化育人的逻辑起点。学习过程是学生与知识相遇的过程，而学生与知识的相遇在本质上看是学生与文化的相遇，这一相遇过程是通过个体的文化实践进入人类的文化历程并获得人类文化同一性的发展过程。教学中最基本的"相遇（encounter）问题"包括教师与课程的相遇、学生与知识的相遇。从课程的角度看，"没有课程是完美的，因为它不能预测学生、教师和情境的不确定性的变化"，师生与学科、课程、知识的相遇是必然要发生的，但不是自发的、随意的接触。"在这种相遇中，教师挖掘课程的意义，将课程中的观点和材料转化为与学习者相适应的活动和表征。"[②] 而课程本身是一种文化资本的形式，因而学生与课程、与知识的相遇则是与文化的相遇。学生与文化的相遇，一方面，通过学习积极地走近人类文化，获得对文化的理解与认同，占有文化所凝结的价值规范和审美形式，达到先进文化的一致性；另一方面，通过内化文化的价值，达到与文化的生动积极的循环，促成

---

① Kieran Egan. *Learning in Depth: A Simple Innovation that can Transform Schooling*. Chicago, IL: University of Chicago Press, 2011.

② Miriam B. *The Teacher-curriculum Encounter*. Princeton University Press, 1990.

个体的文化生长和精神成长。

只有引导学生进行文化回应性学习，才能促进文化理解和文化认同，达到文化自觉以及文化素养。文化不是外在于教学过程之外的东西，而是凝结于学习内容之中的隐含的元素。文化回应性学习就是要建立知识学习与文化的联系、与学生自我经验的联结。结合具体教学内容，凸显优秀的中华传统文化、悠久的历史文化、灿烂的民族文化和先进的红色文化的育人功能，在传承中华优秀文化上下功夫，在渗透社会主义核心价值观上下功夫，在建立中华民族文化自信上下功夫，是课堂教学中实现文化育人功能的实践诉求。文化回应性学习，是指丰富对知识的文化回应，建立知识学习与优秀的、先进的历史文化、民族文化和传统文化的联结，回应文化背景、文化思维方式、文化价值观。超越孤立的单向度的符号加工，把知识学习的过程同时变成文化积淀、文化认同和文化觉醒的过程。

**（三）聚焦于学生文化素养，丰富学生文化实践**

课堂中的文化育人的宗旨是发展学生的文化素养，真正使学生由"自然的人"发展成为"文化人"。宽厚的文化积淀、丰盈的人文情怀、充沛的人文素养，是"文化人"必备的核心文化素养表现。课堂教学中的文化育人要真切地聚焦于学生文化素养，从知识理解走向文化理解与文化认同，从符号学习走向文化反思与文化批判，从思想引导走向文化自觉和文化自信，丰富学生的文化实践。

学生的文化素养与知识习得具有直接的联系，但并非传授知识就必定发展了学生的文化素养。由于文化属于社会、群体或民族的物质和精神产品的总和，因而人的文化素养总是在个体进入社会、融入群体或民族的行为方式、价值观念、审美意识等方面表现出来的素养。课堂教学要发展学生的文化素养，必须通过传授与习得知识建立起学生与社会的价值关系和意义关系，促进学生在知识学习过程中建立起进入世界、参与社会并成为社会活动主体必备的思维方式和价值观体系。以发生学的视野、价值论和方法论的立场对待知识，让文化浸润课堂，引导学生从对知识的文化理解和文化反思的实践学习中，构建学生与人类文化或种族文化的"生动循环"，真切地促进知识学习向学生文化素养转化。引导学生开展文化实践、发展学生文化素养的课堂所实施的应当是深度教学。

实施深度教学，让深度学习真实发生，不仅需要发展学生的高阶思维，更需要扎根文化，引导学生开展基于理解、基于反思、基于创造的文化实践。急功近利的应试教学，往往漠视教学的文化品格、知识文化属性的充分关联与表达，以及学习的文化属性和文化育人价值，将学习引向表层化、表面化、表演化，导致课堂教学的文化育人功能的丧失。从教学的文化立场上看，深度教学是引导学生理解文化、进入文化、反思文化、内化文化的文化实践。为文化理解而教、为文化思维而教、为文化觉醒而教，是课堂教学中文化育人的应有之义。在课堂教学过程中，合适的文化导入，引导学生开展文化体验、文化体认、文化体悟，以及基于理解的文化反思、文化批判等学习活动，有助于学生文化素养的提升。让文化浸润课堂，让文化启迪学生生命智慧，让文化素养得以表现和丰盈，才能使课堂教学真正导向理解性的文化实践、反思性的文化实践和创造性的文化实践，达到文化育人的教育目的。

# 历史精神的教育意蕴及培育

马晓华　郭元祥

"社会主义建设者和接班人"必须要内化中华民族的历史精神，具有历史责任感和历史使命感。如何培育儿童青少年的历史精神、历史责任感，是落实立德树人根本任务的关键问题。习近平总书记强调："把立德树人融入思想道德教育、文化知识教育、社会实践教育各环节……培根铸魂、启智润心。"[1]如何引导学生建立历史理解和历史责任感，传承和发扬国家与民族延绵积淀的精神血脉？如何促进学生的国家认同与责任担当、身份认同与历史使命感？这些是当前深化育人方式改革的核心问题。

## 一、历史精神及其育人价值

### （一）历史精神的本质

历史精神是人类精神文明的重要组成部分，也是人的精神世界、精神属性的历史确证。人作为一种精神存在，是一种相对于物质存在而言的人的主观存在和意识存在，反映了人对存在的意识状态，对生命的意义和价值的主观理解、感受、向往与追求。[2]一部人类文明史，从严格意义上讲，就是人类通过与物质世界的精神交往，并在改造物质世界过程中不断提升自己的精神存在状态的精神进化史。[3]人作为社会历史的主体，在长期改造客观世界的社

---

[1] 习近平看望参加政协会议的医药卫生界教育界委员［EB/OL］.（2021－03－06）［2021－11－15］. http://www.Xinhuanet.com/politics/leaders/2021－03/06/c_1127177680.htm.

[2] 王坤庆. 精神与教育——一种教育哲学视角的当代教育反思与建构［M］. 上海：上海教育出版社，2002.

[3] 曾坤章. 精神大进化：精神的生命是什么？［M］. 台北：台北诚文文化出版社，1997.

会历史实践中，也不断实现着内在精神世界的创造、建构、传承和超越。

人类的社会历史实践最终指向人内在精神世界的建构和发展，这种根植于人的社会历史实践形成和发展的精神因素构成了人类精神传承的历史基因，并在群体的理解、转化和超越中延绵积淀，凝结成了一种共同坚守的、具有恒定持久价值的历史精神。它是"一种新的独特的历史在人的经验中的展现"，是"易朽的东西中"筛选出的"永恒的东西"，是"纯粹自然的东西中"筛选出的"精神的东西"。① 尽管历史精神"漂浮于真实的事物之上"，但体现着人的"信念的一致性"②。历史精神也是对时代精神的凝练与升华，时代赋予了历史精神新的内涵。新时代的时代精神是历史精神的发展。历史精神印刻着人类的精神历史，同时又具有超越历史时空的价值，这也正是实现个体历史精神传承与践行的意义所在与可行性体现。历史精神是几千年来凝聚在群体文化和历史中的精神基因，它所具有的恒定持久的生命力和精神价值在不同的领域具有丰富而深刻的体现。史学研究中历史精神表现为一种求真求实的精神，体现了史学研究考信实录直言不讳的态度。文学中的历史精神，是作家在进行文学创作时对历史事实的尊重与想象，表现为一种"合乎规律"的创造精神。民族学中的历史精神指向民族整体"历史行进的精神动力及其价值指向"和具体个体"对于这种历史形式的把握及其参与精神"。③ 在具体个人的生活中，历史精神是个体在民族历史文化基因"唤醒"下，基于不同的历史情境与个体经验而生成的精神意志与品质。

历史精神是丰富且深刻的，反映着人的精神的"类"本质、"团体"本质和"个体"本质。历史精神既作为一种"类"概念指向人类的历史精神，也作为"团体"概念指向民族的历史精神，并最终作为"个体"概念指向具体的人的历史精神。人类的历史精神是人类基于共同认知，在共享的价值追求引导下形成的精神向往与精神追求，是对民族和个体利益的超越，指向对人

---

① [德]鲁道夫·奥伊肯. 生活的意义与价值[M]. 万以, 译. 上海: 上海译文出版社, 1997.

② Scheffler I. *Symbolic worlds*: *art*, *science*, *language*, *ritual*. Cambridge: Cambridge university press, 1997.

③ 陆贵山. 论文艺的历史精神[J]. 文艺理论与批评, 2000 (2).

类精神共同体的构建和坚守。民族的历史精神是具有相同的历史文化和价值标准的群体构建起的精神信念,是不同民族精神特质的体现,反映了不同社会历史文化背景下的各民族独特的文化心理结构。西方文化塑造下的来世精神和东方文化塑造下的现世精神,就是一个很好的例子。西方的宗教传统使西方人崇尚一种来世的超验观念,人现世的向善向美是为了进入更高的世界;相反,东方文化崇尚一种基于现实的"不朽论",注重人当下的内在修养和理想人格,追求精神的崇高境界。这种历史精神的民族特质是不同社会历史文化和实践的结果,但也体现了人类内在共同的、恒久的对善、对美、对精神自我的追求。从根本上说,历史精神是具体的人的历史精神,反映了人的精神世界的超越性维度,即"超越各种界定,揭示理想世界"。① 具体个人的历史精神内在包含着人类、民族,共同坚守、共同尊崇的情感、理想、信仰寄托和追求,具有永恒持久的意义。因此,人类的历史精神、民族的历史精神能够超越历史的时间与空间,被当下的人理解、传承和创造转化,又指向和指导着个人未来的"生活世界"。

马克思关于人的本质观认为,人是一切社会关系的总和。历史精神是人的历史精神,对历史精神内涵的把握可以从人的关系属性角度来理解。进一步来讲,历史精神的丰富内涵深刻体现在人与世界的关系之中,体现在哈贝马斯所说的人的"生活世界"的实践之中。从人与客观世界的关系来看,历史精神表现为人在对客观世界的主动选择、改造和创造中的探索精神、求知精神,表现为人与自然相处中的敬畏精神、和谐共生精神。哥白尼为真理献身,牛顿从一个苹果到提出牛顿定律,人类一直在发现和探索着自然界的规律和奥秘,这种探索精神、求知精神推动着人类的进步与发展。同时,人类在对自然的探索进程中也不断反思着人与自然的关系,积极践行着尊重自然、保护自然的生存理念。从人与社会世界的关系来看,历史精神表现为一种集体精神、"利他"精神,体现了人在处理与社会、与他人关系中的"为他"特征。自古以来,舍生取义、舍己为人、见义勇为的人和事都反映了人内心深处对善的追求,是人"利他""为他"精神的重要表现。从人与主观世界的关系来看,历史精神指向作为个体的人对自身内在生存状态的关注,表现为对

---

① 王海滨. 人的精神结构及其逻辑与原理[J]. 哲学动态,2015 (8).

人格理想、信念和崇高精神境界的向往与追求，是个体对理想的精神"自我"的刻画。如，"物我两忘""天人合一"等精神境界都蕴含着前人的哲思和精神追求。

从根本上说，历史精神是作为群体的人在"共有的主体认知与真知灼见、思想意识与价值观念、道德规范与社会准则"[①] 孕育下，一以贯之地共同坚守理想信念与理想人格，是群体智慧、美德与担当的集中体现。无论是人类的历史精神，抑或是一个民族的历史精神，都体现了群体崇高的精神坚守与精神追求。而个体的历史精神既是群体历史精神的个体化，在此基础上形成的个体精神又塑造、丰富着历史精神的内涵。历史精神体现了群体最高层次的理想信念与对理想人格的坚守与追求。群体的理想信念是作为命运共同体的群体在社会历史实践中形成的对群体未来与个人发展的追求，是共同与共通的认知、情感和意志的统一。理想信念是历史精神的核心，也引导着群体理想人格的形成。理想人格是群体共同建构与维护的最高层次的道德规范、道德标准和道德理想，与人内在精神境界的结合，反映了群体对"成人"的最高追求和价值期许，集中体现了对个体内在修养的本质追求。

### （二）历史精神对人的发展价值

历史精神对个体的发展价值建立在历史精神对群体、对国家、对民族发展的意义之上。对人类群体而言，历史精神凝结了人类群体的共同认知、价值期许与契约规范，推动着人类命运共同体和精神共同体的共建、共享与尊重、理解。对一个国家、一个民族而言，历史精神是推动国家、民族前进的精神动力，其凝结着的拼搏奋斗、牺牲奉献、改革创新等精神基因，在不同历史时期激励着民族群体克服历史困难，不断实现着前进和发展。历史精神也是促进民族凝聚的精神纽带，对历史精神的传承与实践造就了一代又一代具有共同理想信念和理想人格的群体人，他们爱国和奉献、责任与担当的精神因子深深根植于民族群体的历史文化基因之中，联结起了国家、民族与个人的命运。历史精神更是一个国家和民族具有独特意义的历史文化标识。根

---

① 郭元祥，彭雪梅. 在中小学教学中渗透文化自信教育[J]. 教育研究与实验，2020（5）.

植于中华民族历史与文化的中华民族的历史精神是流淌在中华儿女身体里一脉相承的精神血脉，构成了中华民族独有的精神特质。

历史精神对人的发展价值实质上是一种对人的生成价值。由群体的历史精神到个体历史精神的生成，实际上是个体通过对群体历史精神尤其是对本民族历史精神的感知和体悟、理解和尊重、传承和实践，由"自然人"到世界中的人、国家中的人、民族中的人、历史中的人、文化中的人的生成过程，是个体获得国家认同与文化认同，增强历史责任感和历史使命感的过程。个体对人类历史精神的感知、理解、体悟与内化，是汲取人类群体智慧和精神文明成果，走向世界历史，生成全球意识和全球观念，由个体的人融入人类共同体的过程。通过对人类发展历史积淀下来的共有、共通、共享的精神坚守与精神追求的传承，个体才能更好地从孤立的"自然人"成长为世界中的人。民族的历史精神内在地蕴含着民族历史文化的优秀传统基因，是民族共同认同的思想与价值观念、道德理想和社会规范的集中体现。人的发展具有民族性、历史性、文化性，作为个体的人需要汲取历史精神中的民族历史文化基因，传承民族生存智慧、德性涵养与社会担当，遵从与回应民族群体对个人的价值规范与期许。"人是历史使命的承担者，历史是实践主体的人格化。"[1] 历史精神中蕴含着民族群体的历史关怀，是促进个体基于当下的社会实践回应自身历史使命的精神种子。个体在读书学习、艺术观赏、劳动创造等实践活动中，一方面可以基于实践体悟民族历史精神，另一方面也能够在民族历史精神的熏陶与"唤醒"中感知国家的历史、民族的历史、文化的历史，自觉践行历史使命，以社会历史主体的身份参与到国家与民族、文化与历史的发展之中。

历史精神对人的生成价值，还体现在它是作为个体的人实现从"小我"到"大我"的身份转变，实现自我认同和自我价值的精神养分。马克思主义历史观指出，作为现实的、有生命的个人，既是"小我"也是"大我"。[2] "小我"指向作为个体的人是具有独特生命和激情的具体个体，"大我"指向个体

---

[1] 陆贵山. 文艺的人文精神和文艺的历史精神 [J]. 黄河科技大学学报，2001 (3).
[2] 苗启明，温益群. 原始社会的精神历史构架 [M]. 昆明：云南人民出版社，1993.

的社会性，每个具体的个体也是社会中的个体，"社会是现实的个人的一种存在形式"。历史精神内蕴着社会群体共同认可与坚守的道德规范、社会准则和价值期待，是社会群体生存智慧、德性涵养、历史责任与社会担当的体现。个体在对历史精神的理解与传承中，也不断实现着对群体社会规范和道德标准等的理解与学习，实现着对群体智慧、美德和担当的汲取与践行，从而在这一过程中完成从"小我"到"大我"的身份体验、身份转变，获得自我认同和自我价值的实现。

## 二、历史精神的历史形成与个体生成

### （一）历史精神的历史形成

历史精神是对人类精神世界的一种历史理解、民族理解，是对人类精神的历史探源。历史精神的形成与历史关联，是一种历史存在；历史精神的形成也与国家、民族关联，是一种现实存在。从人类精神的历史架构来看，人类的精神发展起源于人的"思维方式、支配观念和求优模式"[①]的相互作用、相互渗透，追求"生存优化"的原始实践孕育了人类的原始精神。而这种基于"生存优化"的实践伴随着社会生产力的提高也不断地突破着"生存"的局限，具有了更深层的意义，体现为对美与善、对理想信念与理想人格的追求，发展成为了群体在共同的社会历史实践与价值期许下建立并坚守的历史精神。从根本上说，历史精神的形成根源于人类的社会生产实践与发展需求，并伴随社会历史实践的过程发展而发展，具有深厚的社会历史基因。马克思认为，"历史从哪里开始，思想进程也应当从哪里开始"。[②] 历史孕育了人的历史精神，也内在包含着人的历史精神。波兰史学家托波尔斯基认为，"'历史'一词经过若干世纪，最终取得了两种基本意思：过去的事情，关于过去事情

---

① 王坤庆. 精神与教育——一种教育哲学视角的当代教育反思与建构［M］. 上海：上海教育出版社，2002.

② 中共中央马克思恩格斯列宁斯大林著作编译局. 马克思恩格斯选集（第二卷）［M］. 北京：人民出版社，1960.

的陈述。"① 人类的历史是人类社会实践的创造，是已经过去或正在过去的事实，对外指向对客观世界的能动改造，对内指向对自身内在精神世界的不断丰富与超越。由此引申，历史实际上包含着三个层面的内涵，即钱穆先生所说的"历史本身、历史材料和历史知识"。从历史本身来讲，历史是全部的"人生"，是人类群体整个以往的经验，既包含着改造客观世界的物质性经验，也包含着改造主观世界的精神性经验。而历史材料就是对历史本身的文字记载或其他方式的保存。历史知识则指向对历史和历史材料的认知、理解。通过历史材料或记载探寻到历史本身，再由历史本身通达现在直至预测将来。人类的历史中内在地包含着人类的历史精神因素，反映着特定历史时期的意识形态、文化娱乐、思想倾向以及风土人情②，并最终在"人与社会结合"③的历史过程中凝结为共同的理想追求与价值归属。基于"过去的"历史和其中内蕴的历史精神，回应关照当下的生活乃至未来的生活，便是历史意义的重要体现。人是社会历史的创造者，"历史就是人类的生活并为其产物的文化"④，是人类社会"外在的事史和内在的心史"⑤，是人类活动过程和历史精神发展的写照。人的社会历史实践赋予了历史生命，使历史作为一种"动态的过程"不断超越着"静态的过往经验"，彰显着人的主体性意义和作为一种精神存在的精神坚守与追求。因此，历史精神的形成既反映了特殊历史时期的历史痕迹，又能够伴随着人的社会历史实践进程进入新的生活领域，自然地与新的时代相结合，不断实现着内涵的更新与丰富。

历史精神是人类的历史精神，更是民族的历史精神，是"自然人"和"文化意识"融合而始有的一种精神。⑥ 人的精神性总有一定的归属，人们总是根据一定的团体价值标准将自身的精神信念与一个相应的社会集团联结起

---

① 朱建军. 历史究竟是什么？[J]. 世界历史，1989 (1).
② 徐英春. 文学、历史与时代精神——革命历史小说与新历史小说比较研究 [J]. 华东理工大学学报（社会科学版），2004 (4).
③ 刘廷忠. 历史、精神与人性 [J]. 时代文学（理论学术版），2007 (4).
④ 李大钊. 李大钊全集（第四卷）[M]. 北京：人民出版社，2006.
⑤ 邵建. 历史是什么——人：文化历史导论 [J]. 南京高师学报，1998 (2).
⑥ 钱穆. 中国历史精神 [M]. 北京：九州出版社，2016.

来，从而构筑成维护团体利益的精神信念。① 精神的形成与发展具有深厚的民族基因，"一民族文化与历史之生命与精神，皆由其民族所处特殊之环境、所遭受特殊之问题、所用特殊之努力、所得特殊之成绩、而成一种特殊之机构"②。民族的历史精神反映着一个民族的精神理想和独特的民族精神气质。"人既是一种物质生命体，又是一种精神生命体，是一种生命历史的存在。"③ 由群体的人构成的国家和民族也是如此，具有精神生命体的意义。民族历史精神的形成过程便是作为精神生命体的国家、民族与群体人的精神历史发展过程。"只要有一定精神，就可以使一个民族、一个国家、一个社会生命辉煌。"④ 历史精神根植于民族群体共同的社会历史实践，是建立在共同价值规范下的共同坚守一脉传承的精神信念与精神境界的集中体现，也是凝聚民族群体的强大精神力量。中华民族从兴起探索到斗争解放，再到奋斗发展的历史及其进程中，不断延绵沉淀下来的民族历史精神因素都深深镌刻在中华民族的血脉之中，构成了中华民族共同坚守的宝贵精神财富。民族历史精神的深刻意义便在于它是民族之魂的体现，孕育和塑造了民族群体深层的文化心理和精神气质。

根植于中华民族五千多年历史文化的中华民族历史精神，凝结着中华民族的生存智慧、美德涵养与社会担当，具有丰富的时代内涵与表现。整体来看，中华民族的历史精神关乎中华民族自古以来对人与世界关系的理解与实践：一是人与自然的关系，以尊重和敬畏的心理追求人与自然的和谐共生与"合一"；二是人与社会的关系，追求国家、民族、集体利益先于个人，坚守和践行着家国理想；三是人与他人的关系，追求善的意志，待人处事始终有一种悲悯的情怀和对善良的坚守；四是人与自我的关系，注重个人修养，追求和践行着一种做人的理想人格。具体来看，中华民族的历史精神内蕴着对自然的敬畏和尊重，践行人与自然和谐共生的自然观念。这一历史精神传统

---

① 王坤庆. 精神与教育——一种教育哲学视角的当代教育反思与建构［M］. 上海：上海教育出版社，2002.

② 钱穆. 国史大纲下册［M］. 台北：台湾商务印书馆，1995.

③ 苗启明，温益群. 原始社会的精神历史构架［M］. 昆明：云南人民出版社，1993.

④ 郑刚. 中国人的精神［M］. 广州：广东旅游出版社，1997.

孕育了"道法自然""天人合一"的哲学思想，并深深影响着中华民族群体的自然观和自然实践活动。中华民族的历史精神也体现为一种"先国后家"的集体精神，中华儿女始终秉持着一种"天下的"国家理念，追求和维护民族团结和国家的统一。这一"先国后家"的历史精神伴随着民族的历史发展历程，又凝结演化出爱国精神、革命精神、奉献精神、奋斗精神等新的内涵，成为激励国家、民族和个人前进的强大精神动力。中华民族的历史精神也体现为一种尚礼精神，知节守礼，以礼待人处事，尊重谦和，追求和平。在中华民族的历史发展中，"礼"的理念一脉相承，并逐渐成为中华民族立足世界、为人处事的重要精神坚守。中华民族的历史精神也内蕴着以人为本的人文关怀，尊重人的主体性，关注人的内在需求和道德人格。中华民族崇尚并践行着这一人文精神，无论是古代士人弘扬的"传道精神"，还是当下社会各领域的发展都以人为核心。中华民族的历史精神也体现为一种义利精神，中国人秉持"君子喻于义"的观念，诚实正义，讲求义气，信守承诺，舍生取义。中华民族的历史文化中蕴含着一种基于现世的"不朽"精神，追求"从理想上创造人、完成人，要使人生符合于理想，有意义、有价值、有道"。[①] 强调人的人格尊严、人格修养。因此，中华民族的历史精神也体现为一种道德精神，内蕴着中国人内心追求的一种"做人"的理想标准和"理想人格"。中国共产党领导中国人民建设新中国的"牺牲精神""抗美援朝精神"，以及新时代社会主义的"抗洪精神""抗震精神""抗疫精神""戍边精神"等都是中华民族历史精神的赓续与发展。

### （二）历史精神的个体生成

对个体发展而言，群体的历史精神只有被真正理解、内化与实践，才能实现人类的、民族的历史精神向个体精神世界的转化和传承。基于群体历史文化和实践而产生、积淀与延绵的历史精神，是作为一种外在于个体"自我"的精神形态而存在的，作为个体的人和人类的、民族的历史精神之间存在着历史间隙、文化间隙与社会间隙。因此，个体历史精神的生成，实际上是以科学、文化等人类精神领域成果为媒介的意义建构与实现的过程。学生通过

---

① 钱穆. 中国历史精神［M］. 北京：九州出版社，2016.

汲取人类的科学文化知识建立与人类精神世界的联结，实现对历史精神的内化、转化和超越。从国家民族的历史精神到个体历史精神的生成，历史精神实现了历史性与现实性、民族性与个体化的交融和转化，也以此实现了赋予人发展意义的价值增值。

对人类精神领域成果的学习是历史精神生成的基础，个体以科学文化知识等为媒介发挥主观能动性与创造性，积极建立与群体历史精神的联结，从而实现自我内在精神世界的丰盈与发展。人类精神领域的各种成果是促进个体精神发展的资源，构成了引起个体历史精神生成的环境条件。科学文化知识等人类精神领域的成果是历史精神的重要载体，对个体历史精神生成与发展的意义是多方面的。第一，人类精神领域的成果能够促进个体的认知发展，是个体形成历史意识和历史思维，建立对人类精神的历史理解的重要途径。第二，人类精神领域的成果为个体历史精神的生成提供了间接经验，可以帮助个体领悟、体验群体历史精神的历史形成与精神内涵等，从而更好地实现对历史精神的理解与传承。第三，人类精神领域的成果是引导、激发学生内在精神发育的"种子"，通过对科学文化知识等的感知、理解与体悟，个体可以在历史中发现自我、认识自我，实现自我精神世界的丰盈和完善。

从根本上来说，个体历史精神的生成是对群体几千年来延绵沉淀的理想信念和理想人格的内在传承与行为化。个体通过对历史精神内在的感知、理解、想象等心理过程，使人类的、民族的历史精神能动转化为个体的内在精神品质，并能够通过自觉行为在生活中践行这种精神，真正实现历史精神的价值延续。对历史精神的内在传承意味着个体实现了对历史精神与"自我"意义和"自我"关系的价值确认和价值认同。学生对群体的历史精神保持积极认同的态度，同时也能理解历史精神的"历史性"和指引当下与未来的"超越性"，即达成了对"过去的过去性和过去的现在性"的意义建构。一方面，个体能够意识到历史精神产生和发展所依存的历史与历史实践，自觉地以历史思维去体悟历史精神的时代内涵和意义，从而进行价值判断与意义理解；另一方面，又能够基于现实生活和自我发展需求，建立群体的历史精神与"自我"发展的意义联结，以历史精神丰富自我精神世界，实现历史精神的现代意义生成与价值超越。因此，个体的精神也不断丰富着群体历史精神的内涵。个体历史精神的生成，最终指向个体历史精神的行为化，指向历史精神外化为个体的自觉行为的过程。历史精神的行为化，实质上是个体对内化的群体历史精神转化与践行的过程，这也是历史精神所具有的持久永恒价值的重要体现。这表明，个体能够在具体的生活情境中自发地受到内在历史精神基因的引导，在生活中积极发扬群体历史精神中蕴含的生存智慧、美德涵养与社会担当，自觉实践民族的理想信念与理想人格追求。

### 三、教育何以培育学生的历史精神

教育是培养人的活动，真正的教育或者说更好的教育应该关注人的自身发展尤其是人的精神发展。教育对学生历史精神的培育指向内蕴在学科知识和学习实践中，具有促进学生价值观念、意志品质和道德人格发展意义的精神因子。实现历史精神的教育价值，赋予教育过程对学生个体精神世界的生成意义，需要理解和把握历史精神的教育形态及其习得。理解作为教育目的的历史精神，使历史精神促进学生的精神丰盈与完善；理解作为教育内容的历史精神，深入挖掘科学文化知识等人类精神领域成果的精神意蕴；理解作为学习过程的历史精神习得，引导学生对历史精神的认知、理解和想象。关注历史精神的教育形态和学生个体历史精神的习得，是对知识意义系统与学生发展关系的深入思考，是对学生发展性学习的回应，体现了教育的人文价值取向。基于历史精神的教育形态，丰富学生学习过程中的精神体验，引导学生向善向美，培养理想信念与理想人格，是教育育人价值的重要体现。

#### （一）作为教育目的的历史精神培育

人是一种精神存在、历史存在，教育作为培养人的活动，应该关注学生的人格与个性发展，从人类、祖国和民族的历史中汲取精神营养，促进学生精神世界和精神生活的丰富与完善。教育要关注学生的精神发育，回应人类的、祖国的、民族的历史精神，使群体的生存智慧、美德涵养、责任担当进入学生的学习和成长过程，以历史精神的理解和传承，感知、体验祖国和民族的精神坚守与追求，引导学生向善向美，坚定理想信念，发展理想人格，成长为精神丰盈且自由的全面发展的人。

从教育的历史发展来看，教育对人精神发育的关注由来已久。如，古代中国道家的教育思想便建立在"无为而治"的哲学思想之上，追求人的精神超越。古希腊时期兴起的人文主义思潮，关注人的精神性和作为精神存在的意义，倡导人的和谐、自由发展。当下强调智育、德育、体育、美育、劳动教育"五育融合"的教育理念，也涵盖了对精神发展的关注。历史的发展赋予了教育目的新的时代内涵，教育要关注学生的意志品质，赋予学生生命成长的精神力量，"培根铸魂"，引导学生体悟、理解祖国和民族的历史文化、优秀传统，提升品德修养，发展健全人格，树立理想信念，传承和发扬祖国和民族崇高的精神坚守与追求。"教育就是精神生产，它旨在造就具有健全的精神、生存的本领、独立的个性、完善的人格的'新人'。"[1] 教育的目的应该指向人的精神世界的健全与丰富。

历史精神凝结着群体的理想信念与人格追求，是人类智慧、美德与担当的历史积淀。历史精神的培育，指向学生对群体历史精神的理解、传承和超越。以历史精神促进学生品德、人格等的完善，实现自我精神世界的丰富与发展，是培养人的教育目的的应有之义。作为教育目的的历史精神培育，实际上是强调在教育中回应群体的历史精神和个体的历史精神理解与传承，具有三个层次的内涵。一是促进学生的全面发展。教育的目的在于培养人，培养全面发展的人。人的全面发展包含了身心两个方面，关注学生的精神世界发展，将历史精神融入中小学教育，是旨在培养人的教育活动的应有之义。二是促进学生的社会性发展。人是一种历史存在、社会存在，人的发展需要完成从"自然人"到"社会人"的身份转变和身份认同。以历史精神的理解和传承，引导学生感知、体验、"经历"人类、祖国、民族的社会历史实践和精神历史，发展全球意识，促进历史理解，增进民族文化认同与文化自信，增强国家认同与历史使命感。三是促进学生的精神完善与自由。黑格尔指出，"精神之所以能达到这种从自然的无知状态自然的迷失错误里解放出来而得新

---

[1] 王坤庆. 精神与教育——一种教育哲学视角的当代教育反思与建构［M］. 上海：上海教育出版社，2002.

生，是由于教育。"① 祖国的、民族的历史精神是学生个体精神发育与完善的精神种子，历史精神的根本意义便在于使个体通过汲取群体的精神智慧和精神坚守，实现自我的精神完善和自由。通过精神自由实现对群体历史精神的不断超越，并在新的时代赋予群体历史精神新的思想内涵，以联结过去指引未来。

**（二）作为教育内容的历史精神**

教育是引导人朝向精神自由的阶梯，它通过传递知识使人不断获得解放。② 作为教育内容的历史精神，指向作为人类精神成果的科学文化知识所内蕴的促进学生精神发育的精神基因。教育中的知识不是固定的、客观的、一成不变的符号，它蕴含着群体的历史精神，是个体沟通自我与人类、民族历史文化的现实媒介。

事实上，知识是人们在社会实践中与客观事物相互作用的认识成果，是主体在实践的基础上对运动、发展着的客体所不断进行的动态认识的过程，是揭示和指引当代人生存和发展的意义系统。③ 知识就是意义的领域，教学的过程应该是引导学生进入知识意义领域，建立自我与知识的意义关联的过程。知识和学生发展之间的关系是一种价值关系，知识内在的精神因素是推动学生精神发展的重要资源。不同的学科为学生学习人类科学文化知识提供了广阔基础，而学科的育人价值便在于它是学生经历体验人类理性与智慧、德性与担当，理解群体历史精神，获得内在思想和精神发展的学科载体。如语文学科中，汉字是学生感悟与内化中华民族历史精神的重要载体，汉字凝结着中华民族在发展延续进程中的思维逻辑、生活智慧和精神追求。通过汉字学习，学生得以窥探到中华民族生生不息的文化历史，感受中国人一脉传承的精神理想与抱负。正如汉字与人之间"人如其字，字如其人"的奇妙关联，

---

① ［德］格奥尔格·黑格尔. 小逻辑［M］. 贺麟，译. 北京：商务印书馆，1980.
② 王坤庆. 精神与教育——一种教育哲学视角的当代教育反思与建构［M］. 上海：上海教育出版社，2002.
③ 廖哲勋. 构建新的知识观，深化课程改革［J］. 课程·教材·教法，2016（6）.

语文为学生感悟"沉浸在汉字世界中的中国人的性格、思维方式"[1] 提供了可能。数学学科中，一条条公理、定理都是人类科学精神、探究精神的重要体现，学生的数学学习不仅仅在于掌握数学知识本身，更重要的是通过对数学学科知识的学习进入数学的发展历史，汲取数学学科思想、学科方法，感悟数学学科内在的科学精神、理性精神、探究精神，进而为创造数学知识奠定内在的精神种子。地理学科是关于人对自然资源、自然环境的认识、利用与改造的学科，蕴含着人实现美好生活的愿景，体现着人的探究和创造精神；同时地理学科也是关于人与自然关系的学科，人对自然的探索和改造建立在尊重客观规律的基础之上，体现着人的理性意识以及与自然和谐共生的精神坚守。

从本质上说，作为教育内容的历史精神是内蕴在知识意义系统中对学生精神世界的成长发展具有启迪作用的精神基因。从知识的内在结构来看，知识具有符号表征、逻辑形式和意义的三维结构。[2] 知识的符号表征指向符号化的知识即符号知识，它是学生理解知识的基础；知识的逻辑形式是指知识生产过程中遵循的逻辑方式，它是知识具有客观性、确定性的基础；知识的意义是知识所具有的促进学生发展的价值，作为人类认识成果的知识蕴含着对人的思想、情感、价值观乃至整个精神世界具有启迪作用的普适性的或"假定性的"意义。[3] 知识的意义是关于逻辑与理性、历史与文化、德性与规范、情感与审美、社会与生活的意义，历史精神作为一种精神形态的历史文化内隐于知识的意义系统之中，也回应着民族群体的理性、德性、情感与价值观。这也意味着教学要思考并回应知识意义与学生发展之间的关系，使学生通过知识学习建立对祖国、民族、历史、文化、社会的理解和认同，真正实现知识的意义增值。

### （三）作为学习过程的历史精神习得

作为学习过程的历史精神习得是指学生在学习过程中对历史精神的认知、

---

[1] 张再兴. 汉字的功能［M］. 郑州：大象出版社，2007.
[2] 郭元祥. 知识的性质、结构与深度教学［J］. 课程·教材·教法，2009 (11).
[3] 郭元祥. 知识的性质、结构与深度教学［J］. 课程·教材·教法，2009 (11).

理解与想象建构，是群体的历史精神转化为学生个体认知的历史精神、理解的历史精神、想象的历史精神，以进入学生精神世界的过程。学生学习过程中的历史精神是整体、抽象的历史精神的具象化，不同于历史精神的原始形态，它是建立在学生个体认知、理解与想象基础之上的经验化的历史精神，是群体历史精神基因转化为个体精神的学习形态。群体的历史精神只有进入学生的学习过程，进入学生的精神世界，成为学生生活体验与生命经历的一部分，才能真正实现其教育意义、教育价值。这也意味着，作为学习过程的历史精神习得是学生基于学习实践与"历史""他者"之间的精神"对接""互通"的过程，体现在学生的认知建构、理解生成和想象创造之中。认知中的历史精神、理解中的历史精神、想象中的历史精神构成了历史精神在学生学习过程中的基本形态。

认知中的历史精神，是学生在历史意识和历史思维的引导下，形成的对历史精神内涵与意义的基本认识。学生对历史精神的基本认识不是主观、随意的，而是在历史意识和历史思维的基础上形成的历史认知。作为认识对象的历史精神是社会历史的产物，历史精神具有"历史性"。因此，学生认知中的历史精神本质上是一种"历史的"历史精神。学生基于历史进行联系和理解，以历史的思维看待国家、民族的历史精神，以获得关于历史精神的非主观随意的基本认知。与此同时，学生基于客观历史生成的对历史精神的认知，也建立在更深层意义上感知到的"历史"的基础之上，因而学生认知中的历史精神又具有深厚的个体意义。

学习是理解的过程，理解意味着主体以自身的全部的"自我"为基础，去发现、建构事物在"自我"心目中的意义。[①] 理解有多种含义：一是指按照条理进行分析；二是指认识和了解；三是指对道理的领悟。从过程来看，理解是对事物"是什么""怎么样"到"为什么"的意义发现和意义建构过程。理解中的历史精神，是学生基于历史情境和现实情境，以"自我"全部整体参与后形成的对历史精神的意义发现和建构。历史精神其自身是"含有意义的形式"，学生对历史精神的理解体现在对历史精神本质的感知和"接纳"之中。同时，理解的过程也是学生"自我"全部整体参与的过程。因此，学生

---

① 陈佑清. 教学论新编[M]. 北京：人民教育出版社，2011.

理解中的历史精神只能是对其意义的无限"接近"与"超越",学生的个体理解实现着对历史精神的意义发现与新的意义建构。进一步来讲,理解中的历史精神也是学生基于历史精神的"自我理解",是学生对历史精神的意义基于自我经验的建构和转化。伽达默尔认为,理解最终都是自我理解,理解就是诠释者朝着他自身的可能性筹划自身,成就自己的在世存在。[1] "自我理解"中的历史精神,是学生主体通过省察与回应自我,关照自我内心世界而建构起的对历史精神的个体化意义建构,这意味着学生超越了历史精神的"历史性"与"客观性",实现了和历史精神的跨时空"交流"与意义联结,基于个体经验和自我认知,建构起了具有自我意义的历史精神体验。

萨特认为,"意识在世界中的每一种具体的和现实的境况是孕育着想象的。"[2] 想象是人获得认知的基本方式,通过想象,人得以认知事物,可以找到真实的存在。学生学习中的历史精神最终指向想象中的历史精神,学生对历史精神的想象是实现历史精神意义超越的归宿。想象中的历史精神是学生经历历史想象与创造想象过程后对历史精神的还原、重现与超越。历史想象建立在历史精神形成所依存的民族社会历史实践的基础之上,是具有"历史烙印"的想象,历史想象中的历史精神是对历史精神自身的"还原"与"重现"。历史想象具有认知史实与构建图景的双重功能:一方面,历史想象建构了学生与历史精神之间的历史关联,另一方面,历史想象再现了社会历史的情境,解构了学生与历史精神间的历史间隙、社会间隙,使历史精神具有了真实性。创造想象中的历史精神指向历史精神的现实意义和超越现实的未来意义,是学生基于理性思维和生活经验建立起的对历史精神与当下、与未来的关系的思考。对历史精神的创造想象脱离了"历史"情境,给予了学生主体反思现实和批判性思考的空间。

## 四、培根铸魂:赋予教学历史感

历史是一个国家、一个民族的肌体之根。国家的历史、民族的历史、文

---

[1] 潘德荣. 文本理解、自我理解与自我塑造 [J]. 中国社会科学,2014 (7).
[2] 温雪. 何为想象?——萨特对想象的界定 [J]. 世界哲学,2019 (1).

化的历史和优秀传统构成了国家和民族的生存根基。一个国家、一个民族的历史孕育了民族的历史精神，彰显着民族的族性、热情与理性，延续着群体的精神坚守与追求，内蕴着"足以构成我们人性中伟大和高贵的素质"①，是"国民之明镜也，爱国心之源泉也"②。传统的课堂教学过于注重知识的符号学习和方法技巧的训练，忽视了学科知识和学科教学的精神价值。实际上，学科与历史有着紧密的联系，不同学科都受到"文史一体""史论结合"的传统影响。在某种程度上，学科和学科知识既是历史的产物，又是历史保存的载体，以符号为媒介保存和书写了群体历史背后一以贯之的历史精神。真正的教学必须回应民族厚重的历史和历史精神，以科学文化知识为基础，促进"人—知"对话，从而引导学生进入历史、进入文化、进入自我，感知和体验民族的精神生命，汲取群体的生存智慧、美德涵养、社会担当，自觉传承与践行中华民族的理想信念与理想人格追求。

### （一）关注知识的多维价值，为理解而教

知识教学是任何教学活动不可回避的基本任务，也是实现学生历史精神培育的重要途径。学生历史精神的形成以科学文化知识学习为基础，教师对学科知识的认识和理解决定了学生知识学习的内容，也决定了教师在教学过程中处理知识的方式，从而影响着知识意义的达成程度和学生学习与发展的效果。传统的课堂教学中存在着知识"符号化""本体论"和"产品化"的倾向，将学科知识视为人类对客观世界的客观认识，片面强调知识的符号教学和符号接受，忽视了知识的丰富内蕴和育人价值。促进学生历史精神生成的教学，建立在对知识内在结构与多维意义的理解基础之上。"知识对于心智和美好生活具有重要意义"，③ 要转变传统的符号知识观，关注学科知识对于学生成长尤其是精神成长的发展价值，在教学过程中实现完整的知识教学，建

---

① ［德］马克斯·韦伯. 民族国家与经济政策［M］. 甘阳，编选. 北京：读书·生活·新知三联书店，2018.

② 梁启超. 新史学［A］. 吴松，卢云昆，王文光，等. 饮冰室文集点校·第三集［C］. 昆明：云南教育出版社，2001.

③ Hirst P H. *Liberal Education and the Nature of Knowledge*. in Archambault, R D. *Philosophical Analysis and Education*. London：Routledge and Kegan Paul，1972.

立起对知识符号表征、逻辑形式以及多维意义的全面回应，实现知识与学生自我成长的意义联结。

理解是知识意义达成的最终归宿，为理解而教是学科教学的应有之义。在教学中教师要丰富教学思想，充分理解教学的过程性，使学生的学习真正成为理解的过程。促进学生历史精神培养的教学，不是课程知识的符号传递，而是以符号知识为媒介的知识理解的过程，是理解知识内蕴的民族历史、民族文化、优秀传统与理想信念、理想人格的过程，是学生基于个体生活经验实现由历史理解到自我理解达成的过程。为理解而教应该成为课程教学的基本出发点。这也意味着教师教学角色的转变，教师不再是教材知识的传递者，而是学生知识理解的引导者，引导学生建立自我与知识的联系，感知体验知识内蕴的逻辑与理性、历史与文化、德性与规范、情感与审美、社会与生活的多维意义。进一步来讲，教学要建立在回应的基础上，即回应知识的文化历史背景与意义，回应知识的思想和精神意蕴，回应学生的个体经验和生活。通过回应性教学激活学生的经验世界，从而达成自我理解，引起学生的能动体验和更深层的精神觉醒。"生活即教育"，为理解而教也意味着教学要充分关注社会生活的教育性，将真实的生活与学生的学习情境关联，使学生可以真实"经历"知识和知识内蕴的历史精神，在真实的生活体验中实现知识意义到自我意义的转化。

### （二）在知识与学科中寻求历史精神的意义

历史精神是群体精神生命的延绵与积淀。在教学中，对学生历史精神的培育过程实际上是人类、祖国、民族的精神生命和精神历史进入学生生命经历的过程。要真正实现历史精神的育人价值，促进学生对群体历史精神的内在传承，意味着在教学中要引导学生的历史感知，理解作为人类精神成果的知识的背景依存与经验依存，生成"对于过去与现在的同与异的敏锐意识"[1]，联系与回应学科历史，并以学科独特的审美情感丰盈学生的精神世界。

知识的产生依赖于特定的社会历史背景与文化背景，与种族的经验和学习者的个体经验相关联。引导学生理解知识的背景依存和经验依存是学生通

---

[1] 彭刚. 历史理性与历史感[J]. 学术研究，2012（12）.

过知识感知民族历史，体验群体精神延续与传承的重要过程。要关注知识背景依存，将知识产生的历史、文化、社会因素带入教学过程，带入学生的生命体验过程，使学生既能从历史的维度思考与理解知识本身，又能超越历史感知体验知识的现实意义及其与自我的关系。要在教学中回应知识的经验依存，引导学生理解特定知识反映的特定时期的种族经验，并基于自身的生活经验与体验，建立与民族历史、文化和精神的关联。

对历史精神的意义理解，也要在学科中探寻，在教学中回应学科的发展历史，引导学生的审美情感、审美体验。学科的发展历史，是不同学科的基本思想、基本事实与学科精神的形成历史。更重要的是，学科的发展历史也反映着民族文化心理结构的发展历程，内蕴着民族群体的价值取向与终极关怀。学科知识本身所表达的思想与精神不是个体化的、孤立的，而是普遍意义上的民族文化心理的反映，表现的是人类情感的本质，具有超越个人的普遍性意义。要在教学中适当引入学科史的知识，引导学生对学科知识、学科思想和学科精神的历史理解，以学科发展历史建立对群体精神历史的意义关照。在语文教学中，引入文学史的意义便在于"将静态的作品架构转化为动态的历史流程"[①]，引导学生从历史演变的角度去理解文学作品，体会民族的智慧、美德与担当。数学教学中，数学学科史能够引发学生对人类求知、探索与创新精神的感知与体验，使群体共同共通的理性与智慧的精神基因指引自我成长和发展。审美是精神的最高层次体现，历史精神是群体的理想信念与理想人格追求，彰显了人对"善"的追求、对"美"的理解。要在教学中挖掘不同学科独特的审美情感，以审美情感促进学生的历史精神培育。不同的学科中都内含着一种经过艺术提炼后表现出来的审美情感，即"对美的认识、评价和价值判断，是一种包含着认识的对美的情感体验"[②]。学习是一种审美实践，唤起审美情感，以审美的态度进入学习，是学生通过学科知识学习获得精神丰盈和人格发展的重要方式。当学生以审美的态度去学习学科知识，将自身知识学习的过程转变为审美的过程，学生身上被唤起的不仅仅是

---

① 李建军，周惠琴. 让沉默的历史说话——谈语文教育中的文学史意识［J］. 江西教育科研，2005（8）.

② 王纪人. 文艺学与语文教育［M］. 上海：上海教育出版社，1995.

感情，同时也获得了感知、认识和判断生活的能力。因此，要使学生真正进入学科知识的意义领域，理解、感悟和获得历史精神的全部内涵，需要引导学生以审美的眼光和思维进入知识建构的情境，通过认识、理解、价值判断的过程，达成对历史精神内涵与意义的汲取和转化。

**（三）回应学生的思维与生活，实现历史精神的价值超越**

赋予教学历史感，在教学中促进学生历史精神的培育，其本质在于使学生通过教学的过程理解和传承群体历史发展进程中的延绵积淀的历史精神基因，感知、领悟、体验民族的理想信念和理想人格，以民族智慧、美德与担当丰富完善自身的精神世界和精神生活，最终走向对历史精神的自觉践行，实现群体历史精神对个人成长的意义增值。由历史精神的内在生成转向自觉实践的过程，离不开学生个体思维与生活经验的参与。因此，教学要回应学生的思维与现实生活，引导学生生成批判反思意识，能够由古及今，实现对群体历史精神的个体转化与价值超越。

科学文化知识内蕴的历史精神是学生认知、理解和传承群体历史精神的基本形式，但教学中的知识是客观性与社会性的统一，知识的真理性与可变性之间存在着巨大的张力，这也为学生把握历史精神的丰富内涵与意义造成了一定困扰。例如，语文教学中，作为一定历史文化产物的文学作品中反映出的民族历史精神，表现的是"历史的本质"和"历史的必然"，同时又具有强烈的历史文化依存性。这就要求学生的知识理解既要基于特定的历史背景、历史情境，又要基于当下的社会现实审视知识，做到由古及今、由人及己，在批判和反思中建构起对历史精神的现实转化。批判意识的生成意味着学生对知识形成了自己的独立思考与判断，基于自我的价值判断、生活经验来感知和体验知识内蕴的情感、思想、精神等。反思意识的生成意味着学生能够由人及己、由人观己，审视和省察自己处在特定情境下可能的行为表现，在反思内省中发现自我不足，从而实现个人提升与发展。教学要引导学生批判与反思意识的生成，为学生历史精神的传承与实践创设思维条件。学生对人类、祖国、民族历史精神的获得与转化，也离不开对自己生活经验的回应。教学应从学生的实际生活出发，达成历史精神与现实生活的意义联结。一方面，必须引导学生追溯历史，在历史情境中理解历史精神，探究特定历史场景中的人物活动、思维方式、生活方式、情感表现和精神风貌；另一方面，也要引导学生思考当下的社会生活与个人生活，感知与体悟民族群体共同坚守的历史精神对当下乃至未来的意义，基于自身的社会生活实践，实现民族群体理想信念与理想人格的价值延续。

# 第二部分 学科想象及其生成研究

# 遇见与预见：学科想象的生成及想象教学

## 郭元祥　李　新

自古希腊哲学家柏拉图（Plato）、亚里士多德（Aristotle），经近代夸美纽斯（Comenius，J. A.）、洛克（Locke，J.）、赫尔巴特（Herbart，J. F.）、康德（Kant，I.）等，再到杜威（Dewey，J.）以来，无数教育思想家都论述过想象（imagination）与想象教育的重要性。想象问题是哲学、文化学、人类学、美学、艺术学、心理学等众多领域关注的经典问题，也是现代教育思想中的重要内容。[1] 20 世纪 80、90 年代以来，随着国际课程改革的不断深入，想象力被作为学生必备的学科关键能力的重要组成部分。美国学者奥斯本（Osborn，A. F.）在其创造力理论中提出"人人都具有想象并有想象的权利"等主张。[2] 想象也是美国学者朗格（Langer，J. A.）以想象为中心的文学教育理论及学科教学理论的核心范畴，他提出了建构想象"立场"（stance）概念，主张"学生被视为终身想象构建者，学生一直构建想象以理解自身和世界"。[3] 加拿大学者伊根（Egan，K.）等自 20 世纪 80 年代末开始进行想象与教育、想象与理解、想象与教学等问题的研究。[4] 他不仅探讨了想象与教育的关系，还把丰富的想象力作为"受过教育的心智"的基本标志，并结合课

---

[1] Takaya, K. *Imagination in the Context of Modern Educational Thought*. in Egan, K., etal. *Teaching and Learning Outside the Box: Inspiring Imagination Across the Curriculum*. New York: Teachers College Press, 2007.

[2] ［美］奥斯本. 创造性想象［M］. 王明利，等译. 广州：广东人民出版社，1987.

[3] ［美］朱迪思·朗格. 文学想象：文学理解与教学［M］. 樊亚琪，译. 上海：上海教育出版社，2015.

[4] Egan, K. *Imagination, Past and Present*. in Egan, K., etal. *Teaching and Learning Outside the Box: Inspiring Imagination Across the Curriculum*. New York: Teachers College Press, 2007.

程和教学，把想象看作"促进我们理解的认知工具"[①]，并在后续的研究中持续深化，进一步将"富有想象的教学""与想象的关联性"作为其领衔的"深度学习（Learningin Depth，LID）"研究项目中的"学科知识标准"和"主题教学标准"。[②] 伊根的研究深化了课程与教学理论、学习理论等领域关于想象教育与想象教学的研究。国内对学科想象问题也进行了积极探索。有研究认为，"应试教育"是束缚儿童想象力发展的主因。[③] 有研究将伊根的"富有想象的教育"理论和认知工具引入中国，并进行课堂实践和中国化探索。[④] 有研究从哲学、心理学、教育学等多领域详尽梳理了想象力理论，认为想象是一种应用于学科教育的教学方法论。[⑤] 学科教学领域的研究者介绍并应用朗格的"想象知识"和"想象立场"概念等理论，研究各学科教学中想象力培养及其应用策略等问题。[⑥] 还有研究从想象哲学的视角研究了课程想象。[⑦] 发展学生的学科核心素养，需要聚焦学科想象等学习内部活动问题，深化教学改革，真正让学科想象发生，促进学科知识学习向学科素养转化。培养学生的学科想象力，是当前深化课程与教学改革、创新育人方式、实现学科育人功能的难点问题。

---

① Egan，K. *The Educated Mind，How Cognitive Tools Shape Our Understanding*. Chicago & London：The University of Chicago Press，1997.

② Egan，K. *Learningin Depth：A SimpleInnovation That Can Transform Schooling*. Chicago & London：The University of Chicago Press，2010.

③ 孙云晓，赵霞. 中国儿童想象力危机报告［J］. 少年儿童研究，2009（22）.

④ 潘庆玉. 富有想象力的教学设计［M］. 广州：广东教育出版社，2014.

⑤ 张晓阳. 想象教育论：想象教育的理论与策略体系建构［M］. 北京：科学出版社，2017.

⑥ 刘婷婷，刘正伟. 朱迪思·朗格想象构建教学法及各学科实践［J］. 语文学习，2016（9）；王世光. 历史教科书的"想象"之维［J］. 课程·教材·教法，2007（10）；徐彪. 想象在历史教学过程中的应用［J］. 新疆师范大学学报（哲社版），1993（3）；马守信. 基于历史想象的"重演"：历史生命化课堂的建构——柯林武德《历史的观念》的教学启示［J］. 历史教学问题，2017（6）.

⑦ 左璜，莫雷. 课程想象力：内涵及其培育［J］. 华南师范大学学报（社会科学版），2013（4）.

## 一、想象与学科想象的意蕴

想象问题是关涉人的认知、人类知识的发生以及人的发展的基本问题，一个受过教育的人，一定是一个充满想象的人。想象不仅是一种重要的认知活动，是理解的基础，更是创造的前提和起始阶段。学科想象既是学生在学科学习中认知加工的方式和过程，也是一种学科教学方法，还是学生必备的学科关键能力表现。

### （一）想象的内涵及意义

关于人对世界的认知方式问题，哲学史上一直存在着感觉论与唯理论或经验论与理性论的交锋，但无论哪一方，都尊崇想象的力量。古希腊智者们将想象理解为一种复制图像的认知机制，想象通常指视觉感官所产生的图像。柏拉图作为古典理性主义代表人物，在《理想国》（*Utopia*）中将想象活动描述为"一个图像的生产过程，认为想象仅是感性事物的影像"[1]。在亚里士多德看来，想象是源于感觉和判断的一种内在的灵魂或精神活动。[2] 中世纪后，想象力依旧是作为一种偏重感性且与身体感官密切联系的复刻和再生产图像的能力。直到文艺复兴运动的终结时期，康德为了调和经验论与唯理论在知识观问题上的冲突，基于先验感性论、先验分析论和先验辩证论解析知识和理性判断，才打破了想象力研究的沉寂状态，深化了想象力研究。他认为，"想象力作为一种即使对象不在场也具有的直观能力，要么是创制的，要么就是复制的。"[3] 创制的想象力先于经验而发生，想象是人类心灵的基本能力，感性和知性通过它才得以必然地发生关联。康德对想象力的认识逐渐向理性靠拢，认为想象力作为感性与理性发生关联的机制，成为沟通感性与理性的

---

[1] 邓影. 想象与形式：柏拉图与亚里士多德想象理论的比较研究 [J]. 理论界，2018（1）.

[2] ［古希腊］亚里士多德. 论灵魂 [M]. //亚里士多德全集（第三卷）. 秦典华，译. 北京：中国人民大学出版社，1992.

[3] ［德］康德. 实用人类学 [M]. 邓晓芒，译. 重庆：重庆出版社，1987.

媒介。

20世纪之后，人们对想象的阐释超越了局限于图像或形象的狭义定性。海德格尔（Heidegger，M.）率先批判性地解读了康德的先验想象力，认为想象力具有超越自身的本源性力量，它不再仅仅是依赖于感性经验的低阶能力，也可以作为分析人类理性超脱具象的原因。[①] 杜威在探讨"反思"作为一种人类思维活动对于"经验改造"的作用时，把想象力看作反思经验和改造经验所必备的一种能力，人只有借助想象力才可以"填补经验性观察的内容与逻辑命题间的缺口，赋予知识新的意义"[②]。由此，人们对想象力的认识向着深层次推进，认识到想象力是获得思想与意义的关键部分，是一种可以对意义进行理解、建构和创造的能力。拜恩（Byrne，R. M. J.）于2007年提出了"理性想象力"的概念，他认为想象力不仅是指表象能力，更是指一种关涉意象和逻辑推理能力的心理机制。[③] 想象成为整合与关联多种心理要素的综合心理活动和能力。

究竟什么是想象？想象与想象力有何区别？在西方大多数英文文献中，想象与想象力都是用同一词语"imagination"来表达的。根据《牛津辞典》的解释，"imagination"一词有三种含义：第一种含义是指想象的能力，或想象是心智活动的一部分；第二种含义是指想象出某种超乎存在的事物；第三种含义是指创造新的和令人激动的观念的能力。尽管历史上许多思想家将"想象"与"想象力"通用，但本质上说，想象更多是指一种完整的内在精神活动或心理活动过程，想象的结果是图像、形象（image）或意象（imagery）。心理学认为，想象属于心理的认知过程，是心智活动的一部分，而能力属于个性的范畴，想象力则是个体构造图像、形象或意象的一种比较稳定的心理特征。

其实，想象不仅是图像或表象生成的精神活动和心理活动及其所表现出来的能力，更指向心灵的灵活性和超越性，是一种能动思考多种可能性的活

---

① ［德］海德格尔. 存在与时间［M］. 陈嘉映，王庆节，合译. 北京：生活·读书·新知三联书店，1987.
② 梁君. 杜威论想象力及其培育［D］. 上海：华东师范大学，2019.
③ 潘庆玉. 想象力的教育危机与哲学思考（下）［J］. 当代教育科学，2010.

动和能力，通过意识到隐藏的或另类的可能性来更加批判地把握现实，进而从对真实事物的遇见中或基于语言、文字、符号的表述中预见一种不在眼前的可能状态、景象、意象或意境。当把想象与想象力在本质上与感觉、理性和思维等概念关联起来时，想象对于人的认知、情感乃至人格发展的教育价值才得到重视。想象力带领人们穿梭于历史、现实与未来之间，在"在"与"不在"、"已在"与"未在"、"史在"与"现在"、"实在"与"能在"之间寻求对客观世界的理解、对精神世界的构设以及对可能世界的构想。萨特（Sartre，J. P.）认为，想象具有"意向性"，是一种"意象性的认识"，是由"必然性"走向"或然性"的认识，与"纯含义性的认识"之间是有显著差异的。[1] 人对客观世界的反映不是镜像式直描和刻板式复写，而是主体对客体的能动性反映，想象便是一种能动性反映客观世界的精神活动或认知活动，是基于感知、思维、情感、经验、生活而创造新图景、新意义的过程。不仅如此，想象的超越性决定了想象具有的形而上的特性，依据人类的语言符号、哲学、历史、科学观念甚至种族传统，想象足以让人创造出全新的图景和意义构设。历史的"存而不在"、现实的"在而不存"以及未来的"不在不存"，皆关乎人们以想象的方式对待世界和参与世界的态度。以古希腊神话、古希腊史诗、古希腊悲剧和希腊古典哲学为标志的"希腊奇迹"（the Greek Miracle）无不标示着想象所具有的创造性、超越性力量。想象对于人的生成而言，不仅仅是一种认知工具，更是一种蕴含着通过图像建构并超越图像建构的对美好、对意义、对未来的预见，是一种蕴含意义追寻的精神活动。

### （二）学科想象的本质及意义

抽象的符号知识或学科知识如何转化为学生的学科素养？这是学习研究、教学研究与改革实践必须回答的根本问题。随着脑科学、学习科学、人工智能的发展，我们没有必要再去争论诸如"是知识更重要还是能力更重要""是教师先教还是学生先学"此类比较级、程序性的选择题，而要进入学生学习活动的内部过程去研究知识向能力、向思想转化的内在过程和方式。从符号

---

[1] ［法］让-保罗·萨特. 想象心理学［M］. 褚朔维，译. 北京：光明日报出版社，1988.

接受到符号解码，再到意义建构，是一个复杂的脑活动过程。这一过程的内在原理是什么？学科教学形式上看学生面对的是符号知识，但本质上看面对的却是世界或世界的特定领域。而"人类将'世界作为一种图像'来认识是历史发展的结果和产物，是现代性的标志"[1]，从而，想象是主体面对世界的重要态度和方式。

教学如何引导学生去认识世界并参与世界？教学中的想象活动和学科想象的生成是教育难以规避的问题。从教学的角度看，学科想象是指学生在学科学习过程中基于感知、思维、已有经验来加工学科知识而建构想象的心理过程，是学科学习过程中学生内在认知活动和精神活动，是基于形象思维建立新的图像表征，以及基于感知、思维、情感体验建构意象的内在学习过程。学科想象是从符号接受到科学认知、情感理解，再到意义建构的学科学习过程的中心环节，是学生从感知学习到概念学习，再到意义学习内隐的中间地带。学科想象究竟是什么？如果借用萨特的概念，学科想象是一种学科学习中的"意象性的认知"，而不是"纯含义性的认知"。"纯含义性的认知"指向的是个体对给定性的（given）、固定性的（fixed）规范性内容的认知过程，显示的是给定性、固定性及其基本特征。而"意象性的认知"指向的是个体意愿、意向参与对可变性（flexibility）的、不确定性的（uncertainty）生成性内容的认知过程，可变性、不确定性是其基本特征。学科想象作为一种意向性认知，为个体的意愿、意向、经验参与认知加工，并构造新的形象、图像与意象提供了可能。在学科教学过程中，学科想象既是一种创造性地理解学习内容、发展学习品质、达成学科素养的重要学习方式和学习过程，也是各个学科学习中的一种关键能力。

学科学习中的想象活动不是心理学所称的单一的、一般的表象心理活动，而是学科学习过程中基于符号理解、感知学习、形象思维、逻辑思维与意义拓展的一种综合性的学习活动，其中心是形象思维与图像建构。学生在学科学习中表现出来的形象思维和图像建构等比较稳定的心理特征，就是学科想象力。学科想象的本质是通过建立学科知识与事物、世界以及学生自我之间

---

[1] ［德］克里斯托夫·武尔夫. 人的图像：想象、表演与文化［M］. 陈红燕，译. 上海：华东师范大学出版社，2018.

的关联性，达到对事物的生动性理解和意义性理解。从空间想象到几何思维，从代数向几何的视角转化，构成了数形结合的数学思维和数理逻辑，数学的空间想象发挥了作用。文学语言和文学作品实际表达的是作者对人物形象、人格形象甚至道德形象的构设，从阅读到理解的过程，必然生发各种文学想象。历史学习的过程是基于史实再现过程并且通过解释历史而参与历史的过程，其中必然具有对历史的丰富想象。学科想象具有学科差异性，不同学科建构想象的过程、方式和结果等方面具有学科差异性。从内容上看，中小学生的学科想象有数学想象、文学想象、历史想象、社会想象、科学想象、艺术想象、道德想象和文化想象等学科想象类型。从能力维度上看，同样具有不同学科的想象能力表现。但是，不同学科想象的共同特征是学习者对语言、文字、符号、公式、定理等学科知识进行图像化建构、形象化理解和意义性生成。因此，学科想象具有图像性、重构性、意象性和超越性等特征。

  学科想象对于学科学习具有重要的价值。一方面，学科想象促进学科符号知识与知识情境、问题情境的相互转化，从而推进学生对符号知识的深度理解。杜威曾将想象定义为"用以将抽象的术语、符号、公式转化到实际情境中的能力或工具"[①]。另一方面，学科想象使得学生对符号知识的加工与内化过程更加丰满、生动，并使学习活动更具有关联性。更为重要的是，学科想象将学科学习导向了思维的灵活性、创造性和意义探索的层次。伊根就认为，"想象是人类全部创造力的源泉和中心，是一种在探究伟大的意义世界中具有特殊价值的力量"[②]。在辨析想象与习俗性思维、想象与记忆、想象和客观知识、想象和情绪时，伊根指出，"如果我们把它看作一种能激发所有心理功能的特定灵活性、活力和生动性，看作一种思想的情绪，那么富有想象就不是具有一种高度发达的特定功能，而是使所有心理功能具有更强的能力，它不是与理性相区别的事物，而是给予理性灵活性、活力和生动性的事物""想象是把事物看作可能性存在的能力，是一种思想的有意行为，是一种充实

---

① 梁君. 杜威论想象力及其培育[D]. 上海：华东师范大学，2019.
② Egan, K. *Romantic Understanding: The Developmental of Rationality and Imagination, Ages* 8 — 15. New York & London: Routledge, Chapman and Hall, Inc. 1990.

理性的能力"。① 学生的学科学习需要在感知学习、形象思维和逻辑思维的学习基础上建立一种超越接受的"意义增值性"的高阶学习，学科想象因其本身具有的重构性、超越性等特质，满足了学生这种高阶学习的需要。真正"以学习为中心"的教学，需要超越教学组织形式等外围问题，真正进入学科想象等内在活动来研究学习，发挥学科想象的价值。

## 二、学科想象生成的前提、过程与归属

作为一种学科学习活动，学科想象与感知理解、情感体验、思维过程以及知识、文化、经验等因素密切相关。结合想象活动的基础与条件，真正进入学生的学习过程，深入研究学生学科学习的内在机理，引导学生的学习过程和学习方式，是当前深化学习研究和教学改革，推进深度学习的前沿性问题。

### （一）知识理解与意义期待：学科想象的前提

知识永远具有课程意义，因为"教学和所有其他专业活动一样，是一种'知识密集型实践'"②。对于学生成长而言，知识是有待发育的文化种子、精神种子。人类知识，无论是人文的，还是科学的，都是历时态的知识，是前人关于世界（自然世界、社会世界和精神世界）的"历史作品"。在前人创造的知识与知识学习者之间，永远存在着历史的时空间隙、社会条件间隙、文化背景间隙和认知方式间隙。这种间隙本质上为学习者提供了理解与意义建构的想象空间，也提供了意义期待。

知识理解是生成学科想象的基本前提。学科知识不是单一的"符号世界"（symbolic worlds），而是关于"真理的世界"（worlds of truth）、"意义的世

---

① ［美］Egan, K., etal. 走出"盒子"的教与学：在课程中激发想象力［M］. 王攀峰，张天宝，译. 上海：华东师范大学出版社，2010.

② ［英］迈克尔·扬. 把知识带回来：教育社会学从社会建构主义到社会实在论的转向［M］. 朱旭东，等译. 北京：教育科学出版社，2019.

界"（worlds of meaning）。① 知识是一个"符号世界"，是指它以符号的形式记录和保存人类在不同社会时期对客观世界或社会实在的认知所能达到的理解状态。"符号世界"所反映的是关于社会实在的"艺术、科学、语言和宗教"。② 但"符号世界"终究是一种表达世界的形式，而其本质是人们在社会实践中对客观实在的反映。"知识和真理总是在一定程度上植根于社会活动、生活或实践方式中"，③ 知识的产生与社会结构、社会生产生活方式直接相关。涂尔干（Durkheim，E.）曾明确宣称，科学理性和知识源于社会结构而非个人思维。知识是人类面对所生存的世界的真理性认识结果，是社会现象和社会产品。我们无法否认知识的客观性基础及其与社会实在的内在关联性。④ 因此，理解知识归根结底是理解符号所表达的客观世界或社会实在的本质，以及人与客观世界或社会实在的关系。而这一理解过程并不是"纯含义性的认识"或被动接受给定的或固化的结论的过程，而是学习者能动地建立知识与客观世界或社会实在的内在联系的"意向性的认知"的过程，从而通过将符号知识活态化、图像化、情境化来生成特定的图像与镜像、意境与意象。

学习者对作为"历史作品"的知识的理解与领会，永远不可能达成完全复原式的同一性；相反地，必然存在着不同的理解层次和意义内容。学习者基于个体感知、已有经验和自我人生际遇，从符号知识或具体的学科知识中觉察到的东西都是有差异的。但是，作为文化种子、精神种子的知识本身只是对不同领域世界的解释和阐释，解释性是知识的生产者赋予知识的基本属性，即知识的科学属性。而知识学习者则对知识学习怀有理智期待、情感期待和审美期待，归根结底，是对于学习者自我成长的"意义期待"。这种意义期待为学习者的想象提供了可能前提，对从知识中获得有益于自我的"强有

---

① Scheffler, I. *Worlds of Truth: A Philosophy of Knowledge*. Chichester, West Sussex County: Wiley-Blackwell Publication, 2009.

② Scheffler, I. *Symbolic Worlds: Art, Science, Language, Ritual*. Cambridge: Cambridge University Press, 1997.

③ [英]迈克尔·扬. 把知识带回来：教育社会学从社会建构主义到社会实在论的转向[M]. 朱旭东，等译. 北京：教育科学出版社，2019.

④ [英]迈克尔·扬. 把知识带回来：教育社会学从社会建构主义到社会实在论的转向[M]. 朱旭东，等译. 北京：教育科学出版社，2019.

力"的意义充满了期待。人对世界的想象不是复原性的,而是超越性的,想象总是指向和谐、美好和善的意义。扬(Young, M. F. D.)在《把知识带回来:教育社会学从社会建构主义到社会实在论的转向》(*Bring Knowledge BackIn: From Social Constructivismto Social Realismin the Sociology of Education*)一书中强调回归知识的本质,把握知识的客观性,"把知识带回来",让学生获得"强有力的知识"。我们在深度教学实验研究中强调"让学生与知识生动相遇",本质上是注重通过在"人—知"相遇中,实现学生与文化的相遇、与历史的相遇、与大师的相遇,并借助想象预见世界、预见未来、预见自己,实现学科知识学习的"意义期待"。尽管解释可以说明遇见的东西,但唯有想象才能通过前人创造的东西预见新的图像、图景、意境和意象。正如谢夫勒(Scheffler, I.)所说的那样,知识学习是"对自我世界和外部世界的预见,预见需要基于推理的完全探究和超验想象"①。促进知识意义增值的教学并不是要求学生对前人构设的符号世界的被动接受;相反,它需要从遇见走向对未知和未来的预见。② 单一的感知、接受与解释是无法填补这些间隙的。

### (二) 从统觉感知到意象思维:学科想象的过程

学科想象不是一个孤立的认知环节,而是与感知、理解、思维相关联的认知活动,也是认知活动与情感活动、意志活动相整合的内在的心理活动和学习活动。"我们的心理不只是一个简单的事实的仓库,而是一个不间断地进行着各种意义组合与建构的活动中心。"③ 学科想象的生成过程是从感知到理解,再到思维,并融入情感体验的完整的心理过程,是包括整体感知、深度理解、观念联合、经验联结、反思迁移,以及表象建构在内的全部过程。

统觉感知是学科想象的基础阶段。孤立的感知构不成想象,只有各种感

---

① Scheffler, I. *Conditions of Knowledge: An Introduction to Epistemology and Education*. Chicago & London: The University of Chicago Press, 1965.
② 郭元祥,彭雪梅. 在中小学教学中渗透文化自信教育[J]. 教育研究与实验, 2020 (5).
③ 潘庆玉. 想象力的教育危机与哲学思考(下)[J]. 当代教育科学, 2010 (9).

知的相互转换方能形成统觉。统觉即通感，是视觉、听觉、触觉、嗅觉、味觉等感知的相互转换和统整。统觉所生成的想象是第一层次，是对知识的图像化加工的结果，即对事物、语言、文字、符号进行图像化表达，从而建构图像表征。写作理论中所强调的"通感表达"，就是各种感知觉的相互转换，以进行赋有想象的生动表达和图景描写。数学的几何问题解决中最重要的是图形建构能力，通过空间想象能够画辅助线、做辅助图，将未知转换为已知，把复杂问题转化为简单问题，从而利用公式和定理解决问题。在文学阅读、科技阅读中把语言、文字、符号等转换成图形、图景、场景或故事的过程，统觉感知也同等重要。有目的的问题导向的统觉感知活动，就是观察。对自然、对社会、对生活的观察，为学科学习中生成想象奠定了基础。

理性思维是学科想象的整合阶段。尽管想象具有形象性和生动性的特点，但想象不是对真实和细节的复原和刻板，而是对事物现象或表象特征的抽象和表征。想象还具有概括性、超越性等特点。学科学习中基于知识的想象要合理，必须以形象思维、逻辑思维为基础。形象思维是对具体形象和细节的概括，理解和思考具体形象的突出特征，并加以图像分析。形象思维具有意象性，也称为意象思维。意，即意义、价值、立场、意境；象，即表象、图像、形象。意象便是具有意义和意境的图像，而不是镜像和刻板的图像。由于人们习惯于把形象思维与抽象思维对应，往往容易掩盖形象思维的意象性。其实，形象思维即意象思维。[①] 以意象思维过程为基础，为统觉感知所获得的表象特征赋予了逻辑性、概括性、意义性和超越性。初中生在学习《背影》一课中关于父亲在火车站站台送别"我"的情境时，便需要对作者描写父亲背影的文字进行形象思维，利用自我生活经验，在脑海里构设"站台"的情境、父亲"穿着破旧的大棉袍"、穿过铁路"艰难地爬上站台"去买橘子的情境。想象不是任意的虚构或捏造，对情境或图景的构造和再创需要想象思维和逻辑思维，通过形象思维建立文字或符号与经验和情境的内在联结，形成图像和表象，并使得图像化和构造情境符合逻辑。学科想象的发生是建立在深度理解和形象思维、逻辑思维等认知方式基础之上的。形象思维和逻辑思

---

① 李祖扬，汪天文. 思维的类型辨析[J]. 南开大学学报（哲学社会科学版），2007(1).

维则为想象建构提供了合本质性、合逻辑性和合规律性，缺乏思维的想象是杂乱的、无序的、违背本质的。在深度教学实验研究中，我们通过应用"自述实验"和"内省实验"两种比较经典的心理学实验研究方法，发现在课堂学习中学生由不同感知觉转换与联想对语言符号知识进行加工，所构造的图像、形象或表象多为第一层次想象，是低阶想象；高阶想象需要有意识的思维参与和个体生活经验的提炼与概括，参与想象建构的思维为提高图像、形象或意象的合理性、新颖性、创造性提供了理性基础，从而使想象远离产生某种错觉（trick of imagination）、幻觉或幻想的危险。

情感体验是学科想象意义升华的保障。学科想象的发生依赖于积极的情感体验，学科学习中的想象总是与情感体验相伴而生的，情感体验不仅是想象的内容之一，也是融入想象过程的内在要素。学科想象是基于具体学科知识的理解而指向主体关于事物、关于世界、关于自我的对美好、对未来、对意义的探索，理智感、道德感和美感等高级情感体验既是促进想象的意义性、超越性的条件，也是想象的内容。因而，情感体验一方面促进了知识理解的完整性，另一方面也为学科想象的发生奠定了积极的情感基础，促进了想象的丰富性和深刻性。通过情知、情智互动，为学科学习过程中学科想象的生成创造了融合完整的心理环境。

### （三）意义生成是学科想象的归属

学生与具体学科知识的相遇（encounter），形式上是学生与知识所描述的事物和事务的相遇，本质上是通过理解事物和事务的本质与世界相遇。相遇是主体与客体在交互作用的过程中建立意义关系的根本方式，教学活动是通过书本知识建立学生与客观世界或社会实在之间的意义关系的根本渠道。教学通过促成"人—知"相遇，实现学生与客观世界的遇见，引导学生在认识世界与理解世界的过程中进入世界，遇见的基本方式是对客观世界的解释，理解客观世界的本质，形成"纯含义性的"认知结果。

但要通过教学丰富学生作为"社会的人""文化的人""历史的人""精神的人"的本质，促进学生的发展，还需要从遇见走向预见（prediction）。预见世界、预见历史、预见未来以及预见自己的过程不是解释、接受的过程，而是基于联想与迁移、思考与判断、再造与创造等心理活动,生成新的意义期待的过程。预见的过程是一个意义生成的过程。从而,想象构建内在地包含着意义生成的成分,因为想象本身具有再造和创造两种层次。培养学生的想象力,意味着学生具有思考事物"可能如此"的能力,能将不在场的事物带回到眼前,运用不同于习惯化的、机械的、固化的思维方式,灵活思考问题,养成一种可以发现和创造多种可能性的思维能力。从此意义上说,学科学习过程中的想象活动本身就具有了意义建构的特质。对可能性视域的探究,通向了想象建构的意义终点,这也正是教学的发展性之所在。由此可以说,没有学科想象的建构,就没有"作为促进学生发展过程"本质意义上的教学活动。

学科教学必须通过知识学习引导学生在理解世界中参与世界,并发展学生改变世界的素养。想象的作用不只是在于引导学生把"世界作为图像"来认识和表象化,不仅仅是认识和理解"此在"的本来,还需要在建立物—我关系、我—你关系、自我关系中建立"能在"的图景和未来。学科想象能够将学科知识学习中所涉及的"在而不存"的东西(如历史)、"此在"的东西(如微观世界)与"能在"和"将在"的东西合乎逻辑地联结起来,获得对事物本质与意义的理解。"此在"就是"它在其能在中尚不是的东西",因为"此在之在通过领会及其筹划性质获得它的建构"[①]。人与事物之间,是通过意义而发生联系的,"此在"只有具有了意义才会和人之间产生联系,发挥事物对人的作用。人是寻求意义的存在,人在寻求事物对主体自身的意义中升华人与世界的意义关系,并进一步寻求自身的意义。在个体知识学习的过程中,符号化的学科知识仅仅是个体学习的材料,学科知识学习不能静态地停留于符号层面,而必须超越符号,获得符号背后的意义系统,并引导学生在建立与世界的关联中生成具有个人意义的美好图像、意境和意象,意义生成是知识学习的必然追求。将意义系统从学科知识中剥离出去,学科知识学习将沦为单一的、平面的符号演算。学科学习中的想象建构,有助于引导学习者在意义追寻中建立或期待对"能在"的把握。

---

① [德]海德格尔. 存在与时间[M]. 陈嘉映,王庆节,合译. 北京:生活·读书·新知三联书店,1987.

## 三、想象教学：在教学中培养学生的想象力

国内外大量研究表明，想象是可以被教授的，想象力是可以培养的。培养学生的想象力，需要实施想象教学。在学科教学中促进学生学科想象的发生，需要将想象的过程与想象力的培养加以学科化，或在学科教学中培养学生的想象力，借由学科教学发展学生的想象力。想象教学是指基于想象的认识论基础、心理学基础和社会学基础，引导学生在学科学习中经历想象的内在精神活动和心理活动过程，以想象建构为中心，生成具体的学科想象，发展学生学科想象力的教学活动。朗格称之为"以想象为中心的教学"，伊根称之为"富有想象的教学"。简言之，想象教学就是培养学生学科想象力的教学活动。想象教学便是要重视学生在学习过程中投入想象这一认知过程，发挥想象的认知功能、情感功能和审美功能，引导学生在知识加工过程中"构造想象"，发展学生的想象力。

当然，想象教学不是一种孤立的或独立的教学活动，而是融合于整体教学过程的重要活动方式。教学过程作为教师引导下学生的一种特殊的认知实践、文化实践、审美实践和生命实践的过程，包含着从感知、理解、想象、思维等完整的认知过程，也涉及文化理解、情感体验、价值体认、审美表现等多样化的精神活动。想象既是认知过程的重要一环，也是融文化理解、情感体验、价值体认和审美表现于一体的综合性的内在精神活动，教学需要激活想象这一认知过程和精神活动。因此，想象教学不是一种单一的教学活动，而是一种具有复合性特征的教学方式。想象教学是一种充分发挥学生能动性的教学，没有学习者对学习过程的积极投入与主动参与，联想与迁移、意愿与意向、再造与创造等心理活动都难以真实发生。发挥想象的发展功能，建立包括感知、理解、想象、思维在内的认知网络，形成融文化理解、情感体验、价值体认和审美表现于一体的学习结构，克服点状学习、平面学习、表层学习的局限性，引导学生深度学习，这便是伊根把"学习与想象的充分关联性"作为深度学习的教育标准的重要原因。深化我国基础教育课程与教学改革，发展学科（课程）核心素养，需要切实重视想象教学，培养学生的学

科想象力。

**(一) 立体多维内化学科知识**

充分表达出学科知识凝结的理智元素、文化元素、社会元素和审美元素,按照扬的观点,就是真正回到知识的本质和价值,"把知识带回来",让学生真正获得"强有力的知识"。无论是语文知识、历史知识,还是数学知识、科学知识,都有其特定的科学属性、文化属性、社会属性和实践属性,都与特定的历史过程、文化过程、社会过程有千丝万缕的联系,这就是学科或课程知识的多维属性。[①] 呈现在学生面前的学科知识在形式上是语言、文字和符号,但其背后潜藏着丰富的背景、现象、图景以及意义的多种可能性,它为人的理解和想象提供了广阔的空间和无限的可能性,也为学科学习中对知识的拓展理解提出了根本要求。

立体多维表达与内化知识的属性和价值是培养学生学科想象力的基础条件。朗格认为,"有效的教学与学习始于学生运用不断获取的知识,创设自身的想象。"[②] 他将"拓展知识的行为"称为"想象构建"(envisionment building),想象涉及关于知识的各种问题和预想,以及完全成形的观点、意象、分歧与论争,促使我们去厘清、拓展并改变固化的知识理解。关于知识教育过程,伊根认为,"一方面,应该通过主体之间的合作学习来超越自身局限,整合个人理解视角而激发自我的想象,从而提升知识的共享意义;另一方面,应该让想象依存于知识,通过主体对知识的接受与把握,创造无限'可能'的现实性。"[③] 所谓"一千个读者就有一千个哈姆雷特",就是因为不同读者以个体的知识积累和生活体验为基础所建构的人物形象是有差异的。每个人对《王子复仇记》文本的理解和拓展知识的行为不同,所建构的哈姆雷特的人格

---

① 郭元祥,吴宏. 论课程知识的本质属性及其教学表达 [J]. 课程·教材·教法,2018 (8).

② [美] 朱迪思·朗格. 文学想象:文学理解与教学 [M]. 樊亚琪,译. 上海:上海教育出版社,2015.

③ Egan, K. Imagination, Past and Present. in Egan, K., etal. *Teaching and Learning Outside the Box: Inspiring Imagination Across the Curriculum*. New York: Teachers College Press, 2007.

形象自然也就不同。正如朗格所提出的那样："想象指填满我们大脑中的相关观点、问题、意象、期待、赞同、论证、直觉等的动态集合，产生于阅读、写作、讨论、技术交流或者获得想法、表达想法与理解的过程中。想象是一种释义的认知活动，表示的是读者与文本之间持续互动的过程，它伴随着这些过程而生：思考已有知识、提出问题、建立关联、应对困惑与偏见、提升理解、超越对材料的前理解。"①"点状知识教学""平面知识教学"是难以培养学生的想象力的。

## （二）培养高阶思维能力

高阶思维的根本基础是逻辑思维，逻辑性、反思性、批判性和创造性乃是其根本特征。学科想象的生成不仅依赖于感知，也依赖于思维，特别是形象思维、逻辑思维。思维作为认知过程的高级阶段，不是课堂教学中要求"同学们想一想""同学们想象一下"等各种表层的要求就能达到的。思维有规则、有过程、有形式。引导学生经历演绎与归纳、分析与综合、分类类比与比较，以及概念、判断、推理等逻辑思维的过程和逻辑思维的形式，是思维发生的根本条件。②马克思主义的辩证思维则是包含六大思维范畴，即现象与本质、内容与形式、结构与功能、原因与结果、偶然性与必然性、现实性与可能性。唯物辩证法是对事物研究的辩证思维的方法论。

遗憾的是，我国中小学至今都缺乏逻辑学、哲学等课程的开设，以针对性地培养学生思维能力。大多数教师在教学过程中也忽视基于逻辑思维的过程与形式的规则来引发学生思维。其实，在具体教学内容的学科内容标准中，逻辑思维过程和形式的要求随处可见。数学中的几何思维，就是"点、线、面、体、方向、位置、数量几何"七个要素的逻辑问题。语文作品谋篇布局分析中"总、分、总"等，就是分析与综合的逻辑思维过程问题。排比就是基于分类与类比的归纳法的应用。历史课程教学中对历史事件的学习，则需

---

① Egan, K. Imagination, Past and Present. in Egan, K., etal. *Teaching and Learning Outside the Box: Inspiring Imagination Acrossthe Curriculum*. New York: Teachers College Press, 2007.

② 郭元祥. 学科育人的逻辑起点、内在条件与实践诉求 [J]. 教育研究, 2020（4）.

要应用历史唯物主义的思维方法来展开历史解释和历史想象。

当然，教学引导思维，需要切合具体的学科知识理解、学科问题、学科思想来体现。深度教学主张扎根学科问题和学科思想，引导学生规范严谨地经历逻辑思维过程，建立概念、理解理论。同时，结合具体情境和社会实际，培养学生的反思性思维、批判性思维和创造性思维。反思，是切己体察的活动，是自我觉醒的过程。批判，是以质疑、怀疑为基础的，批判不是否定一切，而是换位思考、抽象与移情的过程。创新，则是独立思考、抒发己见。同时，教学过程中高阶思维的引发与培养，考验着教学过程的民主品质。没有思维的深度，便难有创造性的想象。

### （三）提高学科学习的充分关联度，增强课堂的画面感

想象过程的基本特征是关联性，联想与迁移是想象的基本心理过程。想象的过程既需要与感知、理解、思维以及情感过程进行横向关联，也需要与知识的文化背景、历史背景、社会背景以及学生的生活体验发生多向关联。语文学科的本质是文化，语言、文字、文学仅仅是语文的载体，而价值观念、思维方式、文化精神以及生命意义才是语文作为文化的灵魂。数学既是数理逻辑的学问，也是人类的一种文化现象，更是一种审美形式。跨越学科知识的边界，增强学习的充分关联性，是学科想象发生的必要条件。深度教学理论强调让课堂充满画面感，旨在通过提高知识学习与想象的充分关联度，发展学生的学科想象力。

课堂画面感源于建立知识与世界、知识与经验、逻辑与意义、学习与生活等之间的生动联系，以及丰富的"人—知"对话、师生对话。课堂的画面感反映了学生在课堂教学中想象这一认知过程和多维的精神活动参与知识加工的状态，也体现了学生对书本知识的活态化、经验化、情境化和意象化的状态，达到眼中有景、耳中有声、文中有物、语中有情、心中有人以及思中有意的认知境界。课堂画面感既源于想象参与整体的学习活动的程度，也源于感性经验的丰盈。没有连续的经验及其重组，哪来丰富的学科想象？没有与学科知识相关联的图景和生动叙事，何来学生的想象？没有民主的师生关系和对唯一性的标准答案的超越，又何来学科想象？让文化浸润课堂，让历

史参与课堂，让社会进入课堂，让生活融入课堂，才能让富有想象的课堂真实呈现。为此，在深度教学实验中，我们主张重视学生的感知学习，培养学科观察能力，丰富生活体验，让课堂有画面感。

# 参与历史：历史想象及其能力培养

郭元祥　王秋妮

历史想象既是个体历史学习的基本方式，也是学生进行历史理解时不可或缺的学习过程，更是学生参与历史的基本方式。我国历史课程标准把"形成一定的历史想象"作为重要的课程目标。[①] 培养学生的历史学科核心素养需要作为学习方式和学习过程的历史想象的参与。研究历史想象问题，提升学生的历史想象力，对深化历史教学，促进学生个体发展都有重要意义。富有历史想象力的学生能在重构过去的基础上思考历史问题，透过历史现象、历史事件和历史过程，进一步认清历史表象背后潜藏的历史可能性和历史规律，探究历史背后蕴含的思想与精神，体会自我人生的意义。

## 一、历史想象的内涵与意义

想象力是个体所具备的一种内在心理能力，学生具有想象的能力和权利。大量研究表明，学生的想象力是可以培养和训练的，学科教学是其重要途径。历史学科的特点决定了历史学习离不开想象的参与，借助想象，学生走进历史，把历史重新带回到当下的视域中。想象是连接学生和历史的桥梁，学生在想象的过程中与历史相遇，并通过历史想象参与历史。

### （一）历史想象的内涵

想象是人类特有的一种认知活动，一般被界定为个体加工改造表象，进而创造新形象的过程。想象通常被理解为对事物进行图形、图像或形象构造的精神活动和心理活动。早期关于想象的研究，将这种形象局限在视觉形象

---

[①] 中华人民共和国教育部. 义务教育历史课程标准（2011年版）[M]. 北京：北京师范大学出版社，2012.

上，认为想象是借助感官对事物进行图像化表达的认识活动，是对世界进行图像建构的心理活动和精神活动。随着研究的推进，人们逐渐认识到想象也能形成一种精神形象，这一过程伴随着理性活动与情感活动的参与，最终获得关于某事物的意象建构、抽象理解与思考。艾伦·怀特将想象简要地表述为："想象某件事就是认为它可能是这样的"[1]，想象即为重新排列、再现、创建图像、形象和思想。因此，想象是以已有知识经验为基础，从感知到理解、到思维的创造活动，以对事物进行图像或形象建构为基础，实现意义的理解与建构，形象性、生成性、超越性、意义性是想象的根本特征。

想象力是超越视觉形象进行意义理解与创造的能力。一个想象力丰富的人能够思考很多东西，可以从一个参照点出发，探索各种可能性视域。基兰·伊根（Egan, K.）在"富有想象力的教育"研究中将想象力解释为"一种思想的灵活性。所谓灵活性，是一个人具有用一种不被诸如传统、文化标准、习惯性思维和别人传递的信息等事实紧紧限制的方式进行思考的能力和倾向"[2]。想象的参与和想象力的发挥，有助于人们把握事物的开放性、创造性、不确定性，使个体意识到隐藏的或另类的可能性以更加批判性地把握历史存在和现实实在，甚至"人类将'世界作为一种图像'来认识是历史发展的结果和产物，是现代性的标志"[3]。培养学生的想象力，意味着学生具有思考事物"可能如此"的能力，运用不同于习惯的、机械的思维方式，灵活思考问题，养成一种可以发现和创造多种可能性的思维能力。

历史是一种远去的存在，是"存而不在"的客观存在。历史作为一种客观存在，天然地与现实中的人具有时空间隙、社会间隙、文化间隙，考古、历史探究、历史推论、历史想象是人们认识历史、进入历史的基本方式。通过史料实证，人们可以复原历史甚至再现生动的历史过程，但历史不只是"史料"，历史更是历史事件、历史过程所蕴藏的人类生活实践的思想、观念

---

[1] Alan R. White. *The Language of Imagination*. Oxford: Basil Blackwell, 1990.

[2] [美] Kieran Egan, Maureen Stout, Keiichi Takaya. 走出"盒子"的教与学：在课程中激发想象力 [M]. 王攀峰，张天宝，译. 上海：华东师范大学出版社，2010.

[3] [德] 克里斯托夫·武尔夫. 人的图像：想象、表演与文化 [M]. 陈红燕，译. 上海：华东师范大学出版社，2018.

以及对现实的昭示，正如历史学家柯林伍德所主张的"一切历史都是思想史"，以及克罗齐所说的"一切历史都是当代史"那样，历史源于史料，但超越史料。尽管历史不是可以任人随意打扮的小姑娘，但由于历史记录和史料的消失以及历史证据链的断裂，解释历史必然需要历史推理、历史想象。历史想象是基于史实和史料在脑海中再现与再造历史图像和历史过程，灵活思考历史的多种可能性，并对其作出创构性解释的内在活动。其实质是生动的历史叙事和深刻的历史解释，以及对历史的生动还原和可能性建构，基于历史知识和历史证据生成历史想象，对历史进行合理的设想和理解，构想历史的真实图景，形成和表达自我的历史理解，从中获取能够指导人生实践的价值观念。通过历史想象，人们不仅能了解历史"可以如此"，还能思索历史"可能如此"，进而理解历史"何以如此"，从而发展历史思维，建立历史观念，并用以指导社会实践，助力自我人生成长。

为了最大限度地揭示历史真相，史学家必须在自己历史的思维结构中纳入想象，在历史遗存体的基础上结合想象体，从钩沉到探究，从想象到解释，再现史情与史实，使历史阐释最大程度地接近历史的原形客体，开展历史探源、文化探源，使历史认识的主客体尽可能达到统一。因此，历史研究是离不开历史想象的。

**（二）历史学习需要历史想象**

历史学习是将"过去"作为认识对象，了解历史事实，理解历史关系，形成历史解释，运用唯物史观，把握历史规律并从中获取指导人生的历史智慧。历史"存而不在"，唯有通过想象，才能将不在场的历史重新带回学生眼前，实现学生与历史的跨时空相遇。想象力的最大特点是想象的对象不在场，对于无法直接感知的历史，学生间接观察历史材料，联想脑海中已有的知识经验，对观察体验进行深度加工，在内心中重演过往，构造历史图景和历史图像。因此，20世纪80年代以来，我国许多学者都认为想象力是历史教学必须培养的一种关键学科能力，认为历史教学要培养学生再造想象的能力。"所谓再造想象,是指依照词的叙述和条件的描绘,在人脑中产生新表象的过程"①,其实质是根据历史材料与证据,在头脑中构建历史形象,强调想象再现历史原貌的功能,帮助学生掌握基本史实,进而形成历史理解。

与此同时,历史还是一个开放的时空,在客观史实的背后蕴含着多种主观性的因素,在历史的必然中还潜藏着偶然性和多元可能,在连续演进过程中又包含不断的变化与革新。历史是一个兼具确定性和不确定性的复杂体,李开元先生认为,历史学是有科学基础的人文学科,包含了各种非虚构的巨大空间,要开阔思路,建立开放的大历史学新观念。对学生而言,历史学习不仅仅是了解已经发生的历史事实,还应基于史实理解造就"历史何以如此"背后蕴含的多种错综复杂的关系和因素,"历史想象是将自己放入历史之中,进入历史的情况,进入历史的时间,进入历史的空间,然后由此想象当时可能发生的一切"②,用它来模拟和揭示当今以及未来的无限可能,实现以古通今。

学生学习历史的根本目标是形成合理的历史解释,发展历史思维,运用唯物史观,培养历史责任感,并在深刻理解历史与反思历史中参与历史,成为"进入历史的人"。从追溯历史真相,灵活思考历史潜存的多种可能中总结历史经验与历史规律,由建构历史形象上升到把握历史内在的精神思想,探究历史意义、精神与价值,是历史想象的高阶功能。经历历史想象的学习,有助于深化对历史的认知和理解,进而学会解释历史,实现与历史的相遇,在与历史相遇的过程中达成自我认识。"认识你自己就意味着认识你能做什么,历史学的价值就在于,它告诉我们人已经做过什么。"③ 想象别人做过的事情、可能会做的事情以及没有做过的事情,从中获取经验与启示,进一步想象当下及未来自己可以怎么做。在想象历史的可能性中加深对历史现实的理解,在历史的必然现实中看到未来的可能性,历史想象是帮助学生开启

---

① 冯一下,沈庆生. 谈历史课教学中学生能力培养的问题[J]. 四川师院学报(社会科学版),1983(1).

② 杜维运. 史学方法论[M]. 北京:北京大学出版社,2006.

③ [英]柯林武德. 历史的观念(增补版)[M]. 扬·冯·德·杜森,编. 何兆武,张文杰,陈新,译. 北京:北京大学出版社,2010.

"远从过去透过现在直达未来"的一把钥匙。具有丰富历史想象力的学生敢于运用一种方式突破历史时空间隙的局限进入历史，并反求诸己去思索社会和个体面临的问题，以理解历史、想象历史、解释历史和反思历史的方式参与历史。

## 二、历史想象的基础与过程

历史想象不是对历史的虚构和戏说，历史想象的过程是一个包括从感知到理解，再到思维和情感参与等在内的完整精神活动过程。历史想象不是自动发生的，只有基于史料实证和整体感知而建立历史表象，以及基于形象思维和逻辑思维而探索历史的可能，才会激发历史想象。

### （一）历史想象的基础

只有当想象力在本质上与理性、思维等概念关联时，才真正开始发挥教育价值。作为具有教育意义的历史想象，其发生发展具有以下三个基本前提条件：一是外部丰富的历史表象；二是个体大脑的认知分析；三是心灵情感的刺激作用。历史表象是指学生在感知历史材料时在脑海中形成的有关历史的初步印象和体验，历史表象为历史想象提供基本素材，是历史想象的主要构成成分。历史想象不是无迹可寻、虚无缥缈的，它是对历史表象的重新排序、组合和创造，而历史表象又是建立在历史材料基础之上的。历史材料越丰富翔实，学生从中获取的历史信息和体悟就越多，联想到的可能性视野也随之拓宽，更容易促进表象转化为想象。历史已经消逝，学生无法获得历史本身的感知觉印象，只能借由遗留下来的材料和记载，加工由历史材料形成的表象而不断接近历史。但是历史材料不是绝对完整和连贯的，历史总是无缝衔接地推进，历史材料却是错落不一地呈现。尤其是学生接触到的历史材料，大多是经由历史学家以及教师整理后的成果，虽具高度的代表性，但无可避免地是相对有限的。学生为了获得尽可能多的历史表象，感知完整的历史形象，还需要在历史想象中融入认知分析推理。

历史想象与历史幻想、历史臆想的本质区别就在于历史想象总是伴随着大脑的理性认知分析。当历史材料通过一系列身体感官进入学生大脑时，富有想象力的头脑不是纯粹地依葫芦画瓢，否则形成的历史形象是单一零碎的。这时需要大脑对已知的表象进行理性思考，一方面在分析推理中将零散表象粘合起来，填补历史的空白，形成完整的历史画面；另一方面，在反思地解读历史材料与证据中，灵活思考历史发生的多种可能性，加深对历史的认识。杜威就将想象力看作反思经验所必备的一种能力，因为想象力可以"填补经验性观察的内容与逻辑命题间的缺口，赋予知识新的意义"[①]。历史想象不仅源于感知印象，还需要运用理性逻辑的力量对感性表象进行补充和深化，它与理性有很多共同的思维基础。

历史想象的发生还有一个重要的开关，即情感的刺激。伊根在设计具有想象力的课程时指出："毫无争议地观察到，学生的想象力更容易被吸引他们情感的内容所激发，而不是不吸引他们情感的内容。"[②] 历史含有情感，一脉相传的情感是支撑中华民族历史渊源流长、生生不息的精神力量。培养历史想象力不能仅在理性认识上下功夫，还需要情感的参与与体验，唤起学生的情感活动，让学生意识到历史是有情感的，要建立想象力与历史情感的联系。

### （二）历史想象的发生过程

历史想象是一种综合性的内在心理活动和精神活动，是建立在历史认知、历史情感体验基础之上的。历史想象的过程大致包括历史感知、历史复刻、历史推理、历史创构、历史解释五个环节。这五个环节并非是必然的顺承衔接逻辑，历史想象在本质上是灵活与自由的，它的发生过程具有开放性和发散性。但在历史教学中，有目的地激发和组织历史想象的过程总是遵循一定的顺序，总括为以下三大环节，分别培养三种不同类型的历史想象力（如图所示）。

---

① Jung-son Kwon, Hoy-yong Kim, Jong-guy Kim, The Meaning and Educational Value of Imagination Through Dewey's Concept of Experience. *Procedia-Social and Behavioral Sciences*, Volume 174, 2015（12）.

② Kieran Egan. *Imagination in Teaching and Learning：The Middle School Years*. London, Ontario：The Althouse Press, 1992.

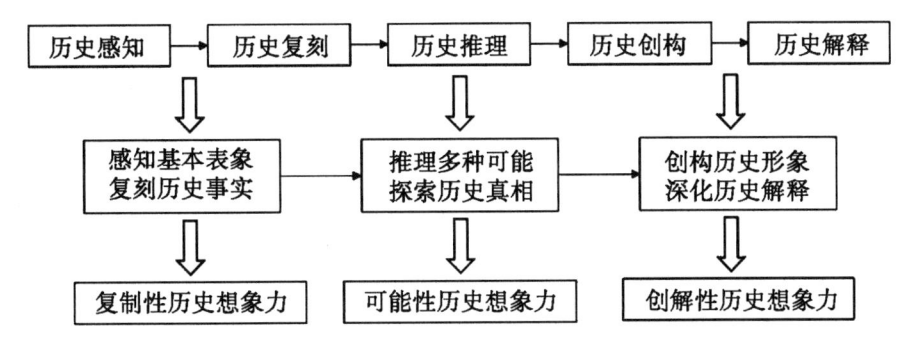

图 1　历史想象的生成过程

1. 感知历史表象，复刻历史事实

想象的发生首先依赖身体感官从外界接收信息，进而将这些信息传递给大脑，在复杂的神经交互作用下形成感觉体验，也就是所谓的表象。所谓"史海钩沉"，便是完整把握史料，探究历史表象的过程。在历史学习中，学生主要是经由视觉和听觉通道接收历史信息，初步感知历史。在历史学习的起始阶段，历史信息主要来源于历史教材和课堂上教师的言语阐述以及课件展示。其中包含着历史文字叙述、口头叙述、图片资料甚至一些影像资料，通过视听觉通道向大脑输入新的信息，与已有的知识经验相碰撞，在组合与分离信息的过程中，构成相对分散、不完整的历史表象，使不被直接感知的历史过往一点一点地浮现在学生的脑海之中。

随着历史材料和信息的增加，学生感知的历史表象在不断累积，逐渐由"点"向"线"再向"面"转变，表象被不断组合加工，想象由此发生。但这个阶段的历史想象还停留在低感性、低理性阶段。学生根据当下的日常经验和给定的历史信息想象遥远的过去，去面对历史人物的纷繁复杂、历史场景的变换更迭、历史事件的来龙去脉。在历史想象的初期，他们所能做到的仅是初步勾勒人物形象，简单组合历史场景，此时想象具有极大的主观性和局限性。想象的最终结果停留在事实层面，还未透过历史表层现象进入历史活动的内部。在学习过程中，学生首先运用的是复制性历史想象力，感知直观的、感性的、形象的历史材料，组合历史表象，复刻基本的历史原貌，逐渐形成合乎史实的历史图景、历史图像和历史画面。从事实层面走进历史，是历史想象发生的基础环节。

2. 推理多种可能，探索历史真相

历史事实不能等同于历史真相，事实浮于表面。学生还需发展可能性历史想象力，灵活设想、推理验证与史实相关的多种可能，实现多维度、多视角、多层面地走进历史，深入历史活动的思想和意义之中，既贴近历史原貌，又拓宽历史思考的空间。可能性想象力建立在学生已经感知了一些基本史实的基础之上，是在历史推理中形成的，包括两个相对立的推理想象，即合史实的推理想象与逆史实的推理想象。

合史实的推理想象即想象符合史实的多种可能性，对历史的真实状况进行合乎理性的猜想、反思和验证。怀特海指出："想象力是这样发挥作用的，它总结出运用于已存在的事实中的一般法则，然后对符合这些原则的各种可供选择的可能性进行理智的考察。它使人们在面对新世界的时候，能够构筑出一个充满智慧的视角。"[①] 学生了解的基本史实构成了"一般法则"，当出现了以下情况：例如，历史事实具有偶发性，或是历史资料有限，或是历史史实与个人认知逻辑发生冲突，或是需要从某一历史事件中总结经验规律，抑或需要客观辩证分析某一历史事件时，历史就有了"可能"的成分。这时学生就不再一味地接受历史的必然事实，而要从已知的基本史实出发，突破常规与传统，想象与历史真实状况相符合的多种可能性，并找寻历史证据分析、推理、判断"可能"是否合理。除了想象与历史情况相符的情况，学生同样可以运用逆史实的想象推理，将所要研究的历史对象逆向化、非现实化，想象某个历史事件尚未如实发生的情况下，可能会出现的结果。"逆史实"并非否认过往发生历史的存在，而是在头脑中假定历史对象未曾按照事实原有的经过发生，从而思考对象可能存在的其他形式。在了解历史事实的前提下，设定与史实发生不同的替代条件，再推理可能会出现的各种因果关系，从逆向思维推理中找到具有启示性的答案。比如，教科书中就要求学生思考："如果秦始皇没有统一文字、货币、度量衡，秦朝会是怎样一种社会状况？"[②] 这是一种典型的逆史实提问，其实质是让学生认识秦始皇改革措施的重要性，

---

① ［英］怀特海. 教育的目的 [M]. 庄莲平，王立中，译. 上海：文汇出版社，2012.
② 刘宗绪. 义务教育课程标准实验教科书中国历史：七年级上册 [M]. 长沙：岳麓书社，2003.

站在历史事实的对立面思考,更能把握历史全局和其中蕴含的思想意义。通过推理想象,培养学生可能性历史想象力,使历史学习从事实层面逐步进入思想意义层面。

3. 创构历史形象,深化历史解释

历史创构与历史解释标志着历史想象已向着纵深化方向发生,是历史想象力发展到高阶水平的表现。通常意义而言,历史发生了什么就是什么,依据想象创构历史似乎是谬论。但是"历史的必然性"是针对历史本体而言,对于历史学习和研究,创构性历史想象同样是必要的。尤其是在历史教学活动中,对于一些综合性、抽象性很强的历史问题,教师为了提高课堂效率,贴合学生的认知需求,做好教材与学生的衔接,往往会将历史与想象融合,创造诸如"帕帕迪""张九奴"的历史虚构人物来解释历史,丰富历史情节,厘清历史脉络,激发学生对历史的兴趣,增强学生对历史的理解,以便在有限的教学时间和空间中达成教学目标。

学生在历史学习中,不同于历史学家创构历史作品,也不同于历史教师创构历史教学设计,学生的历史创构主要表现为在推理验证历史多重可能的基础上,建构自我的历史观点,并对其作出合乎历史证据与逻辑理性的灵活解释,这一过程可以概括为创解性历史想象,有以下三层内涵。其一为异常化,即异于常态化,表现为学生自我构想的历史形象以及表达的历史观点不同于其他同学,能跳出大众的想象范畴。其二为新颖性,历史的"新"对于学生而言,是与他们自身原有的历史作比较,超过了迄今为止的历史,再次构建出新的历史形象。其三是效用性。创解性历史想象是有价值、有意义的,能更好地体会历史背后抽象的、难以直观展示的思想意义,在历史创解中表达自我的追求。"学生要学会创建自己的论述。这样,历史就成为不断发展的交谈与讨论,而不是干巴巴的'史事'和年代汇编、封闭式地盘问,或一系列已有答案的问题。这就是使历史成为'创造的场所'。"[①] 历史不会消解于主

---

① 叶小兵. 论中学历史教学中的历史思维能力 [J]. 首都师范大学学报(社会科学版),1998(1).

体的多元解释中，相反，"历史流动地存在于人们永不间断的理解和诠释中"[①]，学生进行历史解释和表达，形成历史观点的过程就是学生进行历史想象创造的过程。在这一过程中，学生利用认知图式对历史进行加工，扩展历史范畴，重组历史概念，丰富历史内涵，增加历史的灵动性，建立个人与历史的联系，在历史想象的过程中实现对自我的认识。

## 三、发展历史想象力的想象教学

历史学习诉诸想象，又反过来促进学生想象力的发展，历史想象力是历史想象的能力表现，是学生历史学习过程中应该养成的一种基本学科能力。实施想象的教学，引导学生想象的过程，有助于发展学生的想象力。

### （一）依托历史证据展开想象

历史证据与历史本身之间具有某种相关性，是历史的呈现形式。后人通过历史证据，间接地与历史本身建立联系。"初步形成历史证据的意识"是初中历史课程目标之一，而"史料实证"是高中历史学科核心素养之一。对于中学生而言，历史证据在历史学习过程中占据重要地位。柯林伍德指出，历史想象要服从三种方法的规则，其中最重要的一条是构想的历史"图画与叫作证据的某种东西处于一种特殊的关系之中"[②]。历史证据是历史想象的根基，也是历史想象得以合法的保障，唯有基于历史证据，才能使历史想象有迹可循，使培养历史想象力合乎理性。

历史证据多种多样，诸如文字材料、图像图表、实物器具、遗址遗迹、口述言论等，只要与某一历史具有相关性，并能为所要研究的历史问题提供证明，都可能成为历史证据，都可以作为历史想象的素材。如何引导学生学会使用证据重现历史真实，证明多种历史解释的合理性呢？教师可以结合以

---

[①] 于沛. 历史真理的认识和判断——从历史认识的阐释性谈起[J]. 中国社会科学评价，2018（1）.

[②] [英]柯林武德. 历史的观念（增补版）[M]. 扬·冯·德·杜森，编. 何兆武，张文杰，陈新，译. 北京：北京大学出版社，2010.

下思路进行。首先，学生要树立证据意识，了解所有的历史认识和解释都是建立在证据基础上。其次，根据所要学习的历史问题，明确需要什么样的证据。其标准就是与所要研究的历史问题相关，既包括造成历史发生的因素，也包括历史发生产生的结果。此外，一些相似历史问题中存在的逻辑关系等也可能提供思想方法层面的间接证明。中学历史内容安排的多是重要或具有代表性的历史事件、历史人物，可供提供的历史证据在数量上和类型上都较为丰富，它们为学生取得证据提供了便利。接下来就是搜集和获取证据，学生掌握了搜集证据的基本途径与方法，并对可获取的证据进行有目的的筛选与整理，总体上遵循证据关联度越强越好，证据类型越多越好的原则。最后，基于历史证据进行想象推理，证实和证伪研究的历史问题，为想象历史原貌和多重可能性提供有力支撑。历史想象力的培养要回到对历史证据问题的关注上，"得据方成史"，任何历史想象的发生都有赖于树立历史证据意识，掌握搜集、处理与运用证据的能力。

### （二）以丰富的历史叙事建构历史图景

对大多数学生而言，与其说他们对历史有兴趣，不如说是对精彩的历史故事以及故事中鲜活的人物有兴趣。历史长河中涌现出无数的故事，讲历史必然逃不开说故事。一堂生动的历史课，教师总会穿插各种引人入胜的历史故事。因为故事不仅可以作为历史叙事的载体，它还是解释历史的重要工具。一个好的历史故事，有着饱满的情节展示和鲜活的人物形象刻画，能够使已经消逝的历史画面再次浮现在学生的眼前。历史是由一幕幕接连不断的故事交织而成的，具有生动的情境性与画面感。学生在脑海中表征历史，实际就是在想象符合历史实际的画面。此外，故事本身也包含想象的成分，课堂中呈现的历史故事是教师有目的地选择和编排已有的历史事件的成果。为了使故事更加立体，更容易被学生理解，教师往往会对历史事件进行能动性加工，讲述一个故事的同时，也会糅合自我的知识经验、意志观念、思想感情等，使课本中抽象的、点状的历史知识经由故事具象化、完整化，帮助学生再现历史画面，历史画面就是想象力发生作用的具体表现。

有助于激发想象力的历史故事，一定是具有历史画面感的。历史叙事需要恪守历史故事的真实性。虽然故事有想象的特性，但也与历史想象一样是基于史实建构的。尤其是在历史教学过程中，严谨求真的授史、学史态度是既定不变的初衷。历史叙事需要体现历史故事的逻辑性。历史是具有逻辑的，学习历史就是要发现和掌握历史演进过程中存在的规律和准则。条理清晰、线索分明的历史故事能快速帮助学生串联起各个历史节点，完成历史由点及面的理性构想过程。历史叙事需要追求历史故事的趣味性。兴趣始终是激发学生产生行为和倾向的内在原生动力，想象力作为一种心智能力，其发生也得益于兴趣。假设某一个历史故事平铺直叙，毫无趣味，学生将很难进行深入的思考，导致对故事的理解止步于表象的感知，更遑论进行假设性想象或创造性历史想象了。历史叙事需要赋予历史故事意义性。为设计历史故事的开放性做准备，这一点对于发挥高级的历史想象力尤为重要。事实中没有意义，意义存在于事实与想象的互动中。教师不用刻意追求故事一定要有开头、经过和结尾。比起完整的故事形式，故事背后的深意以及开放性的故事设计更能为学生想象力的发挥留有空间。学生想象历史画面，对画面中留白的部分和可能性的内容，建构自我的解释，促进历史想象由基于故事的叙事上升到依托画面的理解。

### （三）建立情感联系引发共鸣

历史想象的基础条件之一是情感的刺激作用，历史的同情想象、历史的共情想象与历史的移情想象是获得历史情感体验，引发情感共鸣的三个主要途径。

在对史学方法论的讨论中，杜维运先生认为，"历史想象并不是一触即发的，同情是引发历史想象的媒介之一"[①]。历史同情想象是学生从自我的角度出发，对历史事件的经过或历史人物的境遇产生情感上的理解与认同。学生要联系自身已有的经验，充分结合自己的情感认知体验，去直观想象古人在遭遇某些事件之后可能会触发的情绪情感，并作出一个对他人感情表示认同的反馈。而共情的历史想象则是学生站在古人的立场，想象他们所处的世界，并且沉浸式地进入他们所处的世界中。学生要把握当时的历史背景与人物的

---

① 杜维运. 史学方法论[M]. 北京：北京大学出版社，2006.

主观特征，抛开自身已有的价值观念，取而代之的是以当事人的性格、态度、倾向想象他们是如何理解和感受当时的历史的。这与历史"神入"教学方法有异曲同工之处，是一种"主体进入客体之中去想象客体"[①]的活动，将学生置于历史的时空中，与历史人物同呼吸共命运。最后，学生需要通过移情想象，与历史人物置换角色，将历史人物的情感体验投射转移到自己身上，自身也形成同样的感情。设想自己也面对相似的处境，能用历史人物给予的正面的、积极的情感价值观念指导自我。例如，家国情怀一直是学生学习历史应该具有的人文追求。学生在学习中国近代史的过程中，了解到各个阶级的代表人物都在以他们的方式探索救国救亡的道路，正是因为他们不畏艰险的勇气与保卫国家的信念，造就了民族的脊梁，使中华民族屹立不倒。因此，教师引导学生朝着能引发情感的方向想象，以历史人物的姿态感受与经历曲折的近代化进程，在同情、共情和移情的体验中树立对人民与国家的认同感、归属感、责任感以及使命感。

### （四）借由历史表达实现想象力具象化

学生的历史想象力是不能被直接观察到的心智能力，需要通过表达才能更好地显现。学生在表达的过程中，二次梳理和加工脑海中想象的历史，使其更加合理化与科学化。教师要引导学生敢于表达并且正确表达，将自己心中对历史的认识、理解和想法以多样的方式展示出来。语言是学生最常用也是最直接的表达工具，历史也有自己的语言，与历史建立联系，就要用历史的语言表达对历史的所想、所感、所悟。学生要掌握一些基本的历史术语，运用历史思维与历史眼光组织和阐述语言。进一步而言，语言可以细分为书面语言和口头语言。学生的历史口头语言主要在课堂上集中展示，教师鼓励学生发言，并在与学生的交流中启发和规范学生的历史表达。至于历史的书面语言则主要表现在学生的历史测试以及课后作业中。一些开放性的历史主观题目是反映学生历史想象力程度的重要载体，例如，高考中的"历史小论文"题型越发受到人们的重视，它属于开放性试题，强调材料开放、问题开放、答案开放、学生思维开放。主要涉及的题型包括史料评析和观点解释，

---

① 陈新民. 论"神入"在历史教学中的运用 [J]. 历史教学，2003（12）.

旨在鼓励学生灵活思维，运用新的视角思考历史问题，大胆表述自我的历史观点。教师在日常教学中也应多设置此类型的问题，让学生学会在把握史实的基础上，结合历史材料和自我想法解释历史，这是学生想象历史多种可能性的具体表现。

　　学生表达的过程实际也是一个交流的过程，彼此间的想象也因此产生交流碰撞，原有的想象得到扩充，新的想象得到激发。后现代主义的想象观认为："在自给自足的想象消失之后，另一种想象现在必须重新出现，即充分意识到自身主体的狭小性，不以自我为中心，而是作为对他人的回应而出现的想象。"[1] 这表明想象力的培养具有主体间的依存性和交互性，学生的想象力在与他人的交往中不断获得提升与拓展。教师要给学生提供表达与交流的平台，尤其是创设一些历史活动，例如，"推想历史可能性"的系列主题活动、历史辩论会、历史故事汇演以及历史舞台剧的表演活动等。活动是学生表达的舞台，学生在历史活动中，为了呈现自我想要表达的活动主题和意义，需要去搜集历史证据资料，并调动大量想象以丰富和编排史料，在与同学和教师之间的交流活动中，想象力得以表现，历史想象的过程得以真实可见。

---

[1] Takaya, Keiichi. *On the Connections between Imagination and Education: Philosophical and Pedagogical Perspectives*. Vancouver: Simon Fraser University, 2004.

# 审美期待：语文学习中的文学想象及能力培养

王　金

变革育人方式，发展学生核心素养，需要在学科教学过程中超越对知识的表层加工，引导学生经历多样化的学科实践。我国中小学语文课程标准明确提出"审美鉴赏与创造"的核心素养要求。切实发展学生的审美素养，必须在教学中激活学生基于文学想象的审美实践。如何生成学生语文学习中的审美期待、文学想象以及引导审美实践，这些是语文教学必须回答的基本问题。语文学习中的文学想象既是个体语文学习的基本方式，也是学生进行文本理解必不可少的认知过程。文学想象对提升学生意象思维能力、深化语文教学、促进学生个体精神发育具有重要意义。

## 一、文学想象及其意义

文学想象是文学理解、文学审美的基本方式，也是中小学生语文学习的重要方式，是促进语文知识理解、形成意象思维，开展文学审美学习中不可或缺的学习过程。我国语文课程标准把"运用联想和想象"写入语文课程目标。通过文学想象，丰富学生对现实生活和文学形象的感受与理解，形成对文学形象的直觉体验和意象思维。富有文学想象力的学生通过对文本理解、文字符号的破译内化，实现文学形象的重新建构，进一步把握文学作品中所蕴含的思想与精神，促进个体的精神发育。

### （一）文学想象的内涵

想象是一种高级的认知活动，一般被界定为在感知的基础上，个体对已有表象进行加工重构，按照新的构思重新结合产生新形象的过程。想象中产生的新形象更多的是以直观的形式呈现在人的头脑中。"想象是一种释义的认知活动，表示的是读者与文本之间持续互动的过程，它伴随着这些过程而生：思考已有知识、提出问题、建立关联、应对困惑与偏见、提升理解、超越对材料的前理解。"[1] 黑格尔说："如果谈到本领，最杰出的艺术本领就是想象。"[2] 他认为，"想象是创造性的，属于这种创造活动的首先是掌握现实及其形象的资禀和敏感，这种资禀和敏感通过常在注意的听觉和视觉，把现实世界的丰富多彩的图像印入心灵里。此外，这种创造活动还要靠牢固的记忆力，能把这种多样图形的花花世界记住。"[3] 伊根认为，"想象是人类全部创造力的源泉和中心，是一种在探究伟大的意义世界中具有特殊价值的力量。"[4] "想象问题是关涉人的认知、人类知识的发生以及人的发展的基本问题。想象不仅是一种重要的认知活动，是理解的基础，更是创造的前提和起始阶段。"[5] 何国瑞认为，"想象是艺术构思过程得以展开的主要心理功能。它的特点在于艺术家按照自己的审美原则和理想，在不直接面对外部现实生活的状态下，对感受过程中获得的感知表象进行能动的、创造性的改造、加工和组合，即表象的自由运动，来组成内蕴着主体情感和理念的心灵意象整体。"[6] 因此，想象是由感知到理解，由重组到重构的创造性活动。西方文艺理论界对文学想象问题关注得更早。伊瑟尔从作为能力的想象、作为行为的想象和激进的想象三个角度对文学想象进行分析。他仅从不同的角度对文学想象进行分析，并没有对文学想象的生成过程进行系统地阐述。西方接受美学从作者、作品与读者之间的关系来探讨作品的意义，以及读者通过对作品的理解与文本加工所获得意义的差异，认为读者对作品意义的获得过程必然包括了想象的过

---

[1] Egan K. Imagination, past and present. in Egan K, Stout M, Takaya K. *Teaching and Learning Outsidethe Box: Inspiring Imagination across the Curriculum*. New York: Teachers College Press, 2007.

[2] ［德］弗里德里希·黑格尔. 美学（第1卷）[M]. 朱光潜, 译. 北京: 商务印书馆, 2020.

[3] ［德］弗里德里希·黑格尔. 美学（第1卷）[M]. 朱光潜, 译. 北京: 商务印书馆, 2020.

[4] Egan K. *Romantic understanding: the Developmental of Rationality and Imagination*. New York & London: Routledge, Chapman and Hall, Inc. 1990.

[5] 郭元祥, 李新. 遇见与预见: 学科想象的生成及想象教学 [J]. 教育研究, 2021 (9).

[6] 何国瑞. 艺术生产原理 [M]. 北京: 人民文学出版社, 1989.

程。"文学语言和文学作品实际表达的是作者对人物形象、人格形象甚至是道德形象的构设,从阅读到理解的过程,必然发生文学想象。"① 因此,美国学者朱迪思·朗格提出了一种基于文学想象的文学教育理论。我国学者金开诚认为想象是一种自觉的表象运动。"所谓自觉的表象运动,就是说这种表象活动是自觉进行的,不仅有一定的目的,有时还需要意志的配合,所以是一种有意的、主动的心理活动。"② 他的研究标志着对文学想象认识的进一步深入。杨守森主要从艺术想象本体论、艺术想象发生论、艺术想象本源论、艺术想象动力论、艺术想象控制论、艺术想象形态论方面对文学想象进行阐述。③ 文学想象同样存在于语文学习中。从语文课程的角度看,文学想象属于语文课程的学科想象,即学生在语文学科学习中的一种想象的过程、活动和能力。语文学习中的文学想象是以知识为中介自然生成的学生与文本的一种独特相遇,呈现出语文学习中的思维变化、知识理解和意象生成的过程。通过文学想象,学生可获得并分享自身对语文学习的体验与乐趣。读者在某一特定时刻的全部理解,是个体与文本不断互动的结果。从学习过程来看,语文学习是读者运用想象而展开的文学接受过程。学生对语文知识的学习不完全是一种灌输式的接受,需要对文本材料理解和分析,运用个体已有的知识和经验,对文学作品进行图景再现。文学想象是学生基于已有知识和经验将文本中的符号转化为意象的一种思维方式,既是促进语文理解的学习方式,也是对文本知识的符号加工、图像表征和意义建立的必经过程。语文学习的过程是从公共知识理解到个人知识建立,再到意义达成,是一个生动的丰富知识理解与意义建构的过程。

### (二) 文学想象对语文学习的价值

从接受美学的角度看,文学想象产生于读者基于自我经验、意象思维与作品的对话过程,是学习者或读者对作品所内蕴的人物人格形象、道德形象、社会形象等方面的理解过程和对作品的意义重构过程。作者和作品本身与读

---

① 郭元祥,李新. 遇见与预见:学科想象的生成及想象教学 [J]. 教育研究,2021 (9).
② 金开诚. 文艺心理学论稿 [M]. 北京:北京大学出版社,1982.
③ 杨守森. 艺术想象论 [M]. 天津:百花文艺出版社,1991.

者或学习者之间必然存在着一定的思维间隙、生命体验间隙和审美间隙，作者和作品天然地潜藏着对读者或学习者基于作品理解的审美期待，这种审美期待具有意义接受和情感共鸣的特征。语文学习需要文学想象，一方面要求学生通过文学想象，促进对文本的深度理解、形成意象思维能力，即"把从作品中所阅读到的文学语言、文字符号转化为意象，意境和意义"。[①] 另一方面，需要通过文学想象，丰富语文学习的情感体验，实现作品的审美期待，产生情感共鸣，并深化审美体验。"审美体验是人在亲自活动中对人类活动的理想意象的瞬间把握，这一过程伴随着紧张、剧烈的内部活动，丰富活跃的兴象，热烈欢快的情感。"[②] 语文课程是一门综合性与实践性相统一的课程，通过语文课程的学习，发展思辨能力，提升思维品质，培养高尚的审美情趣。因此，文学想象不仅是语文学习的一种方式，更是一种学科实践能力的体现。文学想象增强文本理解。文本理解是一种动态意义生成的理解，是对文本符号内涵的破译和潜在形象的建构过程，是个体自身的前理解不断被更改的过程。呈现在学生面前的文本，只是符号的系列组合。但是，"无论是哲学诠释学中的文本，还是语文教学中的文本，文本的意义都不是静止的、确定的，而是动态生成的、具有不确定性，它的意义由理解者所赋予，是理解者视域与文本视域的相互融合"[③]。符号是抽象的，与外在的客观世界缺乏对应性，因此不能直接作用于感官系统，不可能直接成为作用于主体感官的意象图景，学生对文本的理解是通过文字符号唤起读者的想象实现的。语文学习中的文本理解是一个有序循环的过程。文本理解过程中，想象是促进文本理解的关键。感知材料阶段，利用已有背景知识和前理解获得文本最初的想象。在拓展材料阶段，通过对文本的通篇阅读，把文本中的相关内容组成理解链、建立想象序列，根据具体客观的事实对已有想象图景进行客观评价。最后对已有材料进行"一致性构筑"，产生一个完整的意象。文本理解的过程也是文学想象构建的过程，二者相辅相成。文本理解的全过程始终伴随着想象，想象促进文本深度理解，帮助学生克服文本理解的表面化、表层化，实现深度教

---

① 朱立元. 接受美学［M］. 上海：上海人民出版社，1989.
② 王一川. 审美体验论［M］. 天津：百花文艺出版社，1992.
③ 洪汉鼎. 理解与解释——诠释学经典文选［M］. 北京：东方出版社，2001.

学所追寻的"彰显学生学习的意义感,增强学生学习的自我感,提高学生学习的效能感"[1]。文本理解促进想象的产生,想象的产生进一步促进文本的深度理解,二者相辅相成。文学想象促进形象思维生成。形象思维作为学生思维品质的一个重要组成部分日益受到重视。《普通高中语文课程标准(2017年版 2020 年修订)》明确指出,"学生在语文学习过程中,通过语言运用,获得直觉思维、形象思维、逻辑思维、辩证思维和创造思维的发展""增强形象思维能力。获得对语言和文学形象的直觉体验"。[2] 文学理论认为形象思维是创作过程的一部分。"形象思维是作家艺术地认识生活和表现生活的主要思维方式。是人类思维的一般规律在文艺创作中的思维活动中的具体体现。"[3] 高中语文新课标突出强调了培养形象思维能力对语文学习的重要性,在语文学习过程中通过文本的阅读与鉴赏,丰富学生对文学形象的感受与理解。文学理论基于创作过程对形象思维进行阐释,语文学习更注重对形象思维能力的培养,但无论是语文学习中的形象思维还是文学理论中的形象思维,其产生和发展都离不开想象的参与。形象思维具有想象性,即想象是思维过程的动力。形象思维的全过程始终伴随着想象,语文学习中的文学想象是联通文本和形象思维的桥梁,是形象思维产生的动力。文学想象丰富语文学习的情感体验。文学作品是作者情感的表现,其实质是传达情感。正如李春青所说:"文学活动是人类的一种表现情感的特殊方式。"[4] 作者和读者都是情感的创造者,不同的是作者的情感外化在文本之中,而读者的情感存在于心理体验之中。学生的情感体验在想象中产生,体现在对文本理解的过程中。学生理解和把握文本的同时,激发情感记忆,形成一种独特的情感体验。情感体验不是一种既成的、孤立的情感,它是一个不断流动的过程,而且处在不断"增值"的过程中。丰富的情感积累是情感体验的前提。在情感作用下,人的想象力变得极其活跃。外物的刺激产生情感,因情感产生想象,想象丰富情感

---

[1] 郭元祥. 深度教学——促进学生素养发育的教学变革 [M]. 福州:福建教育出版社,2021.

[2] 中华人民共和国教育部. 普通高中语文课程标准(2017年版 2020 年修订)[M]. 北京:人民教育出版社,2020.

[3] 孙家富,张广明. 文学词典 [M]. 武汉:湖北人民出版社,1983.

[4] 李春青. 艺术情感论 [M]. 天津:百花文艺出版社,1991.

体验是一个循环过程。想象的发生依赖积极的情感体验，想象始终与情感体验相伴而生。在语文学习中，学生既要观察到文本中所描绘的直观景物，又要体悟景物描绘中作者所渗透的情感，同时唤醒个体的情感积累。没有情感体验就没有文学想象。与之相同的是，情感的传达与接受也离不开想象，想象是情感体验传达与接受的媒介。情感体验是文学想象意义升华的保障。文学想象是一种实现语文学习中情感体验更高层次的方式。语文学习中初级情感体验是学生对已积累的某些情感的回味和关照，但还没有真正进入情感体验。只有进入到文本理解过程中，对回味和体验的情感积累进行改造，才是真正升华了情感体验的境界。

## 二、语文学习中文学想象的内容与过程

文学想象以语言为工具，以知识经验为中介。作为体验和理解文本的基本方式，文学想象不是单向的被动接受，而是文本与读者的双向交互活动。读者从文本内部把握文本对象，克服外在的读者—文本关系，发掘文本价值。作为一种语文学习方式，文学想象与文本理解、表象重构、情感参与密切相关。根据文学想象的内容与条件，研究语文学习中文学想象的内在机制，是当前深化语文课程和教学改革的现实诉求。

### （一）文学想象的内容

想象是一种高级认知活动，根据想象内容的新颖度及生成机制不同，可分为再造想象、创造想象与幻想。文学想象是语文学习特有的思维活动，语文学习中的文学想象主要包括以下四种类型。第一，人物想象。文学作品中的人物是一种精神形象，是一种生活体验，表达的是人的一种生活态度和价值观念。"人物是文学作品中所描绘的人物形象，它是作品内容的重要构成因素，也是组成文学形象的核心。"[1] 在文学作品中，人物想象即从阅读到理解的过程中，在对文字符号破译和不断深入理解的基础上，基于个体已有知识经验在头脑中产生具体人物形象的过程。个体知识理解层次和已有知识经验

---

[1] 孙家富，张广明. 文学词典［M］. 武汉：湖北人民出版社，1983.

及意象思维能力是造成不同人物形象重构的根本原因。在语文学习中，学生通过想象来理解人物的人格特征，在脑海中内化出人物的具体形象。第二，情感想象。情感想象的实质是迁移共情，即主体对他人情感体验的体验。迁移共情包含两个方面的内容，一是对他人情感的认识，二是将他人情感代入自身产生共鸣。情感想象的过程是文学作品创作者与接受者情感交流的过程。丰富的情感体验和预备情绪的产生是情感想象顺利进行的基础。"预备情绪是艺术作品在接受者那里最初引发的情绪活动。"① 语文学习过程中，学生基于对文本的理解和深度解读，产生情绪活动，即用视觉接受他人所表达的情感，进一步正确认识文本中所描述的情感活动。随着阅读的不断深入激起自身情感体验产生情感共鸣，体验作者的情感画面。情感想象促进个体的精神解放，促进个体生命的精神发育。第三，道德想象。"道德想象力就是要能够看到或者是意识到一些真实或预期的经验可能性，从而提升我们自身及生活于其中的共同体的生活质量。道德想象力包含四个基本要素：图式、隐喻、移情及架构。"② 约翰逊基于道德想象力的基本要素及概念对道德想象进行阐述，认为道德想象对于人们形成道德观念及行为具有重要作用。在文学想象中，道德想象是指学生通过对文学作品中人物形象的分析，从人物形象中所学到的道德品质，激起个体道德情感的变化，使个体形成道德观念指导个体道德行为。第四，审美想象。阅读中的审美想象指在读者期待视界的介入、控制、引导下，根据文本语言提供的意象轮廓与可能性，通过语符—意象思维的活动，调动感性经验积累进行创造性重组，进而合成意象意境整体而建立起来并达到"具体化"的想象。张佐邦先生认为，"所谓审美想象，是审美主体在直接关照审美对象的基础上，调动过去的表象积累，丰富、完善形象和创造新形象的心理过程。"③ 杨守森认为审美想象是挣脱自然与社会两大枷锁，争取人性开放的基本途径。他认为暂时性、虚幻性、超越性、趋新性是审美想

---

① 李春青. 艺术情感论 [M]. 天津：百花文艺出版社，1991.
② Johnson M. *Mora Iimagination*: *Implications of Cognitive Science for Ethics*. Chicago：The University of Chicago Press，1993.
③ 张佐邦. 文艺心理学 [M]. 北京：中国社会科学出版社，2006.

象的基本特征。① 在语文学习过程中，文本是学生开展审美活动的审美对象。"凡是引起自由想象的过程不一定都是美感产生的过程，但凡是美感的产生却一定要伴随着自由想象活动。"② 尽管美感体验与自由想象相关，但"自由想象"并不是对文本的单一层面的想象加工。学生对文本加以审美产生何种美感体验，与文学想象的层次丰富性极其相关。文学想象越丰富，审美体验或美感体验便越深刻。学生对文本的文学想象如果停留于人物形象的想象加工而不进入人物的人格境界层面，那么，学生的美感体验就难以达到人格美、德性美的境界。语文学习中的文学想象具体指学生在对文本解读的过程中，在情感活动的作用下产生的一种自由想象的认知活动。审美想象是学生学习的一种自我肯定、精神平衡的过程。所谓自我肯定和精神平衡，是指学生在文本阅读与理解的过程中，基于对文本的解读与自由想象而产生一种情感共鸣和精神愉悦，达到与作品蕴涵的审美期待的平衡状态。文学审美中的自我肯定和精神平衡往往表现为读者在阅读理解中以丰富的文学想象为基础的豁然开朗、拍案叫绝、或喜或悲，从而建立与自我价值观的认同。在审美想象生成的过程中，个体体会到一种自由自在的精神愉悦感，并随着想象过程的延展缓解精神的压抑与苦闷，实现个体精神发育。

### （二）文学想象的基本过程

文学想象是语文学习中文本与读者相互交流的动态过程。读者能否在文本基础上自我建构是衡量交流活动成功与否的标准。文本激活读者的理解能力和重构能力是活动达成的基本条件。文学想象的过程包括文本的"游移视点"、表象的"塑性形变"、阅读中"唤情"参与三个环节。这三个环节并不是单独发生的，而是有序连贯进行的。语文学习中的文学想象是学生通过想象感知文本产生意象图景的过程，即由文字到意象。文本的"游移视点"是文学中独有的掌握和理解文本的一种方式。所谓视点是作者的叙述角度、观察角度及对文本意义的展现方式。视点贯穿于整个文本之中。在语文学习中，学生通过对不同段落的感知、想象，产生一个特定的视点。视点是动态性的，

---

① 杨守森. 艺术想象论［M］. 天津：百花文艺出版社，1991.
② 杨守森. 艺术想象论［M］. 天津：百花文艺出版社，1991.

在阅读过程中不断发生变化，每个句子既继承前一个相关物，又追寻下一个相关物。游移视点是文本中句子之间相互作用的一种方式，引导读者在大脑中形成文本初步图景，即表象。作者通过多种视角进行文本描述，如：叙述者视角、人物视角、情节视角，因此需要读者在文本理解过程中通过游移视点转换视角深度理解文本。正如伊瑟尔所说，"游移视点是一种描述读者在本文中得以表现的方式的手段。这一表现正处于记忆与期待的聚会点上，由此导致的辩证运动引起了记忆的连续变化和期待的复杂性的增加。"[①] 游移视点具有保留过去视点、限定未来视点，使"过去"和"未来"不断聚于"现在"的特征。游移视点的过程既是一种语言活动的过程，也是读者与文本相互作用的动态过程，是一个综合的过程。语文学习中的游移视点，即语文学习中学生通过有序阅读感知材料，随着阅读活动的进行，新的阅读瞬间必然会成为后续阅读瞬间的背景，文本在学生的意识中不断转化，每次转化都呈现出一个清晰连贯的阅读瞬间，每个瞬间都在刺激材料记忆，被激发的记忆能够通过对文本理解的不断深入，产生对文本的初步图像——表象。在语文学习中，学生对整体文本的理解和感知不可能同时产生，只能通过对文本段落有序感知来进行想象，创造想象的序列，最终发掘文本潜在意义和价值。在语文学习中，学生对文本的理解虽然是由文本引起的，但是又不完全受文本的控制。学生"前结构"知识的丰富性、材料记忆能力及思维能力是游移视点有序进行的基础。表象的"塑性形变"涉及学生对文本的加工。"所谓表象，就是在记忆中所保持的客观事物的形象。表象作为人的大脑反映客观事物的一种形态，它的最大特点就在于直接反映客观事物的形貌，具有形象性。"[②] "塑性"是指表象产生后，通过表象运动，保持表象的基本形态和主要特征。在语文学习过程中，学生通过"游移视点"的方式深度理解文本，在阅读过程中由想象构筑的文本图景形成了图景序列，文本图景的不断延伸过程展示了沿着时间轴运动的各个图景的分化运动，过去的图景融合在新的图景之中，每一个新图景都是在过去图景的背景上浮现的，时间轴以文本总体意义为前提，让每一个图景得到必要的修正，产生新的图景的过程，即表象的形变。

---

① 李春青. 艺术情感论［M］. 天津：百花文艺出版社，1991.
② 金开诚. 文艺心理学论稿［M］. 北京：北京大学出版社，1982.

在文学想象生成过程中，获得丰富多彩而记忆牢固的表象，是进行文学想象的前提。在语文学习过程中，表象的"塑性形变"是文学想象形成的关键。在学习过程中，学生通过"游移视点"对文本理解和感知的加深形成表象链，根据感知材料的先后顺序，表象不断累积，进行表象的分化和综合，产生新的表象。在表象分化和综合的过程中，因超前存在的内激信息与外激信息之间是一种静态不平衡的结构，需要学生意志的参与及有目的分解与综合。表象的"塑性形变"实质是表象的分解与综合。随着文本描述的层次有序递进，在表象加工和综合的过程中，需要个人意志参与，以行取舍。表象分析与综合的能力，与学生的记忆力息息相关。因此，培养敏锐的观察力，增加表象储存数量，是语文学习中文学想象的先决条件。阅读中"唤情"参与，是文学想象的重要环节。阅读中"唤情"是一个情感体验过程，其实质是对他人情感体验的体验。"唤情"是文学想象意义升华的保障。想象的发生依赖于积极的情感体验，想象总是与情感体验相伴而生。一方面"唤情"的参与促进了对文本的深度理解，另一方面也为想象的发生奠定了积极的感情基础，促进了想象生成的境界。语言是"唤情"的媒介，在文本中由于特定的"语境"作用，加大了语言的具象作用，表现了一种特定的情调。作者依靠语言恰到好处地表现情感并引起读者的情感共鸣，激起读者的强烈兴趣，刺激读者情感体验记忆，促使他们进一步理解作品。阅读过程始终伴随着情感参与，个人的情感体验与文本情感的融合度决定了读者的情感境界。阅读中"唤情"的参与促进想象意蕴的生成，在文学想象过程中发挥指引和触发学生的情感体验库存的作用。"文学活动是人类的一种表现情感的特殊方式。"[1] 在语文学习中，学生在文本理解的基础上要形成文本所描述景象的想象，体会到景象中所渗透的情感。通过想象转换视角，共情和移情作者的情感体验，投射转移到个体身上。因此，在语文学习过程中，学生不仅要体验到文本所表现出来的情感，更重要的是通过文本中的情感语言唤醒和激活埋藏于个人心理结构底层的情感记忆材料，使个人情感与作者情感融合，超越文本语言的意象境界，用文本中人物积极的情感价值观念指导自我，培养正确的价值观念。

---

[1] [德]沃尔夫冈·伊瑟尔. 阅读活动——审美反应理论[M]. 金元浦，周宁，译. 北京：中国社会科学出版社，1997.

### 三、激活文学想象的教学策略

实施充满想象的语文教学，需要转变传统的教学观念，树立深度理解的学习观，注重学生学习中意象思维能力的培养，构建想象课堂。

#### （一）引导学生深度理解文本

文本理解是学生对教材文本符号内涵的破译和形象建构的过程，是语文教育价值得以实现的终端环节。要达成文本的深度理解，需要在教学中实现深度教学文本理解所追寻的意象层、意义层到思想层三层文本理解境界。由文本图景到文本意义再到精神境界提升是深度文本理解的基本过程。通过文本理解不同层次的实现，帮助学生实现知识理解的广度、深度和关联度。文本图景的实现是文本理解的基础，意象层在一定程度上理解为对文本本身的解读。意义层则真正进入了想象过程，是主体通过文本图景理解文本意义，把握文本背后所隐含的关于文化观、价值观和人生观的价值追求，从而实现个体精神境界提升。在教学过程中，教师应注重对学生想象的激活，教师对文本解读的不断深入，以激发学生产生鲜明的感觉具象，使他们真正进入文学"世界"，进入到"学生的符号世界、意义世界和真理世界当中"[1]，从遇见走向预见，实现文本理解的最高境界——思想层。在教学过程中，教师不仅要带给学生丰富生动的意象，更需搭建和填补作品与学生人生体验和积累之间的"视听间距"，达成文本理解的三重境界，给予学生人生启示和思考，促进学生精神发育。

#### （二）重视语文学习中的意象思维能力

语文学习过程中，文学想象的真实发生需要意象思维。借助意象思维能力，学生可创造出文本意象甚至超越文本所描述的意境，深化文本知识理解，实现语文学习中思维观、价值观与人生观的统合。意象思维是指读者在阅读

---

[1] 郭元祥. 深度教学——促进学生素养发育的教学变革［M］. 福州：福建教育出版社，2021.

过程中由文字符号转化为具象，是对感性经验唤醒和重组的思维。朱立元认为意象思维具有两种基本形态，即创作中的"意象—语符"与阅读中的"语符—意象"，是一种从理性辨识转化为感性具象的活动。他认为文学中的意象思维基本过程为：首先抽象符号作为语言信息输入个体大脑，其次对语言符号进行辨识、翻译、读解，最后进行意象再造活动。① 语文学习中的意象思维主要是阅读中的"语符—意象"思维。文学想象不是对文本的任意捏造，需要以文本语境为基础运用意象思维对文本进行逻辑推演，通过逻辑思维构建文本内在联结，使产生的图景符合逻辑。意象思维能力的培养需要实施思维分层和知识分层的教学，在教学过程中引导学生无边界学习、层进式学习、沉浸式学习是意象思维能力培养的基本方式。意象思维的发生过程是想象激活的过程，是文本由文字到意象的过程。因此，在教学过程中注重学生感性经验积累和培养学生想象力是提升学生意象思维能力的根本途径。

### （三）增强课堂画面感

课堂呈现的不仅是一个生动的知识学习过程，更是学习过程与学生成长意义关联的生动图景。课堂画面感源于建立知识与世界、知识与经验、逻辑与意义、学习与生活等之间的生动联系，以及丰富的"人—知"对话、师生对话。② 传统的课堂把书本知识当作一种事实性的材料来学习，当作一种纯粹对象性的东西来占有，当作一种事实结果来接受，忽视了优质课堂彰显学生学习的意义感，淡漠了学生学习的自我感，降低了学生学习的效能感的价值追求。语文学习中的文学想象增强课堂画面感不是指增强课堂中出现的画面的频率，而是指通过学习中的文学想象增强师生以知识为中介在交互作用中呈现出来的一种认知状态。"课堂画面感是指学生在学习过程中，基于知识理解产生丰富想象和生动表征的一种学习状态，是学生理解新知识，加工新知

---

① 朱立元. 接受美学 [M]. 上海：上海人民出版社，1989.
② 郭元祥，李新. 遇见与预见：学科想象的生成及想象教学 [J]. 教育研究，2021 (9).

识并获得知识意义的学习过程。"[①] 文学想象作为一种重要的认知活动，基于学生对已有知识经验的理解和分析，克服对符号表面、表层的认知加工学习，使学生获得深度学习所追寻的"理解与精神的对话、体验与感悟的表达、交往与经验的意义"[②] 的认知状态，促使知识理解生动化、形象化，进一步丰富课堂画面感。具有想象力的课堂画面感的生成同样离不开对知识的理解和经验的重组。在文学想象过程中，知识的理解是学生根据已有知识和经验在丰富的或典型的感性材料的基础上，通过思维活动认识事物之间的种种联系，进而认识事物本质的过程。学生在知识理解过程中将文本知识与个体生活体验建立内部联结，引起个体文化观、价值观和人生观的深刻变化，引导精神发育。富有想象力的课堂一定是具有生命活力的课堂。丰富的、生动的、创造性的画面一定建立在学生对知识的深度理解和学生对已有认知知识的激活之上。语文学习中知识的理解、认知经验和生活经验紧密关联的纽带是想象。

**（四）构建想象课堂**

想象的课堂是动脑思考的课堂，是学生主动参与的课堂，是具有批判性思考的课堂。美国学者朱迪思·朗格认为，"想象构建的课堂就像是一个探究性社团。在想象构建的课堂中，学生们使用学科适用的流程、符号、语言与思考方式解决问题。"[③] 他提出想象课堂建构的五种立场，即"文本之外与想象，文本之内经历想象，摆脱文本与反思认知，远离想象与经验的客观化，想象的转移与超越"[④]。把五种立场应用于课堂实践，可将其视为"材料的开始、拓展对材料的理解、从材料中学习、批判性地思考材料、超越材料"[⑤]。

---

[①] 郭元祥. 深度教学——促进学生素养发育的教学变革 [M]. 福州：福建教育出版社，2021.

[②] 郭元祥. 深度教学——促进学生素养发育的教学变革 [M]. 福州：福建教育出版社，2021.

[③] [美] 朱迪思·朗格. 想象知识：在各学科内培养语言能力 [M]. 刘婷婷，译. 上海：上海教育出版社，2015.

[④] [美] 朱迪思·朗格. 想象知识：在各学科内培养语言能力 [M]. 刘婷婷，译. 上海：上海教育出版社，2015.

[⑤] [美] 朱迪思·朗格. 想象知识：在各学科内培养语言能力 [M]. 刘婷婷，译. 上海：上海教育出版社，2015.

课堂上，教师要将基于知识理解和创建新构想的两种取向的知识观有效结合起来，促进学生对课程材料的理解，实现由文字到意象的生成。想象课堂的本质是探究性的课堂，是拓展知识的课堂。通过在课堂的不同阶段，教师提出一系列讨论问题，为学生带来不同程度的理解，帮助学生基于文本展开想象，促进学生对文本的深层次理解，在一定程度上实现知识的深度、广度、关联度的达成。想象的课堂是对当前教学的超越，是一种对教学可能性的认识，是现实教学的新趋向，想象的课堂是对课堂进行深度建构，促进学生知识深度理解是文学想象的基础。因此，建构想象的课堂有利于文学想象的生成。

# 认识论资源的研究进路及其教学启示

邓 阳 刘 莹 王后雄

认识论关乎于个体对知识以及知识获取方式的信念。在教学研究领域，人们一直强调学生发展良好的认识论对于教学实践的重要性，注重培养学生建立正确的知识观并理解知识的结构、知识的本质和知识的来源。这是因为，一方面，大量研究表明，学生的认识论水平会影响其学习效果，使其建立特定的学习动机和学习策略，达成预定的学习成就。[①] 另一方面，认识论还是影响学生终身学习的一个关键要素。在信息化时代，无论是校内还是校外，学生都需要面对各种新的看法和观点，不断地评估各种主张。基于认识论形成的更高层次的思考能力和理性判断能力，便成为了个体适应社会发展，走向合格公民的标志。[②]

认识论的以往研究主要专注于确定正确定义知识的方法，强调个体对知识和知识获得过程所持有的信念，以及这些信念如何影响个体建构与评价知识。[③] 经过半个世纪的研究，西方学术界已经形成了比较成熟的认识论体系，发展了一些新的认识论理论与模型。其中，大卫·哈默（David Hammer）、安德鲁·埃尔比（Andrew Elby）等提出的认识论资源的概念从更微观的视角分析了认识论，渐渐受到了学者的关注。通过梳理相关文献资料，本文拟从认识论研究的低龄转向与社会转向两个角度出发，厘清认识论资源这一概念

---

[①] Barger M M, Wormington S V, Huettel L G, et al. Developmental changes in college engineering students' personal epistemology profiles. *Learning and Individual Differences*, 2016, 48.

[②] Hofer B K. Personal Epistemology Research: Implications for Learning and Teaching. *Educational Psychology Review*, 2001, 13 (4).

[③] Sandoval W A, Greene J A, Bråten I. Understanding and promoting thinking about knowledge: Origins, Issues, and Future Directions of Research on Epistemic Cognition. *Review of Researchin Education*, 2016, 40 (1).

的研究进路，进而论述认识论资源对于改进教学的启示。

## 一、认识论资源的概念产生背景

个体认识论的相关研究起源于20世纪后期，最早可以追溯到让·威廉·弗里兹·皮亚杰（Jean William Fritz Piaget）。他把儿童认知发展的研究描述为"遗传认识论"，其重点关注个体如何认识世界与构建知识。皮亚杰的研究引发了许多学者对认识论研究的兴趣，其中一个重要的研究流派认为个体的认识论是按照不同阶段或位置序列发展的。

20世纪60年代，威廉·佩里（William Perry）和他的同事以问卷和访谈方式调查了哈佛大学的男学生在大学期间的智力发展轨迹，相关研究成果开创了个人认识论的研究领域。佩里提出了9个个体认识论的发展阶段，认为学生对知识性质的认识从简单或绝对立场逐渐转向复杂、多元立场。[1] 随后，威廉·摩尔（William Moore）将这9个阶段划分为4个时期，分别为二元主义时期（dualism，即个体认为世界是绝对的、非此即彼的）、多元主义时期（multiplicity，即个体认为没有客观的知识标准，承认观点的不唯一性）、语境相对主义时期（relativism，即个体承认有些观点比另一些观点更好）和相对主义的契约时期（commitment within relativism，即个体意识到知识的偶然性和情境性，具有批判性思维和相对主义精神）。[2] 由于这些研究基于男性样本，一些研究人员试图通过增加女性样本量来纠正这一偏差。例如，玛丽·菲尔德·贝伦基（Mary Field Belenky）等选取了135名来自多个领域的

---

[1] Hofer B K, Pintrich P R. The Development of Epistemological Theories: Beliefs About Knowledge and Knowing and Their Relation to Learning. *Review of Educational Research*, 1997, 67 (1).

[2] Moore W S. Understanding learning in a Postmodern World: Reconsidering the Perry Scheme of Intellectual and Ethical Development. in Hofer B K, Pintrich P R. Personal Epistemology: The Psychology of Beliefs about Knowledge and Knowing. Mahwah, NJ: Lawrence Erlbaum Associates Publishers, 2002.

女性被试并进行了半结构访谈，提出了女性知识获得方式的发展图式。[①] 随后，马丽卡·巴克斯特·玛戈尔达（MaricaBaxterMagolda）选取了同等数量的男女被试并进行了长达五年的开放式访谈研究，最终开发了认识论反思模型。[②] 然而，在增加了女性样本后，其结果均与威廉·佩里的研究结果相似。

此后，随着众多领域的学者从不同角度展开认识论研究，个体认识论的发展模型经历了一系列历史演变。一方面，这些发展模型的适应年龄逐渐扩展，认识论的发展不再局限于大学生群体。另一方面，认识论的研究重心渐渐从个体认识论偏向社会认识论，最近的研究认为认识论还与个体所处的社会环境有关。

### （一）认识论发展的低龄转向

帕特里夏·金（Patricia King）和凯伦·斯特罗姆·基奇纳（Karen Strohm Kitchener）通过 20 年的长期访谈，描述了高中生和成人如何发展推理能力，并提出了三水平的认识论反思判断模型。其中，前反思思维水平（pre-reflective thinking）指的是个体认为知识是简单与绝对的，来源于权威；准反思思维水平（quasi-reflective thinking）指的是个体认为知识是相对的、情境的，肯定个人观点的价值，强调证据在知识获得过程中的重要作用，并且认为知识并非来自权威；反思思维水平（reflective thinking）指的是个体认为知识是情境建构的，并且能够运用证据和推理来评估知识，对自己的判断进行再评价。[③] 迪安娜·库恩（Deanna Kuhn）选取了十几岁到六十岁的四个年龄组被试，着重探讨他们在解决结构不良问题时所持有的认识论，以此建构了

---

[①] Belenky M F, Clinchy B M, Goldberger N R, et al. Women's Ways of Knowing: The Development of Self, Voice, and Mind. *Curriculum Inquiry*, 1989, 18 (1).

[②] Baxter Magolda, M B. *Knowing and Reasoning in College: Gender-related Patterns in Students' Intellectual Development*. San Francisco: Jossey Bass, 1992.

[③] King P M, Kitchener K S. Reflective Judgment: Theory and Research on the Development of Epistemic Assumptions through Adulthood. *Educational Psychologist*, 2004, 39 (1).

相似的论证推理模型。[1] 这些研究都表明，个体的认识论会在大学阶段以外的时期发展。同时期，K. H. 赖希（K. H. Reich）等研究发现，青春期前儿童的认识论立场比二元论更复杂。[2] 因此，迈克尔·钱德勒（Michael Chandler）等认为儿童可能处于一种比二元主义更原始的认识论状态，即自然现实主义阶段（naiverealism）。同时，他们也考虑了这样一种可能性，即有一些人经历了二元主义后可能不会转向多重主义。他们认为，随着时间的推移，个体因经验增多而承认知识可能完全是主观的或完全是建构的，继而进入教条主义（dogmatism）或怀疑主义（skepticism）。教条主义者认为知识只能来自权威人物，而怀疑主义者认为不存在确定的知识。最终，有些人会从其中一个阶段进入理性主义阶段（rationality），学会根据情境与证据评价知识主张。[3] 让·布尔（Jean Burr）和芭芭拉·霍夫（Barbara Hofer）认同迈克尔·钱德勒的观点，并基于认识论成熟度和心智能力理论之间的显著相关性，提出了个体认识论的早期发展轨迹，即个体从出生开始就处于一种不能区分个人知识与客观现实的自我中心主观阶段，随后在童年时期进入二元主义的过渡阶段，即前二元主义阶段。[4]

尽管上述研究中被试年龄范围不同，但是最终的发展模型表明了非常相似的认识论发展轨迹，即以某种形式的绝对主义或二元主义开始，随后转向接受多个相互冲突观点的多重主义，最终达到评价主义立场。但是，个体认识论发展的内在机制与精确时间还存在争议，这为认识论资源概念的建立提

---

[1] Hofer B K. Personal Epistemology Research: Implications for Learning and Teaching. *Educational Psychology Review*, 2001, 13 (4).

[2] Reich K H, Oser F K, Valentin P. Knowing Why I Now Know Better: Children's and Youth's Explanations of Their Worldview Changes. *Journal of Research on Adolescence*, 1994, 4 (1).

[3] Chandler M J, Hallett D, Sokol B W. Competing Claims about Competing Knowledge Claims. in Hofer B K, Pintrich P R. *Personal Epistemology: The Psychology of Beliefs about Knowledge and Knowing*. Mahwah, N J: Lawrence Erlbaum Associates Publishers, 2002.

[4] Burr J E, Hofer B K. Personal Epistemology and Theory of Mind: Deciphering Young Children's Beliefs about Knowledge and Knowing. *New Ideas in Psychology*, 2002, 20 (2-3).

供了理论基础与思考方向。

### (二) 认识论发展的社会转向

1995 年到 2004 年,香港大学教育学院张丽芳教授做了一系列智力与道德发展模型的跨文化检验工作。1995 年,张丽芳开发了认知发展量表(Zhang Cognitive Development Inventory,简称 ZCDI),测量了北京 5 所不同学校的 808 名大学生的认识论水平,发现了一种不同于佩里关于美国学生的认识论发展模式。大一新生在二元论量表得分最低,但在相对主义契约量表得分最高;大二年级学生在二元论量表上得分最高,而在相对主义契约量表上得分最低;大二年级学生和大四年级学生的成绩在大三年级学生和大一新生的成绩之间。[1] 之后,张丽芳不断修改 ZCDI,在 1999 年、2001 年和 2004 年分别调查了 503 名南京的本科生、193 名南京的本科生和 464 名上海的本科生,均得到了类似的结果。[2][3][4] 这些研究结果一方面符合迈克尔·钱德勒提出的认识论发展递归模型,即认为认识论的发展是一个螺旋而非线性的过程,个体在认知领域内不止一次通过相同的认识论水平。[5] 同时,张丽芳表示,中国学生处于与西方不同的教学环境中,生活方式也有所差异,所以其认识论的表现也不同于西方学生。

---

[1] Zhang L F. *The construction of a Chinese language Cognitive Development Inventory and its use in a cross-cultural study of the Perry scheme*. Iowa: University of Iowa, 1995.

[2] Zhang L F. A Comparison of U. S. and Chinese University Students' Cognitive Development: The Cross-cultural Applicability of Perry's Theory. *Journal of Psychology*, 1999, 133 (4).

[3] Zhang L F, Watkins D. Cognitive Development and Student Approaches to Learning: An Investigation of Perry's Theory with Chinese and U. S. University Students. *Higher Education*, 2001, 41 (3).

[4] Zhang L F. The Perry scheme: Across Cultures, across Approaches to the Study of Human Psychology. *Journal of Adult Development*, 2004, 11 (2).

[5] Sandoval W A. Situating Epistemological Development. in Aalst J V, Thompson K, Jacobson M J, et al. *The Future of Learning: Proceedings of the 10th International Conference of the Learning Sciences*. Sydney, New South Wales, Australia: International Society of the Learning Sciences, 2012, 1.

自 21 世纪以来，张丽芳提到的环境因素受到越来越多研究者关注。例如，韩国学者申秀永（Soo-Yean Shim）和金熙白（Kim，Heui-Baik）在小组科学建模活动中考察了学生的认识论框架和位置框架，以探索认知对知识、自身和他人等情境因素的依赖特征。研究表明，学生的认识论会随着课堂环境的微小变化和他们对环境的不同解释而改变。[①] 另一方面，相关认识论研究受到列夫·维果茨基（Lev Vygotsky）关于认知与发展的社会文化理论（sociocultural theories）的影响，将个体置于特定的文化和历史背景中，将知识视为一种文化产品或文化活动来构建，试图解释社会因素如何影响个人知识构建。因此，认识论研究渐渐发生社会转向，越来越多的学者认为知识从根本上是一种社会建构，认识论是一种社会现象。[②] 认识论的社会转向促使大卫·哈默、安德鲁·埃尔比等考虑个体认识论发展与个体所处社会环境之间的联系，重点关注在特定的环境下，知识如何在实践共同体之间传播和确定。

## 二、基于认识论资源的认识论构建

大卫·哈默、安德鲁·埃尔比等基于认识论发展的低龄转向和社会转向，提出了理论假设，进而确定了认识论资源的概念。随着认识论资源的内涵与外延的不断完善，大卫·哈默、安德鲁·埃尔比等对认识论形态与认识论发展进行了再概念化，填补了认识论内在发展机制的空白。

### （一）认识论资源概念的建立：基于低龄转向与社会转向的假设

认识论的研究已经认识到学生拥有与专家信念（例如"知识是不确定的"）不同的"错误信念"（例如"知识是确定的"）。按照这个观点，发展更复杂的认识论需要完全改变"错误信念"，正如发展更复杂的领域知识需要

---

① Shim S Y, Kim H B. Framing Negotiation: Dynamics of Epistemological and Positional Framing in Small Groups during Scientific Modeling. *Science Education*, 2017, 102 (1).

② Sandoval W A, Greene J A, Bråten I. Understanding and Promoting Thinking about Knowledge: Origins, Issues, and Future Directions of Research on Epistemic Cognition. *Review of Research in Education*, 2016, 40 (1).

用正确概念取代错误概念一样。这与建构主义相悖，因为在这种情况下，错误信念没有为学生提供可以发展新信念的原始材料。大卫·哈默和安德鲁·埃尔比承认建构主义的学习观，认为学生具有理解与建构新的认识论的原始经验，并对认识论具有连贯性和稳定性的观点产生了质疑。[①] 于是，他们开始考虑一种比认识论结构更精细的"经验"作为个体认识论发展的基础，并且认为这些"经验"在个体的幼年时期就存在。例如，他们提到，当问到孩子如何知道晚餐吃什么时，孩子可能会回答"爸爸告诉我的"。这反映了孩子会把知识看作是从一个人传播给另一个人的东西。但是，当问到孩子如何知道自己会收到礼物时，孩子可能会回答"我猜的，因为今天是我的生日，我看到你在藏什么东西"。这个答案反映了孩子也会认为知识是可以猜测或编造的。换句话说，个体很早就形成了关于知识与知识形成过程的基本"经验"。大卫·哈默和安德鲁·埃尔比受到相关学者的启发，开始勾画另一种认识论观点，认为认识论是由比阶段、信仰或理论等更精细的认识论资源构成的。这个资源可以理解为认识论结构的构成单位。[②]

受威廉·佩里开创性工作的影响，与认识论发展有关的研究多采用半结构化访谈等方式来测量学生的认识论，例如直接询问学生"新闻报道是否准确""转基因食品是否安全"等。这些问题虽然向参与者展示了一个具体场景，但是依然是在实际学习环境之外进行的。因此，这种提问更适合测量个体对某个问题的情感态度而非认识论，因为认识论是一种社会现象，与真实的环境是密切相关的。认识论的社会转向不断提醒学者们更多关注特定领域而非一般领域的认识论。大量研究表明，学生的认识论在不同学科中是不一

---

[①] Hammer D, Elby A. Epistemological Resources. in Fishman B, O'Connor-Divelbiss S. *Fourth International Conference of the Learning Sciences*. Mahwah, NJ: Lawrence Erlbaum Associates Publishers, 2000.

[②] Hammer D, Elby A. On the Form of a Personal Epistemology. in Hofer B K, Pintrich P R. *Personal epistemology: The Psychology of Beliefs about Knowledge and Knowing*. Mahwah, NJ: Lawrence Erlbaum Associates Publishers, 2002.

致的，甚至在物理学科与化学学科之间都有较大差异。[①] 卢卡斯·卢桑（Loucas Louca）、安德鲁·埃尔比等认为这与信念的稳定特征相矛盾，当个体外显的认识论只在特定的语境中持续存在时，将这种认识论完全归属于个人的稳定特征或阶段性特征是有误导性的。只有细粒度的认识论资源才能与社会环境紧密相关起来，也就是说，在社会环境下参与知识构建会导致个体内部的多个认识论资源被激活，继而外显为个体的认识论。[②]

基于个体原始经验与社会环境因素两个方面的假设，大卫·哈默、安德鲁·埃尔比等最终确定了认识论资源的概念。他们认为，认识论资源是一系列用于理解知识与知识形成过程的细粒度资源，其激活与否取决于环境，并默默指导个体构建和评价知识。每个人都有大量、多样且可以跨不同环境应用的认识论资源，这些认识论资源以不同的方式组合在一起，使个体能够参与广泛的知识建构实践。在此基础上，大卫·哈默、安德鲁·埃尔比等基于课堂观察与个案研究扩展了认识论资源的内涵与外延，从而重新定义了认识论形态与认识论发展过程，对理解各年龄群体在各种社会环境下如何构建和评估知识形成了系统认识。

### （二）认识论资源对认识论形态的再概念化

近年来，国内外对认识论形态的讨论可谓汗牛充栋，除威廉·佩里和迪安娜·库恩等研究者将认识论看作是发展阶段外，马琳·斯克马尔-艾金斯（Marlene Schommer-Aikins）等将认识论看作是信仰的集合，芭芭拉·霍夫等则将认识论视为一种理论。大卫·哈默、安德鲁·埃尔比等关注认识论资源的连续激活特征，并在此基础上刻画了一种新的认识论形态。

大卫·哈默和安德鲁·埃尔比表示，在不同的语境中，甚至三岁大的孩子都能以不同的方式谈论知识，这反映了个体拥有理解知识是什么以及知识

---

[①] Hammer D, Elby A. Epistemological Resources. in Fishman B, O'Connor-Divelbiss S. *Fourth International Conference of the Learning Sciences*. Mahwah, NJ: Lawrence Erlbaum Associates Publishers, 2000.

[②] Louca L, Elby A, Hammer D, et al. Epistemological Resources: Applying a New Epistemological Framework to Science Instruction. *Educational Psychologist*, 2004, 39 (1).

是如何产生的不同资源，且这些资源不同于以往研究中任何认识论阶段或认识论信念。具体来说，他们划分了三类认识论资源，分别是理解知识性质和来源的资源，理解认识论活动内容和形式的资源，认识论立场资源。①

"理解知识的性质和来源的资源"这一分类涉及个体回答"你是怎么知道的"这一问题时会激活的资源。首先，个体可能会认为知识是可以传播的东西，即把知识看作一种可以从一个人传给另一个人的东西。以这种方式理解的知识有一个来源和一个接受者，在这个过程中知识不会丢失。第二，个体可能会认为知识是自由创造的东西，即把知识看作是一种可以在头脑中自由发明的东西，包括故事、想象中的人物和游戏等。第三，个体可能会认为知识是可以构造的，即把知识看作依据其他材料推断出来，或基于个体经验加以整合的东西。

"理解认识论活动内容和形式的资源"这一分类涉及个体回答"你在做什么"这一问题时会激活的资源，用于个体理解并参与与认识论有关的活动。理解认识论活动内容的资源包括积累与形成等。积累这种认识论资源指的是个体根据以往经验，以得到具体事物、结论、观点作为获得知识的基础。形成这种认识论资源指的是个体在参与某些建构类的任务时，以构造、创造具体事物、结论、观点作为获得知识的基础。理解认识论活动形式的资源包括分类与规则系统等。分类是个体在区分不同活动类型时调用的一类资源，规则系统则表示活动中的一般模式与流程，个体可以在执行现有规则或形成新规则时调用规则系统这一认识论资源。

"认识论立场资源"这一分类涉及个体回答"你是如何评价的"这一问题时会激活的资源，指个体面对知识主张时可能采取的立场，包括困惑、理解、相信、否认与怀疑等。困惑特指个体认为知识的建立过程是不合理的情况。理解与困惑相对，指个体认为一个知识的建立过程有意义。理解是相信、否认与怀疑的前提。相信指个体理解知识的建立过程并承认该知识是正确的；否认指个体虽然理解知识的建立过程，但是认为知识是错误的；怀疑指个体

---

① Hammer D, Elby A. On the Form of a Personal Epistemology. in Hofer B K, Pintrich P R. *Personal Epistemology: The Psychology of Beliefs about Knowledge and Knowing*. Mahwah, NJ: Lawrence Erlbaum Associates Publishers, 2002.

既不接受也不否定该知识。由此可见，相信会触发理解，即个体相信一个知识是正确的意味着他理解了这个知识。

大卫·哈默、安德鲁·埃尔比等的研究并没有列举全部的认识论资源，他们只是给众多学者提供一个思考与研究的方向。受此启发，伊琳·斯坎伦（Erin Scanlon）定性调查了物理导论课上学生解决物理问题时所持有的认识论资源，最终确定了25种不同类型的认识论资源，如同伴认知意识、数学推理、调用权威等。[1]

大卫·哈默、安德鲁·埃尔比等也表示，认识论资源不会孤立地开启或关闭，一种资源的激活可以促进或抑制其他资源的激活。例如，检查这一资源可能随着早期的错误经验增多而促进怀疑立场被激活。另外，这些资源可以相互组合调用。再如，一个成年人可能会调用"知识是传播的"资源来接收与传播谣言，并结合"知识是构造的"资源来理解谣言的演变过程。在不同的环境中，调用的组合会发生变化，所以在不同的环境中个体会表现出不同的认识论。因此，他们认为认识论形态是一个局部连贯激活的认识论资源网络。[2]

**（三）认识论资源对认识论发展的再概念化**

以往的研究在认识论变化和发展方面留下了许多空白。基于认识论资源的微观视角，卢卡斯·卢桑、安德鲁·埃尔比等采用了一种不以个体发展阶段为基础的观点来看待认识论是如何随着时间而改变的，从而论述了个体形成认识论的机制。[3]

---

[1] Scanlon E. *Introductory Physics Students' Epistemological Resources*. Physics Education Research Conference, July 20-21, 2016. Sacramento, CA: Physics Education Research Conference, 2016.

[2] Elby A, Hammer D. Epistemological Resources and Framing: A Cognitive Framework for Helping Teachers Interpret and Respond to their Students' Epistemologies. in Bendixen L D, Feucht F C. *Personal Epistemology in the Classroom: Theory, Research, and Implications for Practice*. Cambridge, UK: Cambridge University Press, 2010.

[3] Louca L, Elby A, Hammer D, et al. Epistemological Resources: Applying a New Epistemological Framework to Science Instruction. *Educational Psychologist*, 2004, 39 (1).

大卫·哈默、安德鲁·埃尔比等基于一个典型个案，提出了基于认识论资源稳定个体认识论的三个阶段，分别是环境激活（contextual）、意志控制（deliberate）以及结构生成（structural）。[1] 首先，个体认识论的稳定依赖于环境因素对个体认识论资源的持续刺激。例如，在一个课堂中，教师如果鼓励学生自主建构知识体系，那么学生就会把知识当作是个人构建的。但是，当教师的鼓励被移除后，学生可能会转向死记硬背的方式学习知识，即把知识当做从权威那里获得的信息。其次，个体认识论的稳定还依赖于个体刻意保持一致的立场。当积极的学习方式与学生既定的惯例形成竞争时，学生必须不断提醒自己采取更加积极的态度。在这个阶段，元认知监控起到了极大的作用，促使个体保持相同认识论资源的持续激活。随着个体获得更多的构建知识的经验，情境线索的力量不断演化，某些认识论资源会被更强烈、更频繁地重复激活，并与其他认识论资源相关联。个体的认识论资源于是更加丰富且系统地相互联系，最终结构化为一种粗粒度的认识论资源网络。在上述过程中，学习一个新知识不是一种全有或全无的获取过程，而是以新的认识论资源的组合模式激活个体认识论，并在此基础上完成知识学习的过程。

安德鲁·埃尔比、克里斯麦·克兰德（ChrisMacrander）等认为，认识论资源模型为认识论的变化与发展提供了一个更简洁的解释。个体有一系列认识论资源来理解知识，这些资源可以在各种情况下被激活，有时是适当的，有时是不适当的[2]，知识的学习无非是根据经验调用和协调认识论资源的过程。[3] 在这个解释框架下，重新思考"认为知识完全来源于权威"这一具有消极作用的认识论，可以理解为在特定的背景下，某些认识论资源（如"积累"

---

[1] Hammer D, Elby A, Scherr R E, et al. Resources, Framing, and Transfer. in Mestre J. *Transfer of Learning from a Modern Multidisciplinary Perspective*. Greenwich, CT: Information Age Publishing, 2005.

[2] Hammer D, Elby A. On the Form of a Personal Epistemology. in Hofer B K, Pintrich P R. *Personal Epistemology: The Psychology of Beliefs about Knowledge and Knowing*. Mahwah, NJ: Lawrence Erlbaum Associates Publishers, 2002.

[3] Elby A, Macrander C, Hammer D. Epistemic Cognition in Science: Uncovering Old Roots to Turn over New Leaves. in Greene J A, Sandoval W A, Bråten I. *Handbook of Epistemic Cognition*. New York, NY: Routledge, 2016.

"传播")被过度使用，而另一些资源（"形成""创造"）被极少使用。以这种方式理解学生，根深蒂固的"错误信念"就变成了被错误激活的认识论资源，教学的任务就变成了帮助学生解开和重新编织知识构建的链条，即破坏无效认识论资源的激活，促进学生已有的有效认识论资源的激活，以促进学生的认识论转变。[①]

## 三、认识论资源对教学的启示

认识论资源这一概念的建立，不仅进一步对知识本质观、知识建构观、知识发展观等认识论问题作了系统回应，同时还从更加细微的角度精准地阐明了学生在知识学习上的机制和发展规律。从认识论资源的视阈出发，可以对进一步优化教学工作形成若干启示。

### （一）重视教师指导下学生基于认识论实践建构知识的过程

利玛·伯兰（Leema Berland）和凯斯琳·克吕塞（Kathleen Crucet）指出，认识论资源根植于学生参与的与知识建构有关的实践活动。[②] 这不仅强调了认识论资源对于个体建构知识的价值，同时还指明了实践是认识论资源发挥作用的具体条件。通过实践建构知识，不仅可以改变被动接受知识的学习方式，同时还有助于学生超越单一的"知识来源于权威"的认识论资源，丰富自身对知识建构过程和路径的多元理解，从而突出人的实践意识、实践行为和人的存在的三重完整性，凸显知识建构过程中目的、主体、客体、手段的相统一。需要说明的是，这里强调的实践不是单一的个体动手操作行为，而是整合认识论资源的实践。国外一些学者据此建立了认识论实践（episte-

---

[①] Hammer D. Student Resources for Learning Introductory Physics. *American Journal of Physics*, 2000, 68 (S1).

[②] Berland L, Crucet K. Epistemological Trade-offs: Accounting for Context When Evaluating Epistemological Sophistication of Student Engagement in Scientific practices. *Science Education*, 2015, 100 (1).

mic practice）的概念①②，意在说明实践本身关乎于人们对知识的获取和信任方式，强调在实践中思考和行动的协同，目标、情境和人际关系的整合，拒绝围绕符号的、孤立的认知或知识传递活动，以及线性的、"菜谱式"的操作活动。任何将理性与感性、认识与经验、思维与能力、审辨与操作割裂开来的片面理解，都不构成实践的概念。只有在实践中学生才能根据问题的背景、现实的可能、团队的优势、结果的预期，建立恰当的实践目标，并在实际的问题解决过程中根据过程、条件、阶段成果等要素激活有意义的认识论资源，以灵活地调整目标、路径和策略。

利玛·伯兰和大卫·哈默表示，学生有能力在把知识当作来自老师的东西和把知识当作自主构建和评估的东西之间转换。③ 这不仅进一步承认了学生头脑中认识论资源的丰富性，同时也表明了学生建构知识时调用各类认识论资源的自主性。从这一角度看教师的角色，可以进一步明确教师的权威地位和过度指导有可能会使学生进一步强化关于迎合和满足教师要求的信念，同时削弱他们在灵活调用各类认识论资源时的能动性。相反，学生在认识论实践中建构知识时，教师并不需要通过明确的干预来告诉学生获取知识的途径和方法，要相信很多时候学生并不是拥有错误的认识论信念，而是在某些情况下某些有效的认识论资源没有很好地激活起来。于是，教师的工作主要是为学生创建各种支持开展推理、论证、建模、论辩等实践活动的条件，引发学生展现具有冲突性的观点，关注可能影响学生知识建构的因素并予以间接指导，帮助学生将自身有意义的认识论资源纳入认识论实践当中去解决真实问题。

---

① Jiménez-Aleixandre M P, Crujeiras B. Epistemic Practices and Scientific Practices in Science Education. in Taber K S, Akpan B. *Science Education: An International Comprehensive Course Companion*. Rotterdam: Sense Publishers, 2017.

② Kelly G J, Licona P. Epistemic Practices and Science Education. in Matthews M R. *History, Philosophy and Science Teaching: New Research Perspectives*. Dordrecht: Springer, 2018.

③ Berland L K, Hammer D. Students' Framings and their Participation in Scientific Argumentation. in Khine M. *Perspectives on Scientific Argumentation: Theory, Practice, and Research*. New York, NY: Springer, 2012.

### （二）凸显整合背景要素、认知要素和社会要素的教学情境

对于教学情境的研究，最早人们认为情境是知识得以呈现或应用的背景，具体来说则是一些聚焦的事件。① 随着研究的深入，人们认为情境还涉及认知要素和社会要素，例如，伯特·范·奥泽（BertVanOers）等曾对一系列关于情境的定义进行了分析，认为情境涉及认知结构、社会环境和活动等多方面。② 在具体研究中，阿什琳·皮尔森（AshlynPierson）等在探究具体情境下学生科学建模能力的学习进阶时讨论了两种情境，分别是概念情境和表征情境，前者表示的是开展科学建模时的科学现象（内容要素），后者表示的是学生头脑中建构并应用的具体科学模型。③ 利玛·伯兰（Leema Berland）和布雷恩·赖泽（Brain Reiser）在探究学生口头科学论证表现时发现，学生在分别参与以达成一致和相互劝说为目标的口头科学论证任务时具有不同的表现差异，前者更侧重于了解他人，质疑和反思自己，后者则更侧重于评价和批评他人，为自己辩护。④

学生认识论资源的调用和激活离不开教学情境。基于学界对教学情境的认识，可以认为在促进学生理解知识、建构知识、信任知识的过程中，教学情境需要整合知识得以依存、应用和发展的，与生产生活实际相关的背景因素，需要整合知识得以生成、转化和巩固的，与心理发展水平相适应的认知要素，需要整合知识得以交流、辩护和评估的，与知识合法化规则相匹配的社会要素。

在强调上述三个要素并发展学生认识论的过程中，首先要突出情境的领

---

① Duranti A, Goodwin C. *Rethinking Context: Language as an Interactive Phenomenon*. Cambridge: Cambridge University Press, 1992.

② Oers B V. From Context to Contextualizing. *Learning and Instruction*, 1998, 8 (6).

③ Pierson A E, Clark D B, Sherard M K. Learning Progressions in Context: Tensions and Insights from a Semester-long Middle School Modeling Curriculum. *Science Education*, 2017, 101 (6).

④ Berland L K, Reiser B J. Classroom Communities'Adaptations of the Practice of Scientific Argumentation. *Science Education*, 2011, 95.

域多样性，这是因为多元的、异质的背景更能有效地激活学生解决复杂问题的认知过程。茱莉亚·戈维亚（Julia Gouvea）等在探讨隶属于不同领域的认识论资源是如何相互作用时，发现个体在物理学上的认识论发展会对生物学产生影响。[1] 这种转变可以看作学生在物理学中稳定的认识论资源发生了转移，意味着不同的领域所涉及的协同的或是冲突的认识论资源能够有利于学生形成更为完整的、灵活的、适宜的认识论体系。其次，要突出情境的社会依存性。从本质上看，人与人之间的行为和语言互动使得学习共同体之间的交流、共事、协商、批判必然成为理解、建构、信任知识的主要途径，且这些途径可以依据具体的情境灵活地加以调控和整合。申秀永和金熙白在探讨学生对知识、自己与他人的情境依赖时，通过需要师生之间与生生之间对话与合作的建模活动，以及能够引发不同观点的异质分组，有效激活了学生多样的认识论资源，使学生积极地构建和协商他们的科学模型。[2] 因此，教师需要建立一个社会性的情境来激发观点，实现对话。一方面，要将学生的多样观点引发出来，尤其是与大多数学生不同的、新颖的观点。另一方面，教师还可以帮助学生将理解、建构、信任知识的过程进行客观地、无偏地、规范地陈述，有逻辑、有组织、有选择地澄明观点可能的不成立情况，劝说他人信服、接受自己。

**（三）利用对话教学捕捉学生话语并解构其认识论发展水平**

要清晰地剖析学生的认识论发展水平，必须依赖于分析学生学习过程中呈现的话语。话语是个体对生活世界的意义进行反映、创造、塑造、再创造和具体化的工具，是人们利用语言和其它符号资源将个体的感知、经验、情感和理解等加以表达和交流的共同媒介。[3] 他个体运用话语的过程既包括对具

---

[1] Gouvea J, Sawtelle V, Nair A. Epistemological Progress in Physics and its Impact on Biology. *Physical Review Physics Education Research*, 2019, 15 (1).

[2] Shim S Y, Kim H B. Framing Negotiation: Dynamics of Epistemological and Positional Framing in Small Groups during Scientific Modeling. *Science Education*, 2017, 102 (1).

[3] Strauss S, Feiz P. *Discourse analysis: Putting our worlds into words*. London: Routledge, 2013.

体词句的选择组织，也包括对整个表述的谋篇布局。应该说，任何知识的建构和公开化过程都离不开反映特定概念、理论、证据、模型、数据等的话语内容，以及反映特定表达意图和功能的，体现叙述性、疑问性、设问性、修辞性、概括性等特征的话语形式。所以，话语体现了个体建构知识时特定的社会背景、规则和期待，是个体认识论资源的呈现形式。不仅如此，个体的认识论资源还是在话语中得以塑造完成的。这是因为个体对不同形式话语的理解和分析能力，影响甚至决定了其对知识的判断和评估，进而促使其激活或建立恰当的认识论资源。例如，当个体在接收某些新的信息的时候，如果采取直接信任的态度，则说明其激活了"知识是可以直接传播的"这一认识论资源。相反，如果个体能从同一文本来源或不同文本来源中找出多重观点，详细分析其话语表达的支持立场或对立立场，就可以调动起个体分析观点和评判观点的持续认知冲突和动机，建立充足的思考空间，围绕"知识是否可以直接传播"建立更为恰切的认识论资源网络。

综上，要试图理解学生建构知识的过程，就必须要让学生有充分地展现话语的机会。对话教学是一种能够充分激发学生话语表达的教学方式。在对话的过程中，学生可以将自己对知识本质、价值、建构过程、应用方式等的理解充分表达出来，从而有利于教师了解、分析学生的认识论发展水平。尼尔·默瑟（Neil Mercer）曾将对话分为三种类型，即累积性对话（cumulative talk）、争论性对话（disputational talk）和探索性对话（exploratory talk）。累积性对话是不具批判性、不具竞争性的对话，对话者致力于在他人的基础上进行话语建构，达成共识。争论性对话在本质上是竞争性、挑战性的，在对话中各种观点都有可能被强调，都要通过对抗、对立而保证其独立性。探索性对话则要呈现出多个观点，同时还要对各个观点进行有建设性的讨论和评判。[1] 可见，在实施对话教学时，教师不但应该让学生善于叙述、表达自己的观点，还应该让学生参与争论性、探索性的对话，让他们一方面在接受他人观点或看法的过程中及时做出甄别、判断和评价，另一方面基于他人的观点实现对自己的认识论资源的反思和重构，对自己理解、建构、信任知识的过程进行再权衡。

---

[1] Mercer N. *Words and Minds: How We Use Language to Think Together*. London: Routledge, 2000.

# 第三部分 深度教学的理论探微

# 人工智能背景下的认识主体与主体性培育

伍远岳

主体性问题是哲学的核心问题,也是教育的根本问题,人的主体性是教育追求的重要目标。自20世纪80年代以来,主体性教育思想与实践对我国基础教育领域产生了广泛的影响,在很大程度上改变了我国基础教育中主体遮蔽的现状,也为我国基础教育发展指明了方向。在新的时代背景下,主体性教育仍然具有强大的生命力,其对教育实践仍将发挥重要的影响力。当前,人工智能的发展正在对教育产生越来越大的影响,甚至在一定程度上改变了教育的形态。由此,我们需要思考,人作为认识主体与人工智能之间的关系究竟为何?人工智能是否具有作为认识主体的可能性?人工智能背景下个体主体性的内涵发生了什么变化?在人工智能背景下培养学生的主体性应该如何处理人与机器之间的关系?……只有明确了这些问题,才能明确人工智能背景下主体性发展与主体性培育的基本方向。

## 一、人工智能与认识主体的关系澄明

人工智能的发展,引发了研究者对人工智能与认识主体之间关系的广泛讨论,就当前而言,人的认识活动与人工智能之间还有着本质的区别,人仍然是认识活动的唯一主体,智能技术是作为认识主体的延伸而存在着。

### (一)认识活动和人工智能之间具有本质差异

"第一代认知科学主张:人的认识或智能活动的本质,就是对符号进行按照规则操作的过程,即按'形式规则'处理'信息',亦即对表征进行计算的过程。"[①] 这种对智能的狭义界定将人的认识活动等同于机器的活动,认为机

---

① 肖峰. 人工智能与认识主体新问题 [J]. 马克思主义与现实, 2020 (4).

器也是认识主体。符号主义对智能的理解难以有效地解释人作为认识主体的认识活动和机器活动之间的本质区别。事实上，认识活动和人工智能之间有着本质的区别，而只有认识这些区别，才能从根本上澄清人工智能与认识主体之间的关系。从来源上说，人的认识活动来源于实践，实践活动是认识的来源，个体通过获取直接经验和间接经验两大途径而获得认识，从而生成自己的本质，获得认识主体地位；人工智能则是通过形式化、模型化的算法来运行的，而算法是由人来进行设计的。因此，从根本上说，人工智能的"智能"来源于人。从对象上来说，人的认识活动对象既包括客观的物理世界，也包括主观的自我世界，个体通过与客观世界和主观世界的交互进而形成认识；而"人工智能以数据作为其信息处理的'原料'……类比于人的认识，这里的数据原料就相当于认识对象"①，即人工智能的活动对象是以虚拟形式存在的数据。从特点来看，人的认识活动具有多重辩证属性，如理性与非理性，科学性与人文性，生物性与社会性、客观性与主观性，以及文化性、情感性、价值性、意义性；人工智能的机器活动仅仅具有理性与一定的科学性，而无法表现非理性的因素。"人类是理性与感性的集合体，如果说理性包含了经验归纳和逻辑推理易于被人工智能技术所识别，那么至少在感性认知上，人类所具备的情感要素是人工智能难以企及的，也是人类区别于智能机器的一个关键特质。"② 而从表现形式来看，人类认识活动可以表现出多种形式并转化为一定的行为，而人工智能更多是通过逻辑和形式表现出来，"人工智能的语言和符号是逻辑的、形式的，而作为人类心理工具表征的语言、符号是一个有机的系统，它扎根于人类文化，并成为人格中不可或缺的部分，它能以身体的认知为起点，逐步发展出神话的认知、浪漫的认知、哲学的认知和批判的认知"③。综上，人的认识活动与人工智能之间有着本质的区别，机器能够执行人的部分活动，但无法替代作为认识主体的人的活动，人工智能不

---

① 肖峰. 人工智能与认识论新问题［J］. 西北师大学报（社会科学版），2020（5）.
② 李海峰，缪文升. 挑战与应对：人工智能时代高校应重视价值判断教育［J］. 中国电化教育，2020（2）.
③ 张务农. 人工智能时代教育哲学"技术理论"问题的生成及论域［J］. 电化教育研究，2019（5）.

具备作为认识主体的可能性。

**（二）人工智能不具有作为认识主体的属人性**

作为认识主体的人具有如下几个基本特征：自然性、社会性与意识性。人在客观自然中存在，也在由人所结成的社会及其活动中存在，人进而具有自然人和社会人的双重本质，这是人成为认识主体的前提条件。同时，作为认识主体的人还具有意识性，作为认识与活动的主体，人的活动是在一定的意识支配下进行的，具有明确的目的性。这说明了人作为认识主体是具有属人性的，属人性亦称自为性，"'自为性'是与'自在性'相对立的，人为自己建构了主客体结构，形成了'万物皆为我'的主客体结构。主体在与客体的关系中有'为我'的倾向"[①]。属人性是人作为认识主体的根本属性，而人工智能在"属人性"上是难以成立的。一方面，人工智能无法建立与其"认识对象"之间的"为我"关系，甚至可以说，人工智能的活动是"为他"的，是为人有意识的自主性活动服务的，人是唯一具有智能的自为体，而"技术的使用必然是与使用者的使用目的相契合的，而技术的使用目的无非是达致使用者所追求的价值结果，即使是最尖端的技术，处理的也只是物质层面的东西而已，教育活动中人工智能技术之使用也同样如此"[②]。另一方面，人工智能不具有人作为认识主体的具身性，"身体是人类与人工智能之间最明显的区别。对人类而言，身体是认识事物的基础，人类通过身体的感知与外界建立深度联系，获得生命的意义感"[③]，人工智能无法形成类似于人的具身体验和相关认识活动，只是对虚拟数据符号的表征，而虚拟的数据符号表征是与意义无关的，"因而，德雷福斯从海德格尔的此在现象学出发，批判了传统人工智能的表征主义症结，他认为人工智能只能实现可表征的、形式化的活动，

---

① 任小琴. 一分为二，一分为三，还是一分为多——论哲学上的自在性与自为性[J]. 湖南医科大学学报（社会科学版），2009（6）.

② 李海峰，缪文升. 挑战与应对：人工智能时代高校应重视价值判断教育[J]. 中国电化教育，2020（2）.

③ 刘磊，刘瑞. 人工智能时代的教师角色转变：困境与突围——基于海德格尔技术哲学视角[J]. 开放教育研究，2020（3）.

而人类真正的智能是身体性的、无法表征"①。最后，人类的大脑经过进化，能够成为很好的学习者，通过抽象概念的学习，理解因果关系，进行价值判断，能从少量经验中学到更多的东西，每个人都是唯一的生命体，"与世界中的每一在者，每一生命的每一实在关系皆是唯一的"②，但机器是可以批量生产和复制的，不同的机器运用同样的算法可以从事相同的功能性活动。因为属人性的缺失，人工智能就无法拥有属人的情感、思想和意志，虽然AlphaGo击败了世界围棋冠军，"然而获胜后的机器人却无法体会到胜利的喜悦，因为机器人没有人所独有的情感和意识"③。随着技术的发展，人工智能技术可以在一定程度上识别人的情感，但对人的情感的识别和真实的情感体验是有着本质区别的。

### （三）人工智能作为认识主体的延伸而存在

在人工智能和认识主体的关系上，人工智能只能作为认识主体的延伸而存在，"技术环境下的学习终究是一种旁观者知识模式，知识经过预设并在机器终端直接呈现出来"④。人工智能是人类智能的延伸，扮演着人类"智能帮手"的角色，人们借助人工智能技术来代替或放大人的身体功能，如计算机视觉技术延伸人的视觉，语言识别技术延伸人的听觉，海量数据的分析处理延伸人的思维，然而，人工智能技术对视觉、听觉和思维的延伸都是不带感情的，只是在完成算法设定好的视觉、语言或信息处理过程，即"人工智能技术便是在试图延伸人的功能，其特定的意向结构反映的是预先设计好的一些内容"⑤。人工智能作为认识主体的延伸，有着重要的价值，能够突破人类

---

① 孙田琳子，沈书生. 论人工智能的教育尺度——来自德雷福斯的现象学反思[J]. 中国电化教育，2019（11）.
② [德]马丁·布伯. 我与你[M]. 陈维纲，译. 北京：生活·读书·新知三联书店，2002.
③ 孙婧，骆婧雅，王颖. 人工智能时代反思教学的本质——基于批判教学的视角[J]. 中国电化教育，2020（6）.
④ 刘丙利，胡钦晓. 人工智能时代的教育寻求[J]. 中国电化教育，2020（7）.
⑤ 李芒，张华阳. 对人工智能在教育中应用的批判与主张[J]. 电化教育研究，2020（3）.

在认识活动中的一些缺陷与不足，提高人处理一些机械重复性劳动的效率，增强人对已有知识和数据进行收集、加工和处理的精确性和有效性，进而丰富人对客观世界的认识。同时，人工智能作为认识主体的延伸，也能深化个体对自我世界的认识，智能机器能够为个体认识自我提供数据和证据的支撑，进而帮助个体认识自己的长处和不足，加深对自我的理解。总之，人工智能能够拓展人类认识活动的深度与广度。然而，人工智能作为认识主体的延伸，需要在主体价值观的引导下开展活动，需要满足个体的需要和意志，而不能任由技术来改变作为认识主体的基本属性，"我们应该清醒地意识到人工智能是人类智能的延伸而并非完全取代，冰冷的智能技术没有'人'的社会属性和社会关系，更没有道德、情感、精神等人类特性"[1]，这是人类利用信息技术来拓展自身认识活动需要明确的。

## 二、人工智能赋予个体主体性新的内涵

不可否认，人工智能正在改变并将继续改变教育，在人工智能背景下，因虚拟技术、大数据、人机交互和机器算法的存在，个体主体性的社会性、选择性、能动性与创造性也发生了一定的变化，赋予了个体主体性新的内涵。

### （一）现实与虚拟融合的社会性

人是社会的动物，人既不能脱离社会而孤立地存在，也不能超越社会而存在，社会性是人的本质，也是人的主体性不可或缺的基本特征，"社会性是主体性的根源、基础"[2]。一方面，人的主体性是在社会情境中，通过社会实践活动而逐渐发展起来的，个体在社会中的实践活动是对象性的活动，对象性的实践活动是现实个人的存在方式，也是个体主体性的存在依据。另一方面，人的主体性因人在与他人及社会发生关系时而发挥作用，"社会本身，即

---

[1] 孙田琳子，沈书生. 论人工智能的教育尺度——来自德雷福斯的现象学反思[J]. 中国电化教育，2019（11）.

[2] 王道俊，郭文安. 关于主体教育思想的思考[J]. 教育研究，1992（11）.

处于社会关系中的人本身"[①]，社会中的人除了具有固有的生物属性，当个体与他人、社会发生关系，也就具有了关系属性，个体在认识、理解、参与和处理各种社会关系时，其主体性得以体现出来并作用于一定的对象，即人的主体性通过社会关系发挥作用。再一方面，人的主体性的性质由个人所处社会的政治、经济、文化和价值观而决定，社会发展制约着人主体性的力量与方向。

作为人主体性根源与基础的社会性，并不是抽象的，而是具体的，不是固定不变的，而是随着特定社会历史而不断发生变化。人工智能的发展，实现了虚拟与现实的融合，也丰富了个人主体性的社会性意蕴。虚拟与现实的融合改变了社会的分工，在现实生活中，社会分工主要是指不同领域、行业的分工，而人工智能所创造的虚拟社会实质上也是数字化的人类社会，是现实的镜像，社会分工在虚拟社会中同样存在着，虚拟社会中的社会分工是真实社会中分工的延伸，人工智能拓展了分工的领域，也延展了个人主体性的社会性范围。同时，现实与虚拟的融合实现了线下生活的网络延伸和线上生活的现实体验，为人的社会性发展创造了更为广阔的链接纽带，进而丰富了个人在社会生活中形成的各种交往关系，即个体在虚拟社会中因交互活动而形成虚拟的社会关系，虚拟的社会关系与真实的社会关系共同构成了个人社会性得以存在和发挥作用的条件。最后，虚拟和现实的融合也推动着个体社会生活实践的创新。从实践对象上来说，个体不再仅仅围绕着一定的物质、工具来进行改造客观世界的活动，数字、信息符号成了实践的对象；从实践情境来说，虚拟社会中的社会实践突破了物理空间和工具的限制，个体在互联网、现代通讯技术营造的虚拟空间中开展实践活动，如信息传播、虚拟实验；从实践特征来看，虚拟社会中的社会实践虽具有现实中社会实践的一般品格，如交往互动性，但虚拟社会中的实践活动更具有双向对象化、主体建构性等特征。虚拟与现实融合的社会性，既拓展了个体社会性的内涵与范围，也创新了个体社会性的具体表达方式。

---

[①] 马克思，恩格斯. 马克思恩格斯全集（第46卷下）[M]. 中共中央马克思恩格斯列宁斯大林著作编译局，编译. 北京：人民出版社，1979.

### (二) 海量数据支撑下的选择性

人的对象性活动是以对象性关系为前提的，而在对象性关系的形成和确立过程中，个体对客观对象的选择发挥着重要作用，由此使得选择性成为个体与客观对象之间的一种特殊关系，也是个体主体性的重要体现。个体对客观对象的选择规定着什么样的客体及其方面将被主体所认识或实践，从此决定着个体认识活动和实践活动的方向，而个体的认识活动和实践活动是个体主体性形成的重要途径，即主体是经过对客体（对象）的选择而形成和发展主体性的。学生在教育活动中的选择性，主要包括认识活动的选择性和实践活动的选择性两个方面，认识的选择性"最充分地体现在对客体、认识手段、工具和方法的选择上"[①]，而实践活动的选择性主要表现为对实践内容、实践过程、实践方式等方面的选择上。

学生主体选择性的彰显需要满足如下两个方面的条件，"一是要适应学生的认识和实践能力，二是能满足学生个体的主体需要"[②]。在人工智能时代，技术的发展为学生选择性的彰显创造了更优越的条件，这集中表现为海量数据为学生选择性提供了支撑。海量数据，又指大数据，是指"规模巨大到无法通过现有数据库工具在合理时间内获取、存储、管理、处理和整理的数据集"[③]。大数据是信息技术革命与经济社会活动相互碰撞和交融的产物。当前，教育大数据正推动着教育智能化不断走向深入，为学生提供更为多元和个性化的选择。一方面，大数据为学生认识自己提供支撑，学生的选择要适应学生的认识和实践能力，而教育大数据能为学生全面、深入地了解自己提供数据支撑，通过采集、分析和处理学习者全流程的学习行为和学习过程事实状态的大数据，可以对学习者的知识能力进行精确诊断，既包括对学生知识水平的诊断，也能够明确学生情感感知和实践方式偏好，进而为学生基于自身

---

[①] 陈文江，何云峰. 论认识的选择性和实践的选择性及其相互关系[J]. 长白学刊，2000（2）.
[②] 张天宝. 主体性教育[M]. 北京：教育科学出版社，1999.
[③] 沈阳，田浩，曾海军. 大数据时代的教育：若干认识与思考——访中国科学院院士梅宏教授[J]. 电化教育研究，2020（7）.

真实情况进行选择提供事实和数据支撑，提高选择的适应性。另一方面，教育大数据为学生提供真正满足个体需要的个性化学习，增强学生选择的个性化。大数据驱动下的个性化学习是人工智能时代的主流学习方式，个性化选择实质上体现了学生在学习中选择的个性化，大数据能够为个体的学习选择提供个性化的学习资源、自适应的学习模式，通过算法匹配进而为学生选择个性化的学习路径，体现教育的个性化与灵活性。另外，通过对教育大数据的分析处理，能够发现诸多新的、之前未曾发现的相关关系，通过事物的数据化能够对学生的选择结果进行精准的预测，提高选择的科学性，"这一方面是因为它所拥有的数据更为全面，另一方面也是因为它对数据的处理能力空前提高"[1]。在海量数据的支撑下，学生的选择性将更加具有适宜性和个性化，同时提高选择的科学性和有效性。

### （三）人机交互背景下的能动性

能动性，亦称自觉能动性或主观能动性，是指"主体在对象性关系中，自觉、积极、主动地认识客体和改造客体，而不是被动地、消极地进行认识和实践活动"[2]，能动性是人类特有的能力与活动，是人区别于动物的重要表现，也是主体性的基本特征。人类在长期的劳动中，对外界或内部的刺激或影响作出积极、有选择的反应，实现自身思维与认识对象或实践对象的结合，进而主动、自觉、有目的地反作用于外部世界。主体的能动性在个体的对象性活动中体现出来，包括主动、积极地作用于认识客体所提供的信息，以及在实践过程中的计划、管理组织和调控。

人机交互主要处理的是人、机器之间的关系及相互作用的问题。新一代的人机交互主要有语音识别、触摸屏、手势识别、眼动追踪、触觉和脑机接口几种类型，能够为学习者提供接近自然的交流形式，提升学习的参与感，

---

[1] 陈志伟. 大数据方法论的新特征及其哲学反思 [J]. 湖南师范大学社会科学学报，2020（1）.

[2] 张天宝. 主体性教育 [M]. 北京：教育科学出版社，1999.

而多通道的输入也为适应性学习和泛在学习提供了可能。[1] 人机交互架通了生理、认知和心理的桥梁，而个体能动性的形成与发展亦与其生理、心理和认知密切相关，因此，人机交互背景下的个体能动性亦具有了新的内涵。从能动性得以形成的对象性活动来说，人机交互使得主体的对象性活动更加情景化、多元化和智能化，其良好的交互性、多通道感知和兼容便捷性能够帮助个体更好地感知外部世界，并为个体提供针对性的信息，帮助个体克服障碍以更好地改造客观世界；就个体的学习而言，"计算机对学习者在学习过程中的脑电信号进行监测与识别，从而调控学习行为，可促进有效学习"[2]。从能动性的特征来说，人机交互运用设备和技术能够精准地明确个体的个性化需求，并通过算法为个性化需求的满足提供多渠道的信息，其目的性更强，目的的实现也更为高效；同时，个体的能动性本身具有超前性，而人机交互为个体对活动过程、结果、成效的超前思考提供了更多的支撑，使得人的超前思考建立在可靠信息与证据的基础上；人机交互背景下的能动性还具有过程可控的特征，如脑机对接是"是一种不依赖于外周神经和肌肉组织，以一定的交互方式来完成大脑与计算机之间通信的信息交换技术"[3]，及时的信息交换能够帮助主体及时纠正活动过程中存在的问题，"脑机交互的信号监测与表征学习状态，目前在关注和提升学习者注意力、自我效能感、态度和理解力方面，已经显示出了一定可能性"[4]。人机交互已经逐渐发展成一个双学习系统，极大地增强了人的认知力，同时其智能技术的发展也增强了个体的内驱力，这都促进了个体能动性的发展。

---

[1] 徐振国，陈秋惠，张冠文. 新一代人机交互：自然用户界面的现状、类型与教育应用探究［J］. 远程教育杂志，2018（4）.

[2] 胡航，李雅馨，曹一凡，赵秋华，郎启鹅. 脑机交互促进学习有效发生的路径及实验研究［J］. 远程教育杂志，2019（9）.

[3] Wolpaw J. R., Birbaumer N., Heetderks W. J., Mc Farland D. J., Peck-ham P. H., Schalk G., Donchin E., Quatrano L. A., Robinson C. J., Vaughan T. M., Brain-computer Interface Technology: A Review of the First International Meeting. *IEEE Transactions on Rehabilitation Engineering*, 2000（2）.

[4] 胡航，李雅馨，曹一凡，赵秋华，郎启鹅. 脑机交互促进学习有效发生的路径及实验研究［J］. 远程教育杂志，2019（9）.

**(四) 高效算法驱动下的创造性**

创造是人类所特有的本质，也是人之所以高于其他生命体的重要标志。创造性"是以探索和求新为特征的，它是个人主体性的最高表现和最高层次，是人之主体性的灵魂"①，因此，创造性是人的主体性的本质特征，是主体能动性发展的高度表现。主体的创造性既表现为对外部事物的超越，也表现为对自身的超越。在教育中，学生的创造性与人类一般的创造性有所差异，其创造性不限于首创前所未有的新知识、新见解，而更多地表现为想象力的形成和创造性思维的培育，以及学生对知识的灵活运用及创造性地解决问题，"创造性这个概念不仅与学生的学习活动及结果相联系，更重要的是指向学生主体的品质、特征和属性"②。

在当前，研究者对"人工智能还不具有创造性"这个观点基本上已经达成共识，尽管阿尔法狗"战胜"了世界围棋冠军，但其关键是作为人工智能技术核心的算法在起作用，而"算法的思维层面创新仍旧是人的思维创新"③。在强人工智能时代到来之前，人工智能是不具有创造性的，但不可否认的是，人工智能的算法技术却为人的创造性发挥提供了条件。算法实质上是一系列逻辑规则，代表着用系统方法描述解决问题的策略机制，"人工智能各种算法模型的本质是对真实世界的抽象"④，因此，算法本身遵循着逻辑推演的基本规则，能够促进个体创造性的发挥。第一，算法能够提高学生对科学知识的使用效率，通过运用复杂的算法，能够将学生将要学习的科学知识以最佳的方式呈现给学生，并为学生的学习提供最优化的路径；另一方面，多元的算法能够提升学生创造的变通性和独特性，进而帮助学生举一反三、触类旁通，用新的角度和观点分析问题，用新的方式和模式解决问题；再一方面，高效的算法能够帮助学生验证其研究问题和假设，通过具有确切性算法的操作，

---

① 张天宝. 主体性教育 [M]. 北京：教育科学出版社，1999.
② 张天宝. 主体性教育 [M]. 北京：教育科学出版社，1999.
③ 李芒，张华阳. 对人工智能在教育中应用的批判与主张 [J]. 电化教育研究，2020 (3).
④ 杨欣. 人工智能"智化"教育的内涵、途径和策略 [J]. 中国电化教育，2020 (3).

能够快速地对学生的研究问题和假设予以验证,进而提高学生创造的效率。最后,算法能够帮助学生避免创造活动中的重复性劳动,因为算法具有可行性,算法的每一步都可以被分解为基本的可执行的操作步骤,明确的操作步骤能够避免重复性,进而为学生开展多种创造性尝试提供可能。

### 三、人工智能背景下的学生主体性培育

人工智能不具有作为认识主体的可能性,但对于人的主体发展有着重要的辅助作用,我们需要进一步深化认识本质的研究,形成人机之间的合理分工,同时需要保持人对技术的超主体地位,在教育活动中加强价值教育与意义教育,这是对人工智能背景下培育学生主体性的基本要求。

**(一)深化认识本质研究,明晰技术支持下人的认识本质和机制**

认识活动是人类特有的活动,认识的本质是认识活动质的规定性。关于人的认识本质,不同的领域和理论流派都提出了各种各样的观点丰富对认识本质的认知,马克思主义从认识与实践的具体历史统一的关系出发,认为认识的本质是主体在实践基础上或通过实践对客体的能动的、创造性的反映;认知心理学将人看成是一个信息加工者,认识是符号表征与信息加工的结果;行为主义心理学认为认识是刺激—反应之间的联结;建构主义则认为认识是主体在思维中对客体信息的重构。

在人工智能背景下,人的认识及认识活动受到多方面的挑战,人作为认识主体的含义也在一定程度上产生了新的变化,认识主体的属人性受到一定的质疑,因此,在人工智能背景下培育学生的主体性,实践主体性教育,需要进一步深化对人的认识本质的研究,明确技术支持下的人的认识本质和人的认识发生机制。一方面,深化人作为认识主体的属性研究,当前,"人工智能的出现使认识主体的属人性这一特征或'人是唯一的认识主体'这一信念受到了极大的冲击甚至挑战"[1],机器是否可以作为认识主体和人一样进行认识活动?人是不是唯一的认识主体?……这些问题都需要进一步研究和明确。

---

[1] 肖峰. 人工智能与认识主体新问题[J]. 马克思主义与现实,2020(4).

另一方面，深化对认识对象的研究，除了客观的现实世界，虚拟的数据是否能够成为认识的对象？再一方面，深化对认识过程的认识，即在信息技术的支撑下，人的认识是如何发生的？认识发生的机制是什么？算法、算力和数据能够对人的认识活动创造什么条件？有可能造成什么影响？最后，深化对认识目的的研究，在信息技术的支撑下，如何处理人的认识活动的工具性与目的性的关系？只有对如上一些问题进行清晰的回答，才能真正明确在技术支撑下人的认识活动的性质与特点，也才能明确信息技术背景下学生主体性培育的实践方向。

### （二）明确边界和限度，形成符合人的价值和目的的教育分工

在人工智能技术的支撑下，人的认识活动发生了一定的变化，但不可否认的是，在当前，人工智能所进行的类似认知的活动实质上并非真正意义的认识活动，因为人工智能的算法仍然是人的认知和思维的体现，技术只是在执行操作，"体现着人类主体地位和根本价值的价值判断依然属于人类本身"[1]。也就是说，人的活动和机器活动之间仍存在着实质的区别，有着一定的边界；同时，人的活动和机器活动又有着各自不同的限度，如作为主体的人的活动具有目的性和情感性，而机器活动具有工具性和手段性，在信息的搜集、分析和处理上，机器具有人远不可及的高效率，但机器与其所进行的操作之间无法建立起一定的意义关联和价值关联，"人是理性动物，同时也是情感动物，有爱有恨，会伤心会快乐，会追求使命，会寻求意义，而人工智能本质上是不理解情感和意义的"[2]。明确作为主体的人和机器（智能技术）之间的边界与限度，进而形成符合人的价值和目的的教育分工，是人工智能背景下培育学生主体性的必然要求。

合理的分工意味着让适合机器完成的事情交给机器完成，而适合人开展的活动由人去主宰，合理分工的基本原则是分工要符合人的价值与目的，让技术成为发展人的主体性的重要支撑而不是由技术主宰人的活动，凌驾于人

---

[1] 李海峰，缪文升. 挑战与应对：人工智能时代高校应重视价值判断教育 [J]. 中国电化教育，2020（2）.

[2] 王作冰. 人工智能时代的教育革命 [M]. 北京：北京联合出版公司，2017.

的主体之上。要形成符合人的价值与目的的合理分工，首先需要明确人的部分工作是可以被智能机器代替的，而且是必须代替的，但这种替代是局部替代，这是合理分工的基本前提。其次，需要明确"哪些认识任务可以更多地交由智能机器去做，哪些则需要留给人自己去做"这个基本问题，而要回答这个问题，则需要处理好人机之间的能力比较问题。机器在信息处理类工具性活动中具有独特的优势，而人在处理情感类、意义类和价值类等目的性智能活动中的作用是不可替代的，智能机器可以通过算法进行高效的数据处理，但算法的设计仍需要由人去完成。最后，要明确人作为认识主体仍然具有不可替代的作用，合理的分工应该以人的自由解放为目的，"人不断创造出新的技术来替代自己的功能，使自己摆脱充当工具和手段的地位，获得一种主体性的解放和自由，越来越多地实现'人是目的，不是手段'的境地"[1]，这是人工智能时代构建人机和谐关系的关键，由此才能实现人作为认识主体的智能和机器作为工具智能的和谐统一、动态平衡与角色互补，"人的类特征恰恰就是自由的自觉的活动"[2]。人也由此成为真正意义上的全面的主体，因此，这也是彰显人作为认识主体类特征的必然要求。

### （三）保持人对技术的超主体地位，培养学生的智能技术素养

随着人工智能技术进一步发展，当强人工智能时代来临，智能机器则具有了拥有自主意识的可能性，也就具有了主体地位的可能性。人类如何处理与强人工智能之间的关系，直接决定着人工智能背景下学生主体性培育的未来走向。无论是在当下弱人工智能时代抑或是在未来强人工智能时代，人应该始终保持对技术的价值主宰，即以价值可能性统摄技术可能性，以确立人对技术的超主体地位。由此，"技术在人的'存在'中充当了'代具'的角色，人们为了完善自身性能需要不断寻求新技术的存在，最终形成了融为一

---

[1] 肖峰. 人工智能与认识主体新问题[J]. 马克思主义与现实，2020（4）.
[2] 马克思，恩格斯. 马克思恩格斯全集（第42卷）[M]. 中共中央马克思恩格斯列宁斯大林著作编译局，编译. 北京：人民出版社，1982.

体的'人—技术'结构"①。

确立人对技术的超主体地位,并不是完全否认未来人工智能技术拥有主体地位的可能性,而是指人在处理与技术关系时的绝对主体地位的消解,超主体意味着以人的共同价值追求引领技术的发展,赋予技术以人文关怀,彰显技术的人文价值。在人工时代的教育中,我们"不可偏执技术的工具理性,将人的培养误解为器物的制造,而应寻求技术与情感、交流、点化等不确定性的融合,实现人工智能的工具理性与教育活动的价值理性之统一"②。而要保持人对技术的超主体地位,则需要注意培养学生的智能技术素养。学生的智能技术素养不仅仅是指对技术的掌握和应用,还包括智能技术知识、智能技术应用、智能技术态度、智能技术伦理的综合性素养。在以上四要素之中,智能技术知识是基础,是形成和应用智能技术的前提和条件;智能技术应用是目的,是学生利用人工智能技术分析与解决问题的重要体现;智能技术态度则是智能观念和意识的体现,是学生处理人与技术之间关系的关键;智能技术伦理是核心,体现了学生在与技术打交道时需遵循的伦理和道德规范,学生的智能技术应用都需要在一定的伦理和道德规范的约束下进行。学生的智能技术素养是人工智能时代的重要素养要求,只有培养学生的智能技术素养,才能真正处理好人与技术之间的关系,使智能技术在人的价值引领和伦理规范下良性地发展,促进人类的精神自由与解放,实现智能与生命的双和谐。

**(四)彰显人类认识主体的独特性,加强价值教育和意义教育**

在人工智能背景下,人作为认识主体的认识活动已经发生了一定的变化,但仍然保持着人类作为认识主体的独特性,根据马克思主义哲学的观点,人作为认识主体具有自然性和社会历史性的双重属性,同时还具有主观能动性。这就使得人类的认识活动既具有科学性,也具有人文性、情感性、意义性与

---

① 孙田琳子,沈书生. 论人工智能的教育尺度——来自德雷福斯的现象学反思[J]. 中国电化教育,2019(11).

② 张务农. 人工智能时代教育哲学"技术理论"问题的生成及论域[J]. 电化教育研究,2019(5).

价值性，这是人类认识主体独特性的重要体现。因此，在人工智能背景下，要培养学生的主体性，需要加强价值教育与意义教育，这是对人类认识主体性的回应，是人工智能背景下主体性培育的新发展，也是对当前基础教育阶段学生主体迷失问题的回应。

加强对学生的价值教育和意义教育对于人工智能背景下的学生主体性培育具有重要的价值。一方面，能够引导学生正确处理人与技术的关系，避免个体沦为技术的"奴役"和受到技术的束缚，避免人的异化和教育的异化；另一方面，加强价值教育和意义教育，能够避免人在与智能技术打交道时的价值迷失和意义失落，进而避免个体主体意识的缺失；最后，加强价值教育和意义教育能够帮助学生形成科学的智能技术应用的价值观，引导学生科学合理地使用技术，发挥技术的价值。在人工智能背景下加强价值观教育和意义教育，需要引导学生进行积极的价值理解与价值反思，进而形成学生与知识之间的价值关系和意义关联；需要引导学生回应自我，促进自我理解，提升自我认识，处理好知识世界、技术世界和自我世界的关系；需要回应文化，通过积极的文化反思和文化对话，形成文化自觉，在利用智能技术时以"文化自觉"的使命实现新的文化创造。加强价值教育和意义教育，实现学生的价值自觉与意义建构，是人工智能背景下实现人性教育、生命教育的关键。

# 论课程的社会育人功能及其条件

伍远岳　余　乐

深化基础教育育人体系变革，落实立德树人根本任务，需要发挥并实现课程的育人价值。课程作为学生所应学习的学科总和及其进程与安排，来源于社会，是社会意志和社会需求的体现；同时也反作用于社会，即主要是通过将学生培养成合格的社会主体来实现促进社会发展和改造的价值。人的本质并不是单个人所固有的抽象物，在其现实性上，它是一切社会关系的总和，[1] 而课程内在包含着多重交互性的社会关系，成为影响学生全面发展的重要因素，"社会关系实际上决定着一个人能够发展到什么程度"[2]。因此，课程承载了重要的社会育人功能，对深化育人方式改革、提高学生综合素质具有重要的现实意义。

## 一、课程的社会属性是课程社会育人的基础

课程是一定社会背景下的产物，具有鲜明的社会属性。其中，课程中的知识直接源于社会，课程情境是社会环境的具象化反映，活动设置也内在包含着丰富的实践性意义。正是由于多重因素的科学组合，课程才能真正成为传递社会经验的必要媒介，才能实现促进学生社会化发展的重要价值。因此，课程的社会属性是课程社会育人功能得以发挥的基础，主要包括坚实的知识基础、环境基础和实践基础。

---

[1] 中共中央马克思恩格斯列宁斯大林著作编译局. 马克思恩格斯选集（第一卷）[M]. 北京：人民出版社，1995.

[2] 马克思，恩格斯. 马克思恩格斯全集（第三卷）[M]. 中共中央马克思恩格斯列宁斯大林著作编译局，编译. 北京：人民出版社，1979.

**(一) 知识的社会性是课程社会育人的知识基础**

知识不是外在于主体的客观事实,而"是客观事物本质属性在人脑中的反映,是关于'物—我''你—我''我—我'关系的,知识内在地包含着人建立并处理社会关系的德性智慧"[①]。作为人类在长期生产生活中不断积累起来的认识成果,知识源于社会,依赖于一定的社会背景而存在,是社会环境的产物,当人与社会或环境进行交互时,知识建构便会发生;知识作用于社会,即知识是维系社会过程的必要手段,人们进行生产生活需要运用知识,知识的最终归宿是惠及社会。因此,知识与社会相连,是随着社会的发展而不断获得更新与修正,在本质上具有社会性。在各级各类课程中,语言、文字、图像等以知识为基础的客体是学生与社会沟通交往的重要媒介,是学生与社会相连的必要桥梁。一方面,作为人类传承下来的智慧结晶,知识承载着有关社会历史、社会结构等多元化内容,为学生的课程学习和形成正确的社会认知提供了丰富的现实材料。另一方面,知识的发展呈现动态性,在一定程度上能客观映射社会发展中所存在的多种现象和问题,有利于教育工作者有效解构现象背后的潜在意蕴,及时更新当前时代的育人要求,从而适时选择合理的育人目标。同时,这也能为学生进行社会性学习提供价值导向和多重选择,满足他们在不同时期、不同领域的学习需求。因此,知识的社会性是课程社会育人的知识基础,教育者应重视知识所具有的社会性教育意义。

**(二) 课程的情境性是课程社会育人的环境基础**

课程具有情境性,主要表现为"真实性"与"交互性"。第一,课程内容具有真实性。不论是课程知识的选择还是课程活动的设计,都始终坚持从实际出发、与时俱进,以真实问题为导向,并在一定程度上融入社会的主流意识、观念和规范等。第二,课程的情境性表现为关系的交互性,即课程中的知识传授和学习活动的开展,涉及师生、生生等多对主体在情境活动中的沟通交流和资源共享。课程的情境性反对学习资源与情境相脱离,主张课程学

---

① 郭元祥,吴宏. 论课程知识的本质属性及其教学表达[J]. 课程·教材·教法,2018 (8).

习与生活紧密相连，这既有利于促进学生的社会性学习，也对维护社会结构与秩序起到了关键作用。

课程的情境性为课程发挥社会育人功能提供了坚实的环境基础。首先，课程内容是真实的，对于学生而言是真正"可学"和"可用"的，使学生在学习过程中能结合生活经历或查阅相关资料，以有效理解所学内容，并逐渐学会灵活运用已学知识或技能进行社会实践。其次，由于交互性包含复杂的社会关系，依赖于一定的社会情境，所以在本质上蕴含着社会性教育价值，有助于学生通过与其他主体的思维碰撞与对话，逐渐提高自身的人际交往、情感交流、合作沟通的能力。再次，课程中的每一个情境都具有潜在的创造性，都是"个体引进新关系的资源"[①]，既为教与学提供了强有力的环境支撑，也促进了课程与社会的有效结合，让学生能在真实的情境中获得认知、情感等多方面发展，实现课程的社会育人目标。

**（三）课程的实践性是课程社会育人的实践基础**

随着基础教育课程改革逐步深化，课程的实践性日益凸显。在课程内容上，表现为课程逐渐打破枯燥的概念化理论学习，开始基于学生的身心发展规律、学习兴趣和经验，设置适合不同学段、不同水平学生的学习内容，有效增强了课程内容的可行性和实用性。此外，在课程实施方面，课程的实践性则表现为重视学生的行为参与，反对将学生看作"等待被灌输"的知识"容器"，一味地要求学生死记硬背和机械训练，提倡"做中学"，通过实验法、实习作业法、讨论法等多种方式来引导学生进行探究和参与，让学生在多元化的实践活动中形成多种能力。

课程所具有的实践性是促进学生全面发展的重要驱动力，课程不仅能通过多样化的知识内容、丰富的课程活动来激发学生的参与动机，使学生在具身学习中有效习得未来发展所必需的知识与技能，也能在一定程度上培养学生的创新意识与能力，让学生在操作性学习中充分发挥主动性和创造性，积

---

① [美]肯尼斯·J. 格根. 语境中的社会建构[M]. 郭慧玲，张颖，译. 北京：中国人民大学出版社，2011.

极思考、勇于探究。正如马克思指出"全部社会生活在本质上是实践的"[①]，这表明课程的实践性内在蕴含着丰富的社会价值，是课程社会育人的实践基础，即课程能有效融合学生的间接经验与直接经验，让学生在活动中学习，并在真正的参与性实践中缩短与社会的现实距离，逐渐丰富自身的实践经验，从而在持续的发展中成为社会所需的各类人才。

## 二、课程社会育人的价值内涵

课程的社会育人功能，是指通过将学生学习与社会实际生活紧密相连，从而实现社会对学生的发展功能，其价值主要体现为能推动知识学习的社会化、促进学生课程履历的有效生成和实现学生的社会自适应发展。

### (一) 支持知识学习的社会化过程

作为知识学习的重要途径，课程为学生提供了丰富的信息资源。首先，课程中的知识都是历经时代沉淀下来的人类智慧的结晶，具有社会性，在内容上属于一种社会存在和文化存在，并随着时代的发展而不断更新与完善，所以，学生能在课程中接触多种类型的社会知识，进而形成初步的社会认知。其次，由于知识学习不是学生对知识的简单占有和表层的符号学习，而应是学生与知识相遇、知识与客观世界相融的能动学习，所以，课程强调学习环境的真实性，提出"将知识与客观世界同时作为学习的客体"[②]，形成"学生－知识－客观世界"的三元学习观，促进学生突破表层符号认知，深入知识的逻辑形式，在与他人、环境的交互作用中不断丰富知识的社会性意义。再次，知识和概念都只有通过社会化运用才能得到充分的理解，通过运用不仅能改变使用者对世界的看法，同时又能适应其所处群体的特有的文化信念体

---

① 中共中央马克思恩格斯列宁斯大林著作编译局. 马克思恩格斯选集（第一卷）[M]. 北京：人民出版社，1995.
② 刘华. 学习观转型与教学变革深度推进 [J]. 全球教育展望，2011 (6).

系①，所以，课程为学生的知识学习创设的多元化社会实践活动，如布置手工作业、组织研学实践等，在一定程度上有利于强化个体学习与社会背景、社会现象、社会结构、社会问题间的充分关联度，促使学生真正灵活运用所学来进一步认识客观世界或解决现实社会问题，形成社会责任感和社会参与意识。

因此，从根本上说，知识学习本质上是社会学习，课程基于学生的认知发展规律引导学生逐步实现从明白何为知识、知识从何而来、作用所在，到懂得知识用在何处和如何运用的转变，促进了学生主动建立知识与客观世界的有机联系，使知识学习成为学生主体和客观世界之间相互作用的过程，成为不断彰显学生个体"人之所以为人"的社会本质，实现由自然主体向社会主体转化。有效的知识学习是课程社会育人功能的逻辑起点，是完善学生社会品格的必要途径，对学生深入认识客观世界具有重要价值，教育工作者应重视知识学习所具有的将学生与客观世界相连的纽带作用进一步巩固。

**（二）推动个体课程履历有效创生**

课程是包括一定的育人目标、学习内容、活动方式等多因素在内的复杂过程，过程性是课程的内在属性，尊重课程的过程属性，即是对学生主体的尊重、对学生学习过程的尊重。课程旨在推动学生形成丰富而充实的课程履历，即指"学生课程学习的过程和经历，是一种过程意义上学生学习某一门课程的任务性、程序性、规约性的成长经历"②。所以，在课程学习中，学生是"实际参与者"和"身体在场的人"，是处于发展中的个体，需要面对基本的学习任务、学习活动、学习方式等多方面内容。

具体而言，一方面，课程对学生课程履历生成的促进作用主要体现在丰富学生的学科经验。课程反对对象化的知识学习观，认为学习并非是对知识进行抽象、冰冷的信息加工，而是学生积极建构学习意义的过程，即在课程中，学生所面临的学习任务多以问题为导向，要求学生主动对已积累的原有

---

① 余胜泉. 从知识传递到认知建构，再到情境认知——三代移动学习的发展与展望[J]. 中国电化教育，2007（6）.

② 郭元祥，李炎清. 论学生课程履历及其规约[J]. 课程·教材·教法，2016（2）.

知识和经验进行同化或顺应，并通过实际的问题解决来建立知识之间的纵向和横向联系，实现个人经验的价值增值。另一方面，课程还有助于引导学生的学科思想建设和促进学科关键能力的发展。课程因过程而存在，具有生成性、复杂性和多维性，决定了课程不是简单线性的知识授受，而是学生与学习材料、学习情境、其他主体之间的多元交互过程。实际上，这种交流互动充满了提问、激疑、解答和探究，涉及不同个性、价值观、态度之间的碰撞与对话，具有鲜明的社会性和情境性，要求学生灵活运用操作学习、交往学习、探究学习等多种学习方式去进行逻辑性的表达与分析、批判性的观察与思考、反思性的推理与论证，从而主动达到不同学科下的多层学习目标要求。在过程体验中，学生不仅能通过学科课程正确的思想引领，进一步规范自己的价值观念和态度，也能逐步提高自身的逻辑思维、语言表达、人际交往等多方面能力。因此，学生课程履历的创造与生成是学生个体经验与过程相耦合的结果，对缩短学生与社会的距离和促进学生个体社会化发展具有重要价值。

**(三) 促进学生的社会自适应发展**

以互联网为代表的新一代信息技术与教学手段的结合，推动了课程的可持续发展与变革，虚拟融合、线上线下相通为师生提供了多元化的教育服务供给。由于学生个体的学习目标、学习方式、学习风格等存在不同，整体学习需求也会呈现明显差异，所以，课程的选择性和弹性得到显著增强，使课程中的教育服务逐渐由共性转变为个性，从而促进学生的自适应学习，即是一种实现学习者个性化学习的具体方法，更多的是数据导向型的，根据实时收集到的数据分析学习者的能力水平，并以此来推荐此时此刻最适合的学习材料（包括材料类型，如视频、文字等）和策略。[1]

在学习内容的选择上，课程对学生的自适应学习价值表现在逐渐突破了时间、空间和内容的局限，出现了不同类型的网课、录播课等线上课程，与线下授课相互补充，这种立体化学习网络既满足了学生"想学即可学""随时

---

[1] 郭朝晖，王楠，刘建设. 国内外自适应学习平台的现状分析研究 [J]. 电化教育研究，2016（4）.

随地皆可学""可以反复学"的学习需求,也有利于学生在了解自我、发现个人学习兴趣或潜能的基础上,通过选择适宜性学习内容来扩充知识面和提升技能,主动适应社会的发展需求。

此外,在知识的运用上,人工智能和大数据走进课程,为学生的知识迁移提供了便利,有助于促进学生强化学科关联、习得丰富知识并灵活运用于实际生活之中。因此,课程"不再是封闭的社会单元,而是通过网络汇聚,形成集体智慧聚变的节点,是一个充满活力、人性化和高度社会化的地方;不再是静态知识的仓库,而是开放的、流动的、社会性的、分布的、连接的智慧认知网络与个性化发展的空间"①,课程促进了学生更客观地去认识自己、认识他人和认识世界,有助于学生个体实现社会自适应发展,即提高学生的自主性、能动性和创造性,让学生更加重视将个人发展与社会发展相统一,并在积极的自我反思与主动适应中有效建构起个人意义世界和精神世界,从而真正成为社会有用之人。

### 三、课程社会育人功能的实现条件

基于前文对社会育人的基础和价值分析,要真正实现课程中的社会育人功能,需要通过合理运用社会性知识、交互性情境及实践性学习,为课程的建构提供契机,为真正实现课程的社会育人功能创造有力的内在条件。

#### (一)建构社会性知识,培育科学的社会认知

知识是学习的重要载体,学生社会认知的发展是"一个不断地利用认知机能获得社会知识,并逐渐将其内化以指导、调节自己行为反应的发展过程"②,它离不开课程中社会性知识的学习。所谓社会性知识,即指与社会息息相关的、能切实运用于社会的知识。社会性知识有两个特点:一是时间的动态性,指随着时代不断发展,社会各方面都会产生一定的变化,人们在此背景下会对原有的知识在形式、内容等方面进行持续地更新和丰富,如,原

---

① 余胜泉,王阿习."互联网+教育"的变革路径[J].中国电化教育,2016(10).
② 林崇德,张文新.认知发展与社会认知发展[J].心理发展与教育,1996(1).

来以文本形式呈现的知识转变为音频、视频、仿真程序等多种类型；二是空间的广延性，即课程中既包括显性的社会性知识，也包括隐性知识，并且不局限于某一学科或课堂之中，内容具有广泛性。

学生的社会性认知"不是简单地接受成人的观念，或记住现行社会的规则、规范，而是在了解它们的基础上作出自己的判断、抉择，形成自己的认识"[①]。所以，各类社会性知识只是课程为学生提供的"材料"，在一定程度上有助于促进学生个体形成正确的价值观念，作出科学的价值判断，通过真正内化知识来实现自我塑造。然而，"材料"不是强加给学生的认知任务，而是为了引起学生兴趣的客观事物，正如杜威所言"能使儿童乐于从事，并使活动始终如一地、连续地坚持下去，这种材料的作用就是它的兴趣"[②]。因此，对于课程中社会性知识的学习，不论是显性的知识内容，还是隐性的活动形式，都必须基于学生的现有能力和认知需求，严格遵循学生的身心发展规律，这样才能真正调动学生兴趣，促进学生主体和知识客体之间的融合，发挥课程的社会育人功能，为学生更好地融入实际社会生活奠定基础。

**（二）创设交互式情境，体验真实的社会情感**

建构主义强调情境的重要性，认为"学习总是与一定的社会文化背景即'情境'相联系的，在实际情境下进行学习，可以使学习者能利用自己原有认知结构中的有关经验去同化和索引当前学习到的新知识，从而赋予新知识以某种意义"[③]。课堂作为学生学习的重要场所，是一种交互性的情境资源，在形式上主要包括师生问答、小组合作等多种类型，在内容上涉及多元化知识的学习，在功能上则有利于培养学生的社会情感能力。但是，对于社会性知识的学习，仅将文本呈现给学生是远远不够的，只有在课程中设置真实场景，将需要掌握的社会性知识贯穿其中，学生才能通过身临其境的学习过程获得

---

① 郑三元，庞丽娟. 论社会性课程的功能、价值和目的 [J]. 课程·教材·教法，2001（7）.

② [美] 约翰·杜威. 民主主义与教育 [M]. 王承绪，译. 北京：人民教育出版社，2001.

③ 何克抗. 建构主义的教学模式、教学方法与教学设计 [J]. 北京师范大学学报（社会科学版），1997（5）.

真实的情感体验，产生社会参与动机。因此，教育工作者应重视资源整合和情境创设，关注交互性情境资源为课程发挥社会育人功能所提供的过程性条件作用。

为了合理设计课程情境，教师应重视跨学科的交流与合作，整合不同学科的课程情境资源，让学生充分了解多元化社会。具体而言，教师需要做好以下几方面的工作：首先，要熟知学情，学生是课程中的重要主体，教学要以学生为中心，教师只有清楚地了解学生的认知水平、学习习惯和学习方式等，才能选出适宜的社会性学习情境资源；其次，应明晰教法，交互性情境强调师生、生生等多方交流合作，教师需要基于所选资源进一步设计教法，在资源与教法的适切配合中推动学生的社会性学习；再次，教师作为课堂教学的主体，由于在社会经验、社会认知等方面强于学生，所以也应适时引导学生认识或辨别情境，帮助他们正确地融入其中，促进学生在过程中逐步加深对社会的理解。

### （三）开展实践性学习，增强社会行动参与

所谓实践性学习，是指"将学习置于具体的实践情境，强调学生的亲身体验，使学生通过观察性学习和参与性实践获得真实的学习体验，实现理论与实践的有效联通以及知识的建构与转化"[1]，主张建立学生与客观世界的联系，提倡将学生的学习与社会实践相结合。实践性学习具有多维价值，除了是一种体验式学习，更是一种反思性学习，强调学生在学习活动中进行主动总结与反思，认为"'实践'不仅仅是指'动手做''操作''干'，而是有着理性参与和价值关怀的实践，通过引导学生在实践体验的基础上对客观世界、自我世界进行理性反思，形成'物我'关系、'我你'关系和自我关系，丰富与改造经验，并通过反思觉醒自我、提升自我"[2]。

在课程中，实践性学习可以贯穿各学科教学，包括体验学习、探究学习、操作学习和交往学习等多元化形式，实践性学习是社会性学习的重要组成部分。为了增强学生的社会行动参与，真正实现"知行合一"，开展实践性学习

---

[1] 康淑敏. 基于学科素养培育的深度学习研究 [J]. 教育研究, 2016 (7).
[2] 伍远岳. 论学习的实践属性与实践性教学 [J]. 全球教育展望, 2015 (12).

时，教育工作者需要重视学生的过程投入，设计多种以实际问题为导向、操作性较强或具有创新性的活动来吸引学生积极参与，使学生在实践过程中加深知识理解、勇于探索和敢于创新，从而发展他们的逻辑思维并实现学习的意义建构。此外，正如怀特海所言，"整个宇宙就是一种面向新颖性的创造性进展"[1]，教育者不可忽视实践性学习所具有的发展性价值，即在开展多种形式的学习活动时，要密切联系社会实际，如基于新冠疫情，在劳动课中设计正确佩戴口罩、科学洗手等活动，真正将社会热点问题与课程相结合，引导学生在活动参与中积极进行自我监控、反思和改进，进而实现社会自适应发展。

育人，是指对受教育者进行德智体美劳等多方面的培养和教育，根本目的在于促进受教育者的全面发展。课程的社会育人功能着眼于学生综合素质的发展，对学生的主体性有更为全面的认识，即学生不仅是教育的主体，也是社会的主体。教育工作者应更加重视课程与社会的有效关联，推动学生逐步融入社会，实现个体社会化发展。

---

[1] ［英］阿尔弗雷德·诺斯·怀特海. 过程与实在：宇宙论研究［M］. 杨富斌，译. 北京：中国城市出版社，2003.

# 教师教育知识的增长方式

李桂英

2018年，中共中央、国务院发布《关于全面深化新时代教师队伍建设改革的意见》，指出要"全面提高教师的综合素质，造就党和人民满意的高素质专业化创新型教师队伍"①。教师综合素质的提升离不开教育知识的积淀。教育知识是教师开展教育教学活动必备的知识，是教师专业知识的重要组成部分。教师的教育知识关乎教师的教育理念和教学行为，同时影响着教育高质量的发展和教师队伍的建设。当前教育改革浪潮的呼声日益高涨，如何在激流勇进的改革浪潮中实现教师教育知识的持续发展，是教师教育领域面临的一大挑战。因此，关注教师教育知识的现状，促进教师教育知识的发展，提升教师专业知识素养，对于教师专业化发展和教师队伍的建设起着至关重要的作用。

## 一、教育知识的基本内涵

教育知识研究最早见于《教育知识学科称谓的演变：从"教学论"到"教理学"》一文，其中认为教育知识泛指教育领域的所有系统知识。② 其立足于教育活动系统，涵盖教育方方面面的认识。然而，对于教育活动的主体——教师而言，教育知识内涵不尽相同。陈向明教授认为教育知识是教师内心真正信奉的，在日常工作中"实际使用的理论"，支配着教师的思想与行

---

① 中共中央，国务院. 关于全面深化新时代教师队伍建设改革的意见 [EB/OL]. (2018—01—20) [2021—04—04]. http://www.moe.gov.cn/jyb_xxgk/moe_1777/moe_1778/201801/t20180131326144.html.

② 黄向阳. 教育知识学科称谓的演变：从"教学论"到"教理学"[J]. 华东师范大学学报（教育科学版），1996 (4).

为，体现在教师的教育教学行动中。①《中学教师专业标准（试行）解读》将教师的教育知识定义为："教师在从事教育教学过程中所具有的教育学和心理学知识。"②虽然教育知识内涵在不断发展和变化，但亦显示出共性所在。

第一，教育知识是关乎教育、为了教育的知识体系。教育知识以教育全领域为认识和研究对象，通过对教育事物的性质和教育现象的解释，揭示教育的本质和规律，形成科学的知识谱系。自教育产生后，教育知识经实践的总结与理论研究日益发展、成熟，形成科学的知识体系，服务于教育实践，并在教育实践的过程中生成、运用与完善。可以说，教育知识是在漫长历史进程中对教育不断研究和完善的认识成果。

第二，教育知识是教师知识结构的重要组成部分，是教师从事教育职业不可或缺的专业知识。教育知识会影响教师教育观念，调节教师教育行为，也是教师开展教育教学活动的基础。教师承担着教书育人的重任，必须具备扎实的知识。但教师不仅需要教育知识，也需要更广阔的知识储备。教师知识是教师具有的、从事教学实践活动所需具备的所有专业知识之和，包括教育理论知识、课程知识、学科知识和教学知识等在内的知识体系，涵盖教育知识，但不能把教育知识等同于教师应该具备的知识。

第三，教育知识不是单纯的教育学知识，它涵盖教育学、心理学、教学法等一系列的理论知识和实践知识，是复杂的知识群。虽然刘昌庆认为教育知识是有关人类对教育进行认识后所产生的结果，它经历了悠久的历史发展过程后，形成具有最高形式的体系化的教育学知识。③但作为一个独立的知识体系，教育知识与教育学知识有着本质的区别。教育知识往往流转在教育观念与教育行为之间，不只是存在于教科书中的理论知识，教师可以成为教育知识的发现者和构造者；教育学知识是教育专家将教育的认识提炼成体系化的知识，并以各种各样的专著、教材等形式呈现出来，在该过程中教师只是教育学知识的学习者和接受者。所以说，教育学知识是教育知识的冰山一角，

---

① 陈向明. 实践性知识：教师专业发展的知识基础［J］. 北京大学教育评论，2003（1）.
② 教育部教师工作司组. 中学教师专业标准（试行）解读［M］. 北京：北京师范大学出版社，2013.
③ 刘庆昌. 论教育知识发展的实质［J］. 教育理论与实践，2005（11）.

教育知识拥有更广泛的实践属性。

## 二、教育知识增长方式

教师的教育知识并非生来就有或者一成不变，而是有一个缓慢增长的积累过程。教师既可以从教育实践中积累教育知识，也可以通过自身的学习和日常的反思促进教育知识的增长。

### （一）教育知识与教育实践

从本质上说，教育知识是一种实践知识，是在教育实践中建构关于教育实践、又指向教育实践的知识。[1] 教育知识的草根性决定其逻辑起点为实践[2]，其生成过程也与人的教育实践活动息息相关。教育知识的生成基于两类实践：一是教育者基于自身的教育实践会不断建构新的教育知识，二是在漫长的教育实践中，已有的教育经验也在被不断地总结、提炼与更新。无论是站在前人的肩膀上获得的教育知识，还是在日常的生活经验中形成的教育知识，都是人类在认识和改造世界的过程中形成的，离不开人的主动参与。教育知识源于实践又走向教育实践，其形成和发展不能停留在书本文字的学习上，而需要聚焦教育实践，着眼具体的教育问题和教育情境，课化知识与实践之间的联系，通过透视教育现象走向背后的实践世界。

### （二）教育知识与教师学习

学习是教师获取和发展教育知识的重要方式。就学习性质而言，教师学习教育知识有两种方式：一是正式学习，即在正规的教育场所接受的系统学习，包括职前教育和职后进修。在组织化、结构化的环境下，教育知识具体化为教育学、心理学、教学法等相关教育类知识。教师通过系统学习获得教

---

[1] 任永泽. 教育实践工作者应该如何看待自己的教育知识 [J]. 国家教育行政学院学报, 2009 (1).

[2] 王安全. 教育理论与实践结合的自然性与自觉方式 [J]. 黑龙江高教研究, 2015 (5).

育知识和技能。二是非正式学习，是相对于正规学校教育或继续教育而言的，是教师基于现实需要和自身兴趣而自发产生的学习行为，包括教师个体独立学习和教师群体间交互学习。教师一般会通过阅读专业书籍、观摩课堂教学、向优秀教师和经验丰富的教师请教、与同事交流教育心得或参加学习共同体、读书会等形式有意识地获取教育知识。

### （三）教育知识与教师反思

教育知识源于教育活动中的实践理性，是教师在不断的"实践—反思"动态过程中思考和生成的知识。教师反思要从教师自身实践活动出发，通过对教育实践的深层反思与个人教育经验的体悟，将内隐的教育经验升华为实践智慧，通过外显化的形式呈现出来，最终成为教师的教育知识。教师可以通过行动研究和叙事研究反思日常教育实践。行动研究以教育实践者的实践问题为中心，强调置身于真实的教育环境，对所处的教育情境进行批判性反思，寻求问题解决之道。[1] 借由行动研究，教师可以不断地反思自身的教育知识，并在实践中检验、构建个人教育知识。叙事研究是对微观层面细小事件质的描述，阐述流动现象背后的事实。[2] 日常教育实践中，教师可以通过关注某种教育问题，有意识地以叙事研究发现其蕴含的教育知识，或是通过总结和反思自身教育实践，记录下有价值的教育事件，发现新教育问题，在反思中建构新教育知识。

## 三、教育知识增长方式的现状分析

在借鉴已有研究提出教师的教育知识构成基础上，笔者结合中小学教师专业标准，把教师的教育知识构成要素分为教学的知识、学科知识、关于学生的知识、关于教育目标、目的和价值以及其他必备的教育知识，并围绕这四个方面对在职教师的教育知识增长方式进行调查。本次研究采用问卷法，

---

[1] 赵昌木. 教师在行动研究中发展[J]. 山东师范大学学报（人文社会科学版），2005（4）.

[2] 张济洲. 走进教师日常生活的叙事研究[J]. 上海教育科研，2003（7）.

借鉴范良火教学知识问卷自编《教师教育知识增长方式问卷》，对来自广州大亚湾实验区学校的老师开展调查，以问卷星为载体发放调查问卷，共收集有效问卷 1358 份。调查对象涵盖语、数、外等各科教师，跨越不同的教师成长阶段，具有一定代表性。

## （一）教育知识增长现状

1. 不同类型的教育知识增长方式总体各有差异

一般而言，教育知识的增长方式包括职后进修、有组织的专业活动、阅读专业书籍、观摩学习、和同事的日常交流、自身教育经验与反思、钻研教科书和教学参考书以及撰写科研论文等。[①] 总体上看（见图 1），教师的教育知识增长的最重要方式是观摩学习、和同事的日常交流以及自身教育经验与反思，其次是钻研教科书和教学参考书、阅读专业书刊、职后进修、有组织的专业活动，撰写科研论文是不太重要的增长方式。由此可以看出，当前教师教育知识增长主要依赖于教师个人的教育经验和反思及同事交流，而职后进修、有组织的专业活动和科研等渠道未能被充分利用。

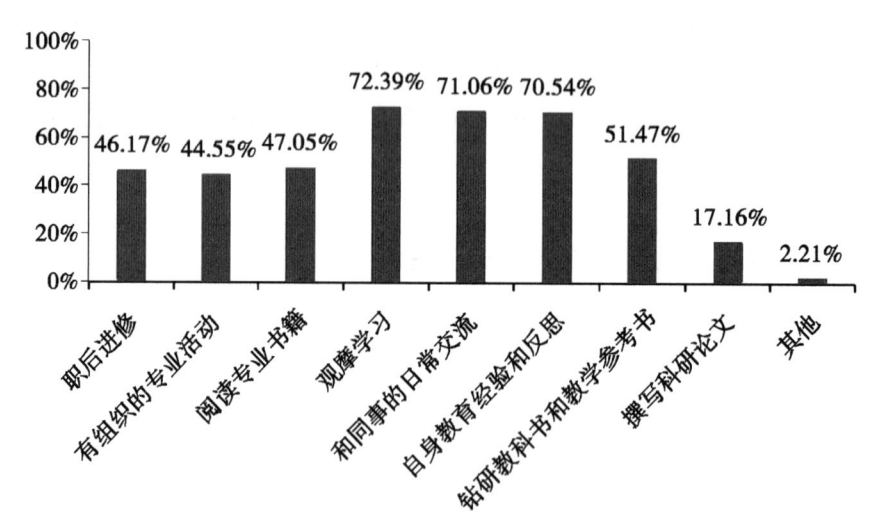

图 1　教师的教育知识增长方式现状

---

① 范良火. 教师教学知识发展研究 [M]. 上海：华东师范大学出版社，2003.

## 2. 不同职称教师的教育知识增长方式各有差异

**表 1　不同职称教师的教育知识增长方式（单位：人次）**

| 职称＼增长方式 | 职后进修 | 有组织的专业活动 | 阅读专业书籍 | 自身教育经验和反思 | 和同事的日常交流 | 观摩学习 | 钻研教科书和教学参考书 | 撰写科研论文 |
|---|---|---|---|---|---|---|---|---|
| 无职称 | 207 | 191 | 197 | 349 | 350 | 348 | 231 | 59 |
| 三级 | 9 | 10 | 12 | 20 | 19 | 18 | 13 | 2 |
| 二级 | 216 | 200 | 197 | 338 | 334 | 308 | 231 | 82 |
| 一级 | 161 | 163 | 187 | 229 | 218 | 233 | 183 | 68 |
| 高级 | 34 | 41 | 46 | 47 | 44 | 51 | 41 | 22 |
| 正高级 | 0 | 0 | 0 | 0 | 0 | 0 | 0 | 0 |

由表1可知，自身教育经验和反思、同事的日常交流及观摩学习是教师增长教育知识的普遍方式，在无职称教师和二级教师中体现较为明显；职后进修、钻研教科书和教学参考书对无职称教师和二级教师的教育知识增长比较重要，有组织的专业活动对二级教师的教育知识增长较为重要，阅读专业书籍则对无职称教师和二级教师的教育知识增长影响较大，撰写科研论文对二级教师和一级教师的教育知识增长影响也较大。

3. 四种教育知识的增长方式整体各有差异

基于教师感知各方式对四种教育知识增长的有用性，进而对各方式的有用性进行评价，评价等级从"很多（4）""有些（3）""很少（2）""没有（1）"四个等级，具体如表2所示。

**表 2　各增长方式对教育知识发展的有用性评价**

| 增长方式＼教育知识类型 | 教学的知识 | 学科知识 | 关于学生的知识 | 关于教育目标、目的和价值以及其他必备的教育知识 | 均值 |
|---|---|---|---|---|---|
| 职后进修 | 3.163 | 3.157 | 3.127 | 3.17 | 3.154 |
| 有组织的专业活动 | 3.214 | 3.241 | 3.197 | 3.262 | 3.229 |
| 阅读专业书籍 | 3.211 | 3.242 | 3.2 | 3.256 | 3.227 |

续表

| 教育知识类型<br>增长方式 | 教学的知识 | 学科知识 | 关于学生的知识 | 关于教育目标、目的和价值以及其他必备的教育知识 | 均值 |
|---|---|---|---|---|---|
| 自身教育经验与反思 | 3.325 | 3.337 | 3.315 | 3.367 | 3.336 |
| 和同事的日常交流 | 3.334 | 3.333 | 3.33 | 3.382 | 3.345 |
| 观摩学习 | 3.311 | 3.338 | 3.255 | 3.412 | 3.329 |
| 钻研教科书和教学参考书 | 3.24 | 3.267 | 3.176 | 3.303 | 3.247 |
| 撰写科研论文 | 2.959 | 2.968 | 2.929 | 2.949 | 2.951 |

依据教师对各增长方式所作的评价，获得教师评价的均值。① 从八种方式对教师知识增长有用性的均值排序来看，和同事的日常交流、自身教育经验与反思、观摩学习是四类教育知识的最重要增长方式；钻研教科书和教学参考书、有组织的专业活动和阅读专业书籍是教育知识增长的重要方式；对关于学生的知识重要性评价不如其他三类知识，而职后进修和撰写科研论文是教育知识较为不重要的增长方式。

### （二）影响教育知识增长的因素

在对教师进行开放性问卷分析中得出，教师的教育知识增长受到热爱、学习、专业积累、学习资源、管理制度等因素的影响。

#### 1. 热爱、学习是主要动力

教师缺乏对职业的热爱易造成职业倦怠，影响教师的教育理念和对学习的态度。造成教师职业倦怠的原因有很多，教师自身知识素养和能力不足，会产生不良的情绪，造成情绪衰竭而产生职业倦怠。此外，巨大的工作压力和教学之外的琐事也会使教师身心俱疲，丧失追求进步的动力，造成教师不思进取，固步自封。

---

① 注：在正式的问卷中采取四分量表计分，使用的序数量值为：4＝很多，3＝有些，2＝很少，1＝没用贡献。根据教师对各项选择所作评价从"很多"到"没有"依次给予4分、3分、2分、1分，算出各增长方式的平均值，这样可以比较清晰地区分每种方式的贡献程度大小。

积极主动的学习意愿是引发学习兴趣，促使学习者投入学习精力，保持高昂的学习热情以及持续地进行学习活动的重要保证。在研究中发现，如果教师主动学习意愿不高、不主动钻研教育教学问题，就无法总结教育教学实践的得失并把经验转化为教育知识指导教育活动，就不会重视教学研究的作用。因此，学习、自我反思与研究是知识增长不可或缺的方式，教师只有终身学习，时常反思才有可能与时俱进，否则教师只能墨守成规，停滞不前。

2. 专业知识积累和学习资源是重要保证

专业知识是教师进行教育教学必备的知识基础，也是实现教师专业发展的前提。教师专业知识薄弱，对教育理解不深，是阻碍教师教育知识增长的重要因素。研究发现，有的教师因为专业不对口或者缺乏教育知识的积累而陷入教学困境。教师囿于本专业的知识，容易形成知识壁垒，在无法系统地学习专业知识的情况下，教师的教育观念和教育视野也难免会局限于一方，阻碍教师的教育知识增长。

丰富多样的学习资源可以满足教师多样化的需求，促进教师专业知识的发展。反之，学校的学习资源配置不到位，譬如教师缺乏专业的书籍阅读，硬件设施配置不齐全会严重阻碍教师对教育知识资源的获取。教师参加专业培训是提升知识素养的有效途径，教师缺乏专业培训的机会和平台，难以利用外部的优质资源进行自身经验积累，实现经验的成果转化。此外，和同事之间的交流是教师最常见的知识增长方式，但交流渠道不畅通、资源不能共享阻碍了教师的交流和学习，致使教师积累知识资本的意识淡薄。

3. 学校管理制度是外部保障

学校的管理制度是影响教师的教育知识增长的一大因素。学校评价体系不合理，应试之风盛行，功利主义导向的教学观阻隔了教师积累知识的内在动力；教师管理制度不合理，教师在各种学科之间频繁流动增加了教育知识学习的难度，教师专业培训的匮乏和散落造成了学习资源的浪费；学校文化制度落后易忽视教师文化建设，教师难以形成普遍认同的教育核心价值观和教育理念，工作热情不高、"学习型学校"的特征不显著，教师的专业发展缺乏强劲的持续力。[1]

## 四、教育知识增长策略

教师的教育知识增长既受教师自身的影响，也有外部环境的影响，所以，教师的教育知识的增长需要教师个体持之以恒的奋斗，也需要学校等外部环境的支持和引领。

### （一）强化终身学习的意识，提高自主学习的能力

教师的教育知识是教师专业发展的知识基础，引领教师专业化发展的走向，教师应该树立终身学习的意识，提高自主学习的能力。作为终身学习者，教师要端正学习心态，树立终身学习的意识，形成终身学习的习惯。譬如，教师可以转变原有的学习观念，通过自我阅读、学历提升等方式增进知识积累，也可以组建学习共同体实现知识共享，在不断学习中提升和完善自我。终身学习要求人要适应信息爆炸的、新的社会环境而主动学习，自主学习能力的培养是形成终身学习能力的核心。[2] 因此，教师要树立自主学习的意识，通过制定明确而清晰的学习目标、合理有序的学习计划，监控和调节学习过程，提高自主学习能力。此外，通过自主学习与群体学习相结合的方式有意识地锻炼教师的学习能力、思维能力、合作能力和问题解决能力，在自主学习的基础上形成终身学习的能力。

### （二）增强职后培训的实效性，完善培训体系

要保证职后培训能够有效满足教师的知识需求，就应该增强培训的实效性，完善培训体系。

首先，充实培训内容。从培训内容角度看，职后培训应因人而异、因材施教，面向不同教师群体的学习需求，提供符合教师需求的培训内容。注重

---

[1] 张继华，蒋平，侯小兵. 学校管理制度的变革：实然之境与应然之策 [J]. 绵阳师范学院学报，2013（3）.

[2] 温国兴. 终身学习理念下自主学习能力的培养 [J]. 教育与职业，2013（14）.

培训内容的针对性，分层次、分学段、分学科对教师开展培训，培训的内容既可以是关于学生的知识，也可以是学科知识、教学知识和方法的培训，或者是教育理论知识的学习。

其次，优化培训方式。以理论讲授为主的培训方式占据主流，教师无法内化理论知识并用于实践指导，致使培训流于形式。坚持理论与实践相结合，把专家讲座、集中培训等院校培训与观摩优质课、教学现场点评、教研活动等校本培训结合起来，让高校专家走进学校，让一线优秀教师走上培训讲台现身说法，逐渐由专家主讲走向互动共享。[1] 同时，扩大教师交流的渠道和机会，灵活运用区域交流、校际交流、师师交流等方式构建学习网络，满足广大教师的多样需求。

最后，完善培训体系。教师在培训活动中处于被动接受的地位，无法自主选择培训的内容和方式，导致教师培训参与感不强、积极性不高。培训的真正价值在于促进教师的专业发展，所以要树立"尊重人、服务人、提高人"的现代培训理念，建立让受训者作出学习选择的培训机制。[2] 此外，也要增强培训的系统性和科学性，关注教师的实际水平，构建以长效需求为导向的职后培训体系，开展多领域、全方位、高层次的教师培训活动，使培训活动能够真正落实，惠及每一位教师。

**（三）营造良好的学习氛围，重视文化建设**

学校文化环境对教师文化建设的作用重大，良好的文化环境在无形中引导着教师自发地学习，在潜移默化地影响中形成共同的价值追求，自觉地响应"学习型学校"的号召。学校是提升教师知识结构和能力素养的重要场所，要营造良好的学习氛围，重视教师文化的建设，推动教师的可持续发展。

文化包括物质文化、制度文化和精神文化，学校文化建设可以从这三个维度展开。在物质文化建设方面，学校加大学习资源投入，为教师购买专业书刊、教育理论书籍、个人文化素养读物等，更新教师的知识观念和素养；完善基础设施，配备现代化的教育设备，提供教师学习的场所和空间，为教

---

[1] 郭维平. 小学教师专业成长与职后培训相关性研究［J］. 教育学术月刊，2011（8）.
[2] 郭维平. 小学教师专业成长与职后培训相关性研究［J］. 教育学术月刊，2011（8）.

师群体学习提供良好的物质保障。在制度文化建设方面，建立合理的职称评价，把教师从功利主义导向的教学中解放出来，促使教师更加关注自我素养的提升；完善教师管理制度，科学安排教师的岗位，大力鼓励教师跨学科合作，为教师提供交流的机会，实现群体间教育知识的共享；为教师减负，让教师回归教学本身，赋予教师更多的时间和精力反思、研究教育教学；在精神文化方面，激发教师提高文化资本积累的意识，鼓励教师参加各类学术培训来提升自身的科研能力和学术水平，为教师积累文化资本营造和谐的氛围，为教师终身学习打下良好基础。① 总之，学校要建设积极向上的教师文化，营造学习型学校，培养学习型教师，让教师在文化浸润中提升自我。

---

① 石万万，周雯晨. 论教师的文化资本：内涵价值、阻隔及策略 [J]. 太原城市职业技术学院学报，2021（2）.

# 教材二次开发的内容向度及其实践追求

李冰雪

教材研究作为教师教学实践的关键性预备工作,是实现课堂深度教学与学生学科核心素养培育的基础。厘清教材二次开发的本质内涵、内容向度以及实践追求是当前课程教学研究的时代课题,对课堂教学中知识育人功能的充分发挥具有重要理论意义。

## 一、教材二次开发的内涵及价值

教材是"教师进行教学的主要依据",也是"学生在学校学习的主要资源和工具"。[①] 教材作为一种课程资源,通过文本形式而呈现,但并不意味着教师的教与学生的学就止于文本。文本背后蕴藏着的思维方式、情感表达与价值观问题需要教师细细揣摩,其中映射的历史文化和时代意义也值得深度挖掘。

### (一)教材二次开发的内涵

教材的二次开发,是以课程标准与学生学情为依据,对教材隐含的促进学生发展的元素进行重组、拓展、延伸,并加以经验化和体验化的学习设计。"二次"强调的是在原有教材的基础上进行二度创造,是基于教材并超越教材的再次开发。来自于教育文件、课程标准、教材等的指导思想都具有"一般性、宽泛性和非确定性"的特点[②],课程的实施与发展需要以回归性反思为中介,在教材二次开发中寻求每一复杂教学情境中的确定性,从而加强师生与

---

① 王道俊,郭文安. 教育学 [M]. 北京:人民教育出版社,2016.
② [美] 小威廉·E. 多尔. 后现代课程观 [M]. 王红宇,译. 北京:教育科学出版社,2015.

教材的对话并提升教材与学生间的相互适应性，实现能够真正促进学生发展的教学。有学者经调查研究，依据教师对教科书的使用形式将其划分为教科书跟随者（textbook-follower）、教科书适应者（textbook-adapter）和教科书忽视者（textbook-ignorer）[①]，这体现了部分教师在教科书使用中存在的盲从、被动与怠慢问题，由此，教材二次开发的理念与实践也应运而生。教材的二次开发正是打破传统型教材观，通过教师与学生的主体性创造，依据课程标准对教材内容进行适度增删、调整等，以建构适应学生学习情境的知识体系。教材二次开发作为教师教学准备与教学设计环节中重要的手段支撑，为课程实施从实然课程向应然课程的优化转变提供了努力方向和基础保障。

从某种程度而言，教材二次开发是教师灵活处理教材与课程标准、学生学情以及课程理解间关系的过程。首先，课程标准作为教材编写的依据，也是教材二次开发的实践指南。充分理解课程标准并准确把握课标与教材的关联，明确教材在课堂教学中的角色定位，灵活优化教学内容并依据课程标准完善课程资源是教师进行教材二次开发时需要把握的基本问题。其次，学情是教材二次开发的基本依据。教材二次开发的所有可能都应以学情为前提，从尊重学习的主体性、关照学生的社会性及契合学生的发展性出发，实现从关注教材自身向关注教材与学生之间关系的转变。此外，教材二次开发是教师的课程理解在教学实践中的表现过程。教材观的建立主要来源于课程理解，教师的课程理解决定着教师在教材二次开发时对教材内容选择和教材结构设计的方式。总之，运用动态和发展的眼光来认识教材、关心学生和理解课程是进行教材二次开发的关键所在，如此才能真正触及教材的文化内涵、学生的独特个性与课堂的价值意蕴。

### （二）教材二次开发的价值

教材二次开发能够灵活化解教材内容一致性与学生经验独特性的现实冲突。教材是系统化的客观知识与学习材料，而现实社会的发展是非线性和错综复杂的，教师在传授知识时需要对知识加以"特别的选择、表述和组织"，

---

① Son J-W. Two Fourth-grade Teachers' Different Use of Mathematics Textbooks: Cognitive Demands. *Psychology of Mathematics & Education of North America*, 2009.

使其更适应具体教学情境的需要。① 专家学者在编制教材过程中以学生群体的平均发展水平和普遍生活经验为参考依据，客观实在的束缚使教材难以从宏观层面上满足处于不同生活环境和具有不同学习水平的所有儿童。因此，需要教师结合学生的实际特点对教材内容进行二次设计，使教材能够有效促进教学任务的达成，避免课堂教学中出现教学内容与学生经验割裂的现象。

教材二次开发有效平衡教材内容的有限性与学生学习的无边界性间的内在矛盾。教材依据一定的标准，对各学科领域的典型性知识进行编排，但由于教材篇幅的局限性与教学时长的规定性，使其无法呈现出完整与全面的知识形态。教材内容是学科知识的重要部分，但不等同于学科知识，教材中的文字片段、数理符号、概念原理等均由众多的知识经验与历史因素作为支撑，是历史文化积累、演变与发展的结果。教材知识的呈现是有限的，学生的学习是无边界的，教材的二次开发通过拓宽教材知识的广度和建立教材知识与相关知识间的联结，助力教学实践，突破平面和点状的"教教材"局面，以建立知识教学的立体感和引领学生体悟学习的灵活性与广阔性。

教材二次开发积极促进教材知识从符号表征向学习意义的转化。学生学习的目的不是单纯掌握教材内容，而是促进自身的素养形成和全面发展。学生在知识学习的过程中要实现从符号学习的浅表性理解到知识意义的深层性体悟，从而构建个人的思维方式与价值立场。教材的二次开发建立在教师对教材知识的符号形式与逻辑理解的基础之上，通过对教材内容的理解、解构与重组，使教材知识的逻辑形式明晰化，从而引导学生有规律、有条理地进行学习，有助于学生对知识结构的把握及学科思维的构建。教师对教材深度理解的达成是深度教学实现的先决条件，重在引导学生的知识学习从符号理解向意义生成不断深入。

## 二、教材二次开发的内容向度

教材二次开发是教师对待教材的创造性态度，是教材功能观与教学观的

---

① [美] 约翰·杜威. 民主主义与教育 [M]. 王承绪，译. 北京：人民教育出版社，1990.

变革，具体的实践操作也随教学情境、学生特点及知识类型的不同而有所差异。就其本质而言，教材二次开发的内容形式理应不具有确定性，但是我们仍需要明确其中的内容向度和实践逻辑。

### （一）意义式挖掘：对教材知识多维属性的表达

意义式挖掘是对教材知识多维属性的显化过程，也是教材二次开发的首要前提。在教材知识处理的过程中，应深入探寻知识所凝结的科学属性、文化意义、社会制约、辩证关系和实践旨趣等层面的内涵，揭示知识的科学属性、文化属性、社会属性及实践属性，从纵深方向来准确把握知识的本质意义。① 对知识本质内涵的理解与多维属性的表达是教材二次开发的实践基础，只有深度理解知识本身，才能游刃有余地对其内容和形式进行灵活创造。在对知识属性进行深度探究的过程中，需要明晰教材知识的多维价值，使知识突破符号层面的片面涵义，建构起知识与知识、知识与文化、知识与社会及知识与实践的交汇性网络。交汇性网络的建立过程就是文本性的教材知识向体系化的学科思想的转化过程，这是促进学生将知识内化，进而向社会与实践变式运用的思维基础，也是学生学科素养形成的重要支撑。

在对知识意义的探究中，教师可以借助知识的多维属性来建构知识分析逻辑，通过厘清知识的概念原理及思维方法以表达知识的科学属性，对知识进行文化探源及背景挖掘以体现知识的文化属性，分析知识的社会性及社会制约性以显示知识的社会属性，探寻知识在生产与运用过程中的实践性以表明知识的实践属性。② 需要强调的是，对知识意义的挖掘并非是各类属性特征的简单堆砌，而是结合教学情境的具体需求选取最具特点和价值的部分。知识意义的挖掘也不是分门别类的直接罗列，知识的各类属性之间是相互关联、密不可分的，在知识分析过程中需要对其内容进行有机整合。此外，比知识多维属性的内容本身更为重要的是，这一过程为教师在教材二次开发中对教

---

① 郭元祥，吴宏. 论课程知识的本质属性及其教学表达 [J]. 课程·教材·教法，2018（08）.

② 郭元祥，吴宏. 论课程知识的本质属性及其教学表达 [J]. 课程·教材·教法，2018（08）.

材知识的处理提供了方法论参考,有助于教师建立起对知识分析的思维方式。教师对教材知识的意义式挖掘和创造性设计,为学生创设了生动的课堂体验,在潜移默化中引领学生发散性思维和动态性知识观的建构。

**(二)结构式整合:对教材体系潜在逻辑的分析**

一是跨单元探究教材单元设计的主题特点及逻辑关联,以知识对学生的发展功能作为依据,将教材知识进行跨单元整合。跨单元整合是对教材内容内在设计意图进行深入理解与分析的过程。教师通过对每小节内容进行价值剖析,以明确教材单元划分的内在依据,在其基础之上进行二次思考,基于个人的学科理解及专业素养对教材中共同致力于学生某方面发展的内容进行再次整合。同时,跨单元整合也是对教材内容进行比较与反思的过程。教师对处于不同单元主题下的内容进行比较分析,探究其中的功能差异与共同旨趣,在教材原有基础上反思其中有待发挥与完善的地方,将具有不同发展功能的内容进行清晰分类并合理贯通,以凸显课堂教学育人的针对性与综合性。

二是跨年级分析学科知识在教材中的螺旋式上升设计,以明晰学科知识难易程度随年级逐级提升而发生的层次变化。螺旋式上升作为课程设计与教材编排普遍遵循的一项原则,将同主题知识通过加深其难度、广度及复杂度的方式在不同年级多次出现,以适应学生在各个身心发展阶段对知识的不同接受能力。首先,清晰把握教材中的螺旋式设计思路及理论依据,明确同主题知识的内容与形式在不同阶段的演化路径,建构关于以知识主题为分类依据的交叉型教材结构体系图。其次,在理解的基础上进行反思,结合学生的实际认知水平与学习能力对教材原有设计进行优化,平衡螺旋式上升过程中学科知识难度与学生接受能力间的适应度,灵活调整各螺旋知识间出现的时间跨度与形式变化。

三是跨学科挖掘学科思想的关联性,拓宽对教材的理解视域并全面掌握学生的综合性学科认知结构。探索各学科之间的内在关联是对教材进行跨学科整合的前提。在现实生活中,基于复杂情境的问题解决往往需要多门学科知识的综合运用,分科课程能够有针对性、系统性地培养学生某一领域的能力,但课堂教学的最终指向是由学科能力至综合素养来达成,因此,教师必须具备跨学科的课程视野。此外，挖掘学科间的关联性能够加强教师对学生学科经验的全面认识。教师对学生学情的掌握从单一学科拓宽到所有学科，更为全面地了解学生的经验水平，这是基于教材进行跨学科的联结与创新，有助于引领学生从不同学科视角对相同问题进行多维思考，也是促进学生对各类学科思想的深度认识与融合。

### （三）拓展式引入：对教材内容相关经验的延伸

教科书作为一种重要的教学媒介，以精选和压缩的形式呈现了社会知识的重要部分，虽然在编制过程中尽量考虑了学生的需求，但仍旧存在较多需要拓展的内容。对教材的拓展式引入主要可从知识历史背景和现实应用事例两个方面进行展开。

一是拓展相关历史背景，了解知识发展脉络并建构学科思维。在历史溯源过程中，教师要超越教材所呈现的片面性与片段性，使知识的发展逻辑与层次关系生动显现，实现由静态向动态的转变。教师在历史拓展型的教材二次开发中，与知识产生深刻的互动体验及反思对话，在真正把握教材知识的历史逻辑与社会意义的基础上，更新个人对教材和知识的理解，也重塑个人对课堂教学态度的看法。基于这种深入对话，教师能更灵活巧妙地将知识以生动的形式呈现在学生面前，引领学生共同感受知识的生命力并与之进行交流。学科知识的动态性发展历程实际上就是学科知识体系的形成过程，知识的历史背景为知识学习创设了丰富的情境，而知识的衍变路径正是最真实的学科思维建构过程。

二是结合具体社会现实，关注知识在当下社会中的存在方式及应用价值。教材的二次开发不仅要求教师理解与把握知识的内在理论体系，更要以知识运用为落脚点，实现理论与实践的联系。因此，教材的二次开发需要挖掘学科知识在各个现实领域中的应用事例。例如，设计人教版九年级《化学》"分子与原子"一课时，分子与原子作为肉眼无法观察到的事物，如何才能使学生精确掌握概念并感知到其意义？这时，教师可以结合现实案例来呈现有关于分子与原子运动的生活现象以及其研究在科学领域中的现实用途，进而使学生的认知里建构起对分子与原子的知识体验和价值理解，激发学生学习的能动性。

**(四) 生态式联结：教材客体与学习主体的弥合**

首先，生态式联结体现在教材内容与学生经验的弥合，具体可分为时代性经验、地域性经验及学科性经验三个维度。时代性经验指个体在具体时代背景之下所经历的特定社会样态及文化性氛围。这在语文和历史学科中体现最为突出，学生需要突破当下的时代体验去理解与感悟历史人物及不同时代作者的内心独白。地域性经验是指学生在个人成长环境中所经历的有关于地方特色的特定性体验，教材中部分内容具有明显的地域特色，如果超出了学生的地域性经验，会导致学生无法从自身的经验库中提取相关的具象性信息，从而导致对新事物的理解困难。因此，教师在教授某些新知识时，可结合学生地域性经验中的具体现象进行解释，运用学生熟知的事物作为教学中的"先行组织者"，这就要求教师在教材二次开发中对教材的地域性内容和学生的地域性经验进行有效反思与充分结合。学科性经验主要指学生在学校教育中所获得的系统性学科知识。在分析教材的过程中，充分挖掘新内容与学生学科经验之间的关联，有意识地将其进行有效贯通，这既是对旧知识的巩固，也是促进新知识在学生头脑中生根的过程。

其次，生态式联结也表现在教材呈现形式与学生个性的弥合。教材编制者所基于的学情是通过间接资料来预估学生的整体经验，而教师所面对的是特定班级中具体的学生，与学生具有直接的交往经验，对学生的个性有较为准确和深入的把握。个性偏好会直接影响学生在执行学习任务和解决问题时的方法，教材的统一编制只能尽量符合学生的整体经验基础，难以确切地满足不同学生的个性特征及学习风格，这一环节的平衡需要通过教师对教材进行二次开发以完成。具体来说，可从教材形式多样化和教材设计特殊化两个方向展开。多样化的教材形式设计能够给班级不同学习风格的学生提供多样化选择，以最大化实现教材与学生学习方式的契合。特殊化则是在二次开发中结合教材各项知识自身的特点，针对某方面个性与兴趣较为突出的学生进行特殊设计，是一种针对性的培育。因此，教材的二次开发不是盲目增拓内容和整合结构，而是要针对学生的个性特征与发展需求有依据地、合理地进行创造，意在寻求与设计一种符合学生个性的教材。

## 三、教材二次开发的实践追求

教材二次开发不该模式化、刻板化地对教材进行机械重组与整合，而应结合教材知识的本质属性、时代发展的主题特色以及学生成长的个性需求进行动态化、持续性的优化创新，对教材内容文化性、时代性与人本性的追求应是教材二次开发实践接续努力的方向。

### （一）文化性探源，挖掘教材知识的文化关联

教学所追求的是学生对知识意义的体悟，"促进知识意义增值的教学不是要求学生对他人构设的符号世界的被动接受，而是走向真理世界和生活世界的文化觉醒和自我觉醒"[①]，教材二次开发作为教学的准备环节，需要对知识进行文化性探源，突出知识的文化履历及知识间的文化关联，引导学生建立文化理解和文化意识。文化性探源是对知识的回应性反思，是对知识深度理解的必经之路，通过对知识进行文化溯源，能够切实把握住知识的产生背景、价值取向及其历史意义。同时，对教材知识的文化性探源也是对人文情怀、科学文化和传统文化的理解、体验与传承过程。学生所接触的学习材料及教学内容不应只是知识在当下所存在的相对稳定的实然形态，这样的知识学习是不完整的、片面的，学生需要接触相对较为完整的知识，建立文化性的知识理解观和自觉的文化意识，如此才更有利于学生健康学习观的建构。

例如，中小学语文教材选择了苏轼、李白、杜甫、曹操等古代文学家或诗人的多篇作品，这些课文不仅仅是文学家个人人生经历和个人情怀的表达，也是特定历史文化的真实写照。《望岳》《春望》就是两篇杜甫不同人生阶段的作品，也是对大唐由盛到衰的真实写照，从"一览众山小"的豪情壮志，到"浑欲不胜簪"的老之将至和悲怜世事的情怀，都与作者身处的文化背景密不可分。文化关联，其实是从历史关联、情感关联、价值观关联等角度来

---

[①] 郭元祥，彭雪梅. 在中小学教学中渗透文化自信教育［J］. 教育研究与实验，2020（05）.

增强学生文化理解力的重要着力点。同样，自然学科中也需要充分体现科学知识的人文情怀和文化内涵，对地理知识背后人文风俗文化的关照，在生物知识学习中建立积极的生命观念，坚守物理、化学学科知识背后所隐含的科学精神和社会责任等，知识背后的文化性因素是绵延不息的文化积淀的产物，是教材二次开发必须深刻挖掘的关键内容。

### （二）时代性审视，突显教材内容的时代价值

随着时代的变迁，知识的价值会因所在时代文化层次、科技水平及社会形态的不同而有所衍变，朝向更多元的方向发展。各类事物在科学研究的引领下不断向更深领域迈进，教材所涉基础性知识的应用价值及范围也随之不断拓宽与深化，因而，一般的、普遍的知识将在历史发展过程中具有更多的价值可能。从教材编写角度来看，很多经典性和基础性的知识一直都被保留在教材中。但需要明确的是，教材内容的不变并不意味着在不同时代下教师对这一部分内容的处理方法始终如一。换言之，同样的知识在不同时代背景之下会因学生经验、社会形势及经济水平的差异而在教学中呈现出截然不同的形态。不同时代面临着不同的时代挑战，各个时代也具有别样的使命担当，教材的二次开发需要时刻紧扣时代主题，深度挖掘知识与社会现实关联性，并在教师的创造性加工之下显示出鲜明的时代底色，使教材能够跟随时代发展的潮流而永葆活力，为培养具有民族担当的"时代新人"服务。

具体而言，教材二次开发需要充分审视教材内容自身时代特征与当下时代发展的区别与联系，凸显教材知识对于当下时代主题的回应。知识一直处于动态的发展过程，时代的进步本身也很大程度上体现在知识水平的提升，基础性的教材知识不能按照原始模样停留在原点，而应结合现实，体现其在生活中的实际运用情况，使学生了解基础知识学习与当下社会发展的关联所在，以切实体会知识对当下时代发展的价值及意义。如此，便能够突破书本知识与现实社会的割裂状态，自然将时代特征与知识相结合，使学生在了解知识运用的多种可能基础之上，从内心生发出对知识的渴望感、敬畏感和意义感，进而激发学生创造性地思考知识面对社会生活发展中复杂问题时如何应对，真正促进学生能动性的创造活动，提升解决问题的综合能力。

### (三) 人本性关怀, 由"教书"到"育人"的现实超越

教材二次开发本身则是一种区别于"教教材"的新型教学观念,"教学需要引导学生与教材进行互动,使学生参与教材的分析过程"。[①] 虽然教材作为一项重要的学校课程资源,但学懂教材不是学生学习的目的,教学内容也不应仅限于教材范围。过去,教材在教学中的权威性及在学校考核中的中心地位使其在发展过程中逐渐走向教学中心,使教学渐渐偏离了"为了学生的发展"这一真正的价值起点。"学习不但应该把我们带往某处,而且应该让我们日后再继续前进时更为容易"[②],也就是说,学习的本质不只是指向当下的理解与获得,更是超越原有能力水平对个体可能性的突破与提升,是对未来美好生活、人生价值及生命意义的探寻。不能指向于学生发展的教学都是表层性、机械化的"教书"活动,"育人"不是将教材中的知识符号复制与映射到学生的头脑中,而是在知识学习中实现文化视野的拓展、思维方式的建构和综合素质的提升。因而,教材二次开发要充分具备人本性关怀,引领教师实现由"教书"向"育人"的观念转变,激发教师对教材进行理解、反思与创造的自觉行为。

教材二次开发是课堂教学充分发挥育人功能的基础铺垫,需要教师深度把握教材与学生之间的关系,寻找到教材知识与学生发展这一关系网络的纽结。每一个纽结就是知识价值与学生发展的联结点,体现着知识对学生某方面发展功能的明确指导。需要强调的是,知识和学生的发展并非是一一对应的,某一个知识对于学生可能具有多方面的发展价值,某一素养的发展也可能由多个知识共同支撑。因此,教师首先需要对教材知识进行价值分类,以知识对学生的具体发展功能为分类依据,梳理与建构出教材知识与学生发展的关联网络与关键节点,网络的建构过程实际上就是教师对知识何以育人的思考过程。进而,以清晰的网络和纽结作为基点,结合具体教学内容培育学生的学科素养,反思教材内容是否需要增删与整合,从而有目的、有依据地对教材进行合理性设计与创造。

---

① Fitzgerald JC. Textbooks and Primary Source Analysis. *Social Studies Research & Practice*, 2009 (3).

② [美] 布鲁纳. 教育过程 [M]. 邵瑞珍, 译. 北京: 文化教育出版社, 1982.

# 反思性学习：作为一种评价策略

## 杨 晶

反思是一种自觉的行为，是自我建构的过程，是促进个体发展的内在力量。深度教学是反思性的教学，反思性是深度教学的目标品质之一。长期以来，学校教学形成了外在性、表层性、功利性的不良倾向，教学评价也因此受到应试之风的侵蚀，只能片面化地达成浅层的教学目标。深度教学的评价理念要求关注学习过程中生成的意义感、自我感、效能感，促进学生的自我发展，达成教育的本质追求。然而，评价如何促进学习？如何促进学生的发展？如何从工具性、浅层性的评价转换为发展性、生成性的评价？这些都是当前教学评价需要思考的关键问题。

## 一、反思与反思性学习

### （一）反思内涵及其发展

反思是以自身为对象进行的思维。反思一词在我国传统文化中接近于"内省"，是重要的修身方式之一。例如，"君子博学而日参省乎己，则知明而行无过矣"（荀子《劝学》），"行有不得，反求诸己"（《孟子》）。可见古人眼中的反思是一种指向内部自我的精神活动，旨在不断完善行为、提高修养。

反思意识的形成是人种演化，更是个体自我形成过程。哈贝马斯在《知识与人类兴趣》中提出了三类人类兴趣。①技术兴趣。人类与自然对抗的历史具有"学习过程"的形式，技术兴趣引导人类通过生产自然科学和社会科学的"独白知识"来预测、控制自然事件。②实践兴趣。人类生活再生产依赖日常语言交往中的主体间性，历史和文化的发展得益于人类行为相互理解和自我理解。实践兴趣使得人类对有意义的结构进行解释性理解。③解放兴趣。解放兴趣指向自主和责任的诞生。启蒙运动后，批判性洞见（即反思）

的进步意味着朝向个体自主性的进步；而未经反思的、原始的意识则使人陷入教条主义。在自我反思中，个体回归自我的纯粹意识，将自身理解为意识和世界的来源。这种批判性反思使人类从"假设的权力依附"中解放，从"表面上的自然桎梏"中解放，而人又在解放中诞生主体性。① 反思所引发的解放，本质上指的是对人的主体性的解放。简言之，反思是一种"沉默力量"，对主体进行权力赋予，它使人们从被客体占有的状态中解放出来，真正成为自我意识的主人。笛卡尔的著名论断"我思故我在"（CogitoErgosum）正是赋予了反思的心灵以自我存在的能力。② 反思的过程同样也是个体自我教育的过程。反思是在个体形成自我认识的基础上，反观自身的思想、情感与行为，在自我探索的过程中发现其间存在的矛盾。在此基础上，个体积极进行内心对话，将自我认知转化为自我教育，自觉地形成和巩固新的、合乎希望的行为因素。③ 反思关乎着自我意识的觉醒，使人在复杂的生活世界中寻找自我、发现自我、认识自我，成长为自觉的主体、感受到自我的真实存在。

而将反思引入教育学始于杜威提出的"反省思维"，"我们发现某一行动和某一结果彼此关联的事实，但是没有发现它们是怎样联结的"。在杜威看来，试误性活动带来的是行为与结果产生的盲目联结。学习者只知其然，而不知其所以然，这种情况下只能掌握符号化的、以事实形态存在的知识。"所谓思维或反思，就是识别我们所尝试的事和所发生的结果之间的关系。"反省思维寻求原因与结果之间特定的逻辑关联，是透过知识的符号外壳去挖掘知识的逻辑形式。这类联结不是被动接受的，而是学习者主动、积极、执著地去寻求事实的根据，极力去摆脱百思不得其解的困顿状态。"反思也指对事件结局的关切，把他们自己的命运和整个事件进程的结果富有同情地、戏剧性地看作一件事。"反思的时机在于个人对进行中的事情的参与，而反思的价值

---

① Mccarthy T. The Critical Theory of Jurgen Habermas. *Analytic Philosophy*, 1981 (1).
② ［美］小威廉姆 E. 多尔. 后现代课程观 [M]. 王红宇, 译. 北京: 教育科学出版社, 2000.
③ ［苏］科恩. 自我论 [M]. 佟景韩, 等译. 北京: 生活·读书·新知三联书店, 1986.

又在于使自己置身于所观察的资料之外。[①] 反思意味着自我对活动的深度参与，与活动结果形成充分关联。"深度参与"和"置身事外"并非矛盾，反思的过程需要个体的全身心投入，但反思的对象并非指向外在材料而是指向内在自我。生活中的反思性实际涉及到暂时地退出或走出我们对世界的直接投入[②]，而走入自己的内心世界。这意味着学习不再是亟待解决的任务，思维的结果不再是孤立于学习者的客体，而是内化为个体经验的一部分。反思是由经验所派生的，又反过来成为沟通经验和学习的桥梁。[③] 反思基于个体过去或是当下的经验，脱离个体真实经验的思考只会是无米之炊。它带来了经验的改组与改造，实现了个体经验的生长，对经验的分析与反省能够指导未来的实践。由此可见，杜威眼中的反思是一种"反复思考"，所谓的反思不仅是以自我为对象的思考，而是泛指一切经验与思考进行互动的探究过程。

### (二) 反思性学习的内涵、目的及过程

反思是自我教育的一环，学习理应作为反思型的实践。何为反思性学习？反思性学习是学习者对自己的学习活动，特别是实践活动进行深入思考、探索和梳理的过程。该过程包括对学习内容、学习过程、未来类似事件将采取的行动以及下一步学习目标的反思。

反思性学习要求学生为反思而学，注重对学习过程的自我反思。反思性学习并非外向式的学习，而是指向自我的学习。人类现存的认知成果只作为学习的素材，反思性学习的对象是个体的已有经验，这一过程中学生既是学习的主体，也是学习的对象。反思性学习的过程实质上是学生的元认知过程，涉及对自身学习活动及结果的计划、监控与调节。反思性学习是学习者通过自我叙述、自我阐释、自我监测等活动，在与自身经验进行反思性的相互作用中领悟学习内容、产生自我评价、生成自我感悟，成长为自觉的主体的学

---

① [美] 约翰·杜威. 民主主义与教育 [M]. 王承绪, 译. 北京：人民教育出版社, 2001.

② [加] 范梅南. 教学机智——教育智慧的意蕴 [M]. 李树英, 译. 北京：教育科学出版社, 2001.

③ Page K. *Reflection: Turning Experience Into Learning*. Kogan Page, 1985.

习活动。其中，自我评价是反思性学习的关键环节，经过对学习过程以及结果的深刻思考，若评定自身仍有不足，则会觉察学习问题、调整学习策略；若形成肯定的自我评价，便会强化先前学习行为、提升自我效能，形成积极的自我认识。

反思性学习的目的与价值不在于接受对象化的知识，而在于个体知识的生成、高阶思维的形成、自我意识的觉醒，从而建立学习的意义感，促进个体精神的内在发育。知识生产者赋予知识规定性意义，个体通过解码、理解、体验、反思，将知识的可能性意义增值为个人意义，成为自我知识的积极建构者。这一过程拉近了个体与人类认知成果的距离，为符号化的知识注入活力，使之真实进入学习者思想的河流中、生命的海洋里。未经反思的学习者只能是学习活动的工具人而非主人，他们难以言喻学习于自身的意义，学习是为了应付他人，知识更是孤立于自我的既定符号。整个学习过程更像是流水线上的组装流程，不知疲倦、从未停歇，看似高效，实则无改变、无生成。

反思性学习分为反省阶段、评判阶段、察觉问题阶段、界定问题阶段、确定对策阶段、实践验证阶段、总结提高阶段。[1] 整体看来，这一过程是曲折而深刻的。反思性学习并非只是对某个静态的学习结果的回顾总结，而是贯穿于整个学习活动过程，形成生动的循环，实现非线性的回归。建设性的后现代主义课程观代表人物威廉·多尔提出了"回归性课程"的概念，回归是一种"使思想返回自身的人类能力"。课程不是单向度的跑道，回归性的课程没有固定的起始点和重点，每个终点就是一个起点，每个起点都来自先前的终点。这一观点与杜威所提到的"反思过程中部分的结论是暂时的停歇站，是过去思想的着陆地，也是下一步思想的出发点，我们不能一下就得出这个结论"不谋而合。[2] 回归与重复是截然不同的，在回归过程中，反思起到积极作用，能够使思想回转到自身。[3] 反思性学习是回归性学习的前提，课程的丰富性正是在对自身予以反思的过程中充分实现的。反思所引发的回归，不是简单的折返；相反，回归的实质是提高与超越。个体通过返回思考、反观自

---

[1] 郑菊萍. 反思性学习简论 [J]. 上海教育科研, 2002 (8).
[2] Dewey. Howwe think. Dover Publications, 1997.
[3] 张华, 石伟平, 马庆发. 课程流派研究 [M]. 济南: 山东教育出版社, 2000.

身、反躬自省等一系列活动，以自身作为学习的对象，将学习的目的与意义指向自我，实现思维的跨越式前进、螺旋式上升。学习者不是急功近利地去寻求捷径，而是舍得为更深刻的思想而驻足。"如果这些意义被立即接受，那么就不存在反省思维，也不存在真正的判断……我们停下来思考，迟迟不做结论，只是为了让推理更加全面。"① 胡塞尔提出的现象学的思想态度为"悬置"（epoche），也是一种停下来的反思，通过暂缓判断来达到"纯粹的自我"。② 反思性学习需要学生形成敢于悬置、勤于思索、舍得否定的态度。学习是求解的过程，理应需要费神费力，而不是把现成的知识未经片刻思索便拿来使用。要真正意义上克服惰性学习，教师也需变革自身的教学观，在教学上不为"抓分数""高效率"而简化求索的过程，压缩思维的空间。教育应该是慢的艺术，倘若教学只顾急速前进，在功利性的应试追求下鼓励学生学得多、学得快、考得高，而不体会知识的温度，不关切思想的深度，那么教学永远只会停留在浅层教学，学习者只会浮光掠影般得趟过问题的表面浮冰。

**（三）反思性学习与深度教学**

反思性学习是促进深度学习的有效途径。深度教学重视引导学习者通过人—知互动达到对学习过程的充分参与、反思建构，从而获得与建立学习的意义感。知识的多样性意义不是建立在接受学习上，而是建立在反思与批判之上的。反思性学习与批判性思维是达至知识"充分的深度"的根本方式。③ 反思学习是构成深度教学完整活动链的必要条件，高阶思维的培养是深度学习区别于表层学习的深邃旨趣。深度教学不追求和公共知识与学习者个人知识之间最短的直线路径，而是提倡"U型学习"。"U型学习"认为学习要经过还原与下沉、体验与探究、反思与上浮三个过程。学习者将书本知识还原为自身经验，再进行自我加工，最后经过反思性思维将自我加工后的知识进

---

① Dewey. *Howwe think*. Dover Publications, 1997.
② 张华，石伟平，马庆发. 课程流派研究 [M]. 济南：山东教育出版社，2000.
③ 郭元祥. 论深度教学：源起、基础与理念 [J]. 教育研究与实验，2017（3）.

行个人意义的升华和表达。① 不经反思，何以深度？未经咀嚼回味的知识是尚需加工的半成品，依然是"外于我"的公共知识，知识的意义系统没有发挥其真正的价值。而经过不断的审视与回味，从"我知"到"我悟"，将知识真正纳入个体的生活世界，才能发挥知识启迪精神、觉醒自我的作用。这种内化于心的个人知识与学习者的生活相倚，与生命交织，使个体凝望过往、正视现在、预见未来。

## 二、反思性学习作为一种评价策略

"评价，最好被视为一种教育智慧。"② 把评价仅仅视为一种技术性的工具，缺少了教育智慧与灵性，评价便沦为师生疲于应对的机械化程式。教学要导向学生素养的发育，评价的起点与旨归均应为促进学生的发展，尤其是内在的精神发展。树立发展性的评价理念，是实现发展性教学的思想之舵，是全面实施素质教育的助推力，是时代的必然要求。发展性的评价不再是以甄别手段而存在，而是作为一种积极反馈，旨在让学生改进学习、超越自我。基于发展性评价观，反思性学习可被视为创新型的评价策略。反思性学习作为一种评价策略有两层含义，一是以学生的反省意识及能力作为外部评价的一项指标，二是引导学生在反思性学习的过程中生成自我评价。将反思性学习作为评价策略，能够弥补当前单一评价主体的缺陷，完成评与学的一体化，达成评价过程中学生自我觉悟的生成。

### （一）指向主体性评价的反思性学习

当前，中小学教学评价中最突出的问题在于评价主体的单极化，教学评价仍然全权掌握在教师手中，轻视甚至忽视了学生的自主评价，这仍然是偏向"管理主义"的评价。多尔认为："在本质上，评价是在一个共同背景之

---

① 郭元祥."U型学习"与学习投入——谈课程改革的深化（7）[J]. 新教师，2016（7）.

② [美] 布鲁纳. 布鲁纳教育论著选 [M]. 邵瑞珍，等译. 北京：人民教育出版社，1989.

中，以转化为目的而进行的相互协调过程。教师在这一过程中发挥核心作用，但教师绝非唯一的评价者。"① 评价不能以检验教师授课有效性作为价值归向，然而学生长期以来处于被动接受评判的弱势地位。每个学习者都是独特且独立的存在，评价的最终目的不是找准学生在群体中的位置，而是回归主体本身。差额取向的评价策略关注学习者当前水平与标准、常模的差额，是只"做减法"的评价。主体取向评价观要求评价去"做加法"，是发展性的、关注生成的评价观。在评价主体上做加法，学生不再是评价中的局外人，而是形成师生共同参与的多元主体。民主性教学倡导师生在评价过程中形成评价共同体，即师生互为评价的主体，形成"交互主体"的关系。在评价方式上做加法，打破量化评价的垄断地位，将质性评价与量化评价相结合，统一于学生的发展。要改变"唯分数论英雄"此类狭隘的评价理念，反对那些简化、异化的，甚至遏止个性发展的测验式评价。在评价功能上"做加法"，评价意味着转化与生成，尤其侧重评价促进自我发展的功能。发挥评价的正向且长效的功能，在评价中强化学生的自我认识、实现学生的自我教育、关注主体的成长与进步，实现评价的发展性、教育性。

主体取向的评价本质上受到"解放兴趣"的支配，它倡导对需要理解评价情境而非控制，是以人的自由和解放作为评价的根本鹄的。真实的主体性评价不是靠外部力量的督促和控制，而是每一个主体对自己行为的"反省意识和能力"。② 可见，反思性学习是实现主体取向的评价的必要条件。反思性学习包含了学生对学习过程的自我监控、自我自评、自我诊断，乃至自我更新。其中，学生的自我评价是衔接先前经验与未来行为的桥梁，是觉察问题、改进策略的前提，是反思性学习的关键阶段。反思性自评将评价权归还给学生，重视评价过程中学生主体地位的确立、主体作用的发挥、主体意识的觉醒。

---

① [美]小威廉姆 E. 多尔. 后现代课程观 [M]. 王红宇，等译. 北京：教育科学出版社，2000.
② 李雁冰. 课程评价论 [M]. 上海：上海教育出版社，2002.

## （二）实现评学一体的反思性学习

诊断性和反思性是建构主义学习的核心特征之一。从建构主义观点出发，评价学习者如何进行知识建构要比评价由此产生的学习结果更为重要。这说明，有效的评价必须与教学整合在一起，也就是成为教学的一部分。因此，教师教的过程与学习者学习的过程，也就是在利用评价作为有效教与学的指南的过程。教师正是利用这种与教学整合在一起的有效评价了解学生的进步和教学的质量，而学生则通过这种评价了解自己的学习效果。由这一过程，可促使教师或学生产生元认知意识，改进教或学，提高教或学的效果。[①]

建构主义重视评价与教学的一体化，强调对学生自我成分和元认知发展的评价。于学生而言，评价要成为学习的一部分，这种与学生的学习过程整合一体的评价，反映的是知识建构的过程与差异，其中就包含反思与批判水平。反思性学习能让学习者先他人一步了解自身学习状态与进程，其水平的高低本身就可以作为评价的指标之一。自我评价是反思性学习的一环，反思性学习实际上包含了"作为学习的评价"。厄尔所提出的"作为学习的评价"（assessment as learning），强调了学生积极主动参与评价过程的重要性。评价即学习，评价与学习就好比一枚硬币的正反面，评价的过程本身也是学生学到新事物的过程。[②] 许久以来，学习与评价的关系只是"对学习的评价"，评价是对学习的回顾与总结，甚至是对某一阶段学习的终结。而"作为学习的评价"强调将学习过程看作是学生的元认知过程，学生应该是联结学习和评估的桥梁。[③] 将反思性学习作为一种评价策略，是实现评学一体发展、评学互相促进的有效途径。学生对学习活动及结果的反思监控与自我评价具有全程性、连续性、亲历性，形成了评价与改进的动态过程，能从根本上实现评价的过程价值，将评价寓于学习之中，以评价促进学习发展。

---

[①] 陈旭，王淑敏. 从建构主义理论看教学评价策略的建构 [J]. 课程·教材·教法，2003.

[②] Earl L M. *Assessment as Learning：Using Classroom Assessment to Maximize Student Learning*. Corwin Press，2003.

[③] 郭元祥. 深度教学——促进学生素养发育的教学变革 [M]. 福州：福建教育出版社，2021.

### (三) 提升自我觉悟的反思性学习

反思性学习是实现自我发展、提升自我觉悟的学习，它打开的不是人类知识的仓库、学业竞争的赛道，而是自我世界的大门。科技革命以来，知识的爆炸式增长激发了人类对科学世界的求索，但日益强化的"技术统治"却挤压了人的"自主空间"。人变成了马尔库塞所说的"单面人"，工具理性膨胀、价值理性衰微，人性的丰富性消失了，人成为外部世界的奴隶。科学所引发的最深刻的危机是与具体的主体生活的分裂，克服这种危机需要重返"生活世界"。① 生活世界包含客观世界、社会世界、自我世界，分别对应着人与自然、与他人和社会、与自我的关系，回归生活世界某种程度就是回归人本身。② 传统的客体化、对象化、角色化的学习以及评价，引领学习者由外发现而不知向内探寻，了解客观世界却不认识自己，最终被外部世界所支配。不清楚自我与世界的关联，极易引发自我同一性的混乱、自我感的丧失，进而产生与世界的剥离感。个体正是在对自身意识活动以及过往经验进行反省的修行中生成了与自我相关联的经验，确认了主体地位，获得了自我感与意义感。

个体常以自我评价为媒介，生成有关的自我概念来认识自我。认识自我被当作哲学探究的最高目标，而"与概念的自我相对应的是自我认识与自我评价"。"自我意识由自在经为达到自觉地发展离不开自我认知活动，但更依赖自我评价活动。"③ 经过主体反复思考的内省而生成的自我评价，更加彰显了自我意识，也是建立学习过程意义感的途径。"意义深藏于人们的生活事件、生活世界和生活实践之中，没有拷问、没有沉思、没有觉醒，意义就会迷失。"④ 反思学习是内向式的学习，同时也将评价引向了自我本身。人们擅长做他人的评委，却模糊了对自己的认知与评价，而个体的反身性思考能赋

---

① 张华，石伟平，马庆发. 课程流派研究 [M]. 济南：山东教育出版社，2000.
② 郭元祥. "回归生活世界"的教学意蕴 [J]. 全球教育展望，2005 (9).
③ [苏] 科恩. 自我论 [M]. 佟景韩，等译. 北京：生活·读书·新知三联书店，1986.
④ 陈新汉. 自我评价论 [M]. 上海：上海人民出版社，2011.

予行为以个人意义，充分发挥自我意识的能动性，向内省察了解自我，向外求索建立自我与世界的关联。

### 三、反思性学习作为评价策略的实践走向

当前教学实践中，表层学习、表面学习以及表演学习仍然大行其道，学习评价存在主体单一化、理念迟滞化、过程断点化的问题。深度教学追求学习者对学习过程的深度参与、全面投入、反思建构，关注学习评价的深刻性、丰富性、发展性。将反思性学习作为评价策略，实现评学一体化、评学互促化，需要更新理念，树立发展性评价观，需要转变方式，开展常态化自我评价，需要促进反思，建立评价的过程标准。

#### （一）更新理念，树立发展性评价观

理想的教育是促进学生发展的教育。人的发展是深度教学的根本价值标准，学生内在发展体现在学习意义感的建立、学习自我感的增强、自我效能感的生成。发展性教学的实现离不开发展性的评价，当前评价最核心的不是技术性的问题，而是价值问题、立场问题。理念是行动的先导，理念不更新，再多的改革措施最终都只会是旧瓶装新酒。促进评价观的转型是时代的必然要求、教育改革的题中应有之义。

树立发展性的评价观，需要重视评价的改进作用，把评价视为促进学生全面发展的教育手段，将评价真正落实于学生的发展。发展性评价的目的在于服务于个体的成长，评价形式以增长为尺度，评价的内容注重全面、均衡。发展性评价不再是为了对教育对象进行的一种价值判断，而是引领个体不断超越自我的意义构建与价值生成，评价的责任在于服务学生的发展。[1] 传统教育将评价视为一种选拔、甄别的手段，只在意分数、排名、升学率。这是只看到了评价大规模的、整体的工具价值，而忽略了评价之于任何一位个体成长的意义。长此以往，狭隘化的评价观会窄化学生的学习视野、抑制学生的个性发展，最终被动式地接受评价、功利化地追求分数。发展性评价重视教

---

[1] 徐朝晖，张洁. 学生发展性评价的困境追问[J]. 教育理论与实践，2015（5）.

育的人文关怀，关注学习的经历与体验，倡导教育要回归于主体本身。评价之中若难以闪耀人性、唤醒自我，便忽视了教育的本质，丧失了评价的意义。

**（二）转变方式，开展常态化自我评价**

2021年3月，教育部等六部门印发《义务教育质量评价指南》指出："要将自我评价与外部评价相结合，在引导学生、学校和县级党委政府积极开展常态化自我评价和即时改进的同时，构建主体多元、统整优化、责任明晰、组织高效的外部评价工作体系。"要求积极开展常态化的自我评价，是对教学实践中学生自我评价"缺席"的矫正。

自我评价是学生基于原有的自我认识，依据自我认可的评价指标和准则，对自身整体或某方面素质的发展做出的认识和判断。自我评价活动的最大特点就是主体以自身为客体，主体两重化了，由此所形成的主客体之间的"自反性结构"。[1] 自我评价中的被评价者同样也是评价主体。自我评价不是作为外部评价的补充而存在，而是与外部评价具有相同的地位，两者相互依存、相互促进。自我评价不止于关注评价的权力分配，更重要的是主体对评价的接受与认可，评价应走向"自我接受评价"。自我接受评价是以学生自我评价为中心，结合教师等他人评价，引导学生再形成积极自我意识的基础上发展现实主体性的评价。这要求主体根据自身的发展需求来选择评价标准、整合价值信息，力求自我评价与他人评价相协调。操作化的自我评价可以通过自我报告、结构性面谈、错误分析等方式开展，整个过程中教师应予以方法指导、价值引领，而非全权替代标准的制订，或是走向放任学生这一极端。反思性学习引发的自我评价，是学生在接受的基础上以外部评价为参考来反照自身，形成更完善、更清晰的自我评价。最重要的不是一味地追求客观上的信效度，更不是横向比较学生之间自评分数的高度，而是促进学生的纵向发展，指向学生真实的进步。学习者在反思学习的过程中，正是通过自我评价来深化自我认识、促进自我进步、提升自我觉悟，这需要摆脱当前自我评价空缺化、形式化的现状，实现评价向常态化、实质化的转变。

---

[1] 陈新汉. 自我评价论 [M]. 上海：上海人民出版社，2011.

### (三)促进反思,建立评价的过程标准

将反思性学习与教学评价相结合,外部评价需要以学生的反省意识、反省能力作为新的评价生长点,自我评价需要个体积极反思自我、深化自我认识、实现自我超越。促进反思性学习,于学校而言,要将反思作为教育目的本身,同时将反思能力的培养纳入育人体系;于老师而言,要充分引导学生形成勤于审视、积极反思的良好习惯,关注教学是否真正进入了学生的精神世界,评价是否促进了学生的内在生长;于学生而言,要避免急于求成的学习态度,能停下来回过头去注视自己、审视自己,获得学习的意义感、自我感、效能感。

评价的过程价值的实现,需要建立评价的过程标准,遵守一定的过程性规约。尽管人们意识到结果性评价的诸多不足,从而将视野聚焦于过程性评价,然而教学实践中仍然是对学习活动进行分割的、零散的、孤立的评价,所谓的过程并没有形成串联的回路,没有成为发展着的连续体。这种断点式的评价仍然是为结果标准服务,而不是以促进学生发展为目的。评价不能只关注学生反思学习的结果,而是要让学生监测整个学习过程,发现自身存在的不足,正确认识自身的进步。反思性学习侧重学生的自我评价,但自我评价不代表没有评价标准,丧失了标准的评价必然走向任意化、无序化、无效化。评价的过程标准需要师生民主协商、共同参与,关键是在教师的指导下形成学生自身认可的标准。因此,在反思性学习过程中除了设置目标、实施评价之外,还需要学生设立过程标准,包括评价的方式与时机等,在反思学习的各个空档中及时插入自我评价。尽管反思是一种内隐、潜在的思维过程,但是仍然可以通过诸如自陈报告法、学习总结法等开放性的形式来显现。

# 教育质量评价的异质性探析

## ——基于PISA2015和PISA2018的数据分析

伍远岳

近十年来,国际和国内教育质量评价发展迅速,在评价的理论、工具、方法和技术方面已经取得较大成就。然而,教育质量评价正遭遇着"同质性"的现实困境,在一定程度上影响了评价促进发展功能的实现。关注异质性,是当前国际大规模教育评价的重要导向,也是我国教育质量评价的价值皈依,对提升我国教育质量评价的科学性与精确性,促进基于评价的教育决策的针对性与公正性,以及实现教育均衡发展都有着极其重要的意义。突破同质性困境,正视异质性,需要从评价设计、评价实施与结果解释等方面采取针对性的措施,通过科学抽取样本提高评价样本的代表性,提供合理便利以彰显评价过程的适应性,同时需要科学赋予权重以增强数据处理的合理性。

## 引言

近年来,随着国际大规模教育评价的发展,教育质量评价对各国教育起着越来越重要的作用。在国际大规模教育评价实施初期,其意图是对不同国家和地区的教育质量进行比较,而这样的意图受到了研究者的质疑。Husen认为,由于参与国际大规模教育评价的国家和地区独特的教育体制和文化传统,国际性评价的适用性和可比性是很低的。[1] 当前,国际大规模教育评价正遭遇着同质性与异质性之间的冲突,研究者逐渐转向对不同参与国家(地区)教育体制、文化背景、经济发展水平等因素的关注。研究者认为,由于参与国家(地区)教育体制的差异,PISA需要作出一定的调整以应对不同教育体

---

[1] Torsten H. *International Study of Achievement in Mathematics: a Comparison of Twelve Countries*. New York: John Wiley and Sons, 1967.

制的差异性，从而保证评价和某一个特定参与国家或地区的教育体制直接相关，以增强评价结果的合理性，提高 PISA 结果的有用性。[1] 同时，研究者也提出教育评价所采用的工具对来自不同文化背景的国家和地区的学生而言应该具有同样的难度，并保持结构上的一致性[2]。国际大规模教育评价工具的设计必须经过审慎的考虑以增强不同语言国家和地区结果的可比性，在数据处理上，也需要建构多元文化群体测量不变性的模型。[3] 此外，针对教育评价对象中的特殊群体，研究者提出了相应的评价调节性措施，希望通过修改评价程序（如安排、时间、呈现方式）或者评价材料（情景、反应）[4] 等方式，从而帮助存在肢体障碍的学生最大程度地表现出其真实发展水平。[5]

2012 年 7 月，中国基础教育质量监测协同创新中心正式成立，力图构建具有中国特色、国际可比的国家基础教育质量监测体系，以科学、准确及时"把脉"全国基础教育质量状况，推进教育管理和决策的科学化。随后，我国教育质量评价的理论研究和实践快速发展，取得了重要的理论和实践研究成果，但也同样面临着同质性与异质性的冲突。有研究者提出在我国的教育质量评价中，需要考虑不同群体的实际需求，体现对教育中差异存在的关照。[6] 还有研究者明确指出了我国基础教育质量评价忽视弱势群体的诉求，这也说明了教育质量评价体系的不完善和片面性。[7] 因此，关注全体学生的表现，关

---

[1] Rutkowski D, Rutkowski L, Plucker J. Should Individual U. S Schools Participate in PISA?. *Phi Delta Kappan*, 2015 (4).

[2] Byrne B M, Vijver F V. Testing for Measurement and Structural Equivalence in Large-scale Cross-cultural Studies: Addressing the Issue of Nonequivalence. *International Journal of Testing*, 2010 (2).

[3] Rutkowski L, Svetina D. Measurement Invariance in International Surveys: Categorical Indicators and Fit Measure Performance. *Applied Measurement in Education*, 2017 (1).

[4] Thurlow M. Accommodation for Challenge, Diversity and Variance in Human Characteristics. *The Journal of Negro Education*, 2014 (4).

[5] Horvath L S, Kampfer-Bohach S, Kearns J F. The Use of Accommodations Among Students with Deafblindness in Large-scale Assessment Systems. *Journal of Disability Policy Studies*, 2005 (3).

[6] 张亮, 赵承福. 中小学教育质量评价的问题及其消解 [J]. 中国教育学刊, 2010 (5).

[7] 王彦明. 基础教育质量之惑 [J]. 教育理论与实践, 2013 (16).

注学生的全面素质，关注学生的差异表现，应该成为我国教育质量评价的价值取向。[①] 在当前我国关于教育评价的理论和实践研究中，虽然有研究者关注到具有差异的群体对教育评价过程和结果的影响，但并未深入探究具体的表现及解决路径。因此，正视教育质量评价的异质性，明确异质性在教育中的表现，探索相应的解决办法，是教育评价研究的重要课题。

## 一、教育质量评价的同质性困境与异质性澄明

在教育质量评价中，同质性与异质性互为一对矛盾体而存在，同质性是教育质量评价面临的现实困境，在一定程度上影响了评价的精确性和科学性。

### （一）同质性危机：教育质量评价的现实困境

同质与异质是科学与统计学中用于对生物组织或物质的均匀性进行描述的一对概念，同质（Homogeneous）即相同、无差异、无区别。教育质量评价的同质性（Homogeneity）是指在教育质量评价的设计、实施和结果解释等过程中忽视差异，无区别地对待一切评价对象和评价要素。

同质性问题存在于教育质量评价的各个要素和各个环节，削弱了评价的科学性、准确性，也降低了不同地域教育质量的可比较性。首先，在评价抽样上，同质性抽样降低了评价样本的代表性。教育质量评价往往将特殊需要儿童（包括特殊学校的儿童和在普通学校学习但在学习上存着一定认知、情感或行为障碍的学生）排除在评价对象之外，这就从总体上降低了评价样本对评价总体的代表性，进而导致教育质量评价的相关推断出现偏差。样本代表性问题在国际大规模教育评价中也同样存在着，如"在PISA2012中，中国上海地区的学生样本只能代表总体（15岁3个月到16岁2个月）的73%"[②]。

---

① 陈旭远，胡洪强. 审视当前初中教育质量评价的价值取向 [J]. 华南师范大学学报（社会科学版），2015（2）.

② Strauss V. So How Overblown were No. 1 Shanghai's PISA Results [EB/OL]. [2014－03－20]. https：//www.wash-ingtonpost.com/news/answer-sheet/wp/2014/03/20/so-how-overblown-were-no-1-shanghais-pisa-results/? utm_term=.b2e68d6781af.

其次，在评价标准上，缺乏弹性的评价标准，难以实现差异化的评价目标。由于学生所在地域、学校差别较大，学生个体发展层次不一，而在评价中采用的是统一的标准，这样的标准缺乏弹性与灵活性，缺乏对差异的关照，因而难以实现差异化的评价目标。再次，在评价实施过程中，评价过程缺乏对特殊需要学生的补偿性措施，从而影响评价结果的公正性。在当前的评价过程中，无论是学科测试还是相关背景调查，都未能给予那些有着特殊需要的学生一定的补偿性措施，这部分学生虽然被纳入评价对象，但却由于认知、情感、行为等方面的障碍使其无法按照与其他学生同样的程序有效完成测评。他们可能需要一定的语言、工具的支持，可能需要更多时间来完成测评（除了那些有着时间限制的测评项目），而这些措施的缺乏，导致无法真正测评出其学习质量。最后，在评价数据分析与结果呈现上，忽视评价对象背景和地域文化差异，降低了评价结果的可比较性。不同地域的教育发展、地域文化有着较大的差异，如我国新疆、西藏地区部分学校虽然使用双语教学，但学生的汉语水平较单一汉语地区的学生有着较大的差距，测评结果的差异可能在一定程度上是源于地域文化或语言的差异，而非学生学习质量的差异。

发展性是教育质量评价的重要价值体现，无论是国际大规模教育评价，还是国家层面的教育质量评价，抑或学校的教育评价，其根本目的在于发现学生成长、学校发展和教育发展过程中的问题，进而为促进发展的教育决策提供证据和数据支撑，也即实现评价促进发展的功能。"教育质量评价促进发展的功能是评价活动重要的过程性功能，是由教育的过程价值所决定的。"[1] 而要实现教育质量评价的发展性功能，通过教育质量评价真正促进学生成长、教师发展、学校提升，就需要反思教育质量评价的同质性，正视异质性，这是教育质量评价发展性功能实现的必然要求。

## （二）正视异质性：教育质量评价的价值皈依

同质性问题是当前教育质量评价面临的现实困境，而差异的存在是教育质量评价异质性产生的根源。关注差异、正视差异，审慎对待教育质量评价

---

[1] 郭元祥. 论教育的过程属性和过程价值——生成性思维视域中的教育过程观 [J]. 教育研究，2005（9）.

的异质性，是教育质量评价不可回避的问题。

异质性（Heterogeneity），可以理解为差异性、不同性，在教育质量评价中，表现为评价对象、评价情景、评价过程、结果解释等方面的多样性与复杂性。多样性与差异性是教育发展的普通特性，也导致了教育质量评价的异质性。首先，我国地域辽阔，各地经济、教育发展水平各异，而经济发展水平与教育质量之间存在明显的正向关系，城乡教育质量差异从其根源上说是经济发展差异，教育质量评价绝不可能撇开各地的社会经济发展水平而单一地评价教育质量。其次，我国是一个多民族国家，部分少数民族地区的教育发展、学校管理、课程教学、教材资源等都有着较大的差异。在语言上，我国新疆、西藏地区部分学校使用双语教学，"新疆计划于2015年在少数民族中小学基本普及双语教育，使接受双语教育的少数民族中小学生占少数民族中小学生总数的75%左右"[1]，汉语水平的差异影响着学生的学业质量；在文化上，不同地域文化具有多样性与差异性，学生的日常概念会直接导致学生对相关测评项目的理解，如"对于雷电这个概念，苗族人认为雷电是神灵的发怒，而雷电这一概念的本质是因为云层累积的正负电荷剧烈中和所产生的电光、雷声、热量"[2]。由此，评价结果所显示的差异可能很大程度上是源于语言或文化的差异，而并非教育质量的实质差异。再次，特殊需要儿童的差异化评价需求。2020年，教育部印发的《关于加强残疾儿童少年义务教育阶段随班就读工作的指导意见》明确提出要"完善残疾学生评价制度……避免单纯以学科知识作为唯一的评价标准，同时将调整过的知识和能力目标作为评价依据，实施个别化评价"[3]。如何对随班就读儿童进行差异化评价，也是教育质量评价设计和实施面临的一个重要课题。事实上，在近些年的高考中，我国为残疾学生参加高考做出了努力，如采用特殊设计试卷、延长考试时间

---

[1] 新华网. 新疆双语教育体系基本形成[EB/OL]. （2015－09－07）. http://www.xinhuanet.com/politics/2015-09/07/c_1116485967.htm.

[2] 廖伯琴，李晓岩，黄建毅，等. 我国民族地区理科教学质量监测体系建构探索[J]. 全球教育展望，2016（5）.

[3] 中华人民共和国教育部. 关于加强残疾儿童少年义务教育阶段随班就读工作的指导意见[EB/OL] （2016－06－22）. http://www.moe.gov.cn/srcsite/A06/s3331/202006/t20200628_468736.html.

等。然而，我国还有相当大数量的残疾学生和有着特殊需要的学生是被排除在教育质量评价之外的。中国教育的发展面临着经济水平、文化差异、特殊群体等多方面的差异，这就客观地要求教育质量评价关注异质性，并采取有效的措施来回应异质性的存在。

关注群体，忽视个体，关注共性，忽视差异，一直是我国教育存在的现实问题，也是长期制约学生个性发展与创造力培养的根本问题，这一问题在教育评价中亦没有得到充分关注和有效解决。正视教育质量评价的异质性问题，对教育质量评价、教育决策甚至教育发展都有着重要的价值。一方面，正视异质性能够提高教育质量评价的科学性与精确性。对于教育质量评价而言，数据的真实、全面、有效，是保证评价科学性与精确性的前提。在评价中，通过明确定义总体、科学抽样、采取恰当的方式对特殊需要儿童和不同民族、不同文化背景下的学生进行有效的调适性措施，能够最大程度上真实反映学生的学业水平和发展背景，完整呈现教育质量的整体状况。另一方面，正视异质性能够切实实现评价促进发展的功能。在评价中，只有正视异质性的存在并采取相应的措施，才能真正包容所有的评价对象，真正让每一个评价对象展现最真实的水平，这样的评价才能为学校的改善、教学的改进和个体学习的提升提供最有价值的信息。再一方面，正视异质性能够增强教育决策的针对性与实效性，尽可能保证数据和证据的客观、真实与全面，进而为教育决策提供更加真实、有效的数据和证据，从而提升基于教育质量评价的教育决策的针对性与实效性。综上，关注异质性，"开发'本土化'的监测体系，将有助于丰富我国有关基础教育教学质量监测研究的理论体系"[①]，亦能够深化"教育公平""教育均衡"的指导思想，全面彰显"全纳教育""融合教育"的现代教育思潮。

## 二、教育质量评价中的异质性表征：基于 PISA2015 和 PISA2018 的数据分析

正视异质性，是教育质量评价的现实要求，也是当前国际大规模教育评

---

① 廖伯琴，李晓岩，黄建毅，等. 我国民族地区理科教学质量监测体系建构探索[J]. 全球教育展望，2016（5）.

价的重要趋势。本研究通过对参加 PISA2015 和 2018 年的中国香港、中国澳门、中国台湾、中国大陆①四大经济体相关变量的数据进行分析，探讨教育质量评价的异质性。

### （一）数据来源与变量阐释

1. 数据选择与来源说明。PISA2015 和 PISA2018 的重点测试领域分别为科学和阅读，为了探究在不同测试领域中国不同经济体学生在相关变量上表现出的异质性，本研究以 PISA2015 和 PISA2018 官方数据库为数据来源，为了保证语言的一致性，本研究只选取四个经济体中参加中文调查的学生样本，四大经济体有着类似的中华文化和同样的测试语言，地理位置也较为接近。学生样本分布特征见表1。

表1 四大经济体样本分布特征

| | 经济体 | 学生样本量 | 主要测试领域排名② | 学校校本量 | 男生（%） | 女生（%） | 年级（%） | | | | |
|---|---|---|---|---|---|---|---|---|---|---|---|
| | | | | | | | 7 | 8 | 9 | 10 | 11 |
| PISA2015 | 中国香港 | 5359 | 7 | 138 | 50.1 | 49.9 | 1.1 | 5.3 | 25.8 | 67.4 | 0.3 |
| | 中国澳门 | 4476 | 6 | 45 | 50.2 | 49.8 | 2.9 | 12.2 | 29.7 | 54.6 | 0.6 |
| | 中国台湾 | 7708 | 4 | 214 | 50.5 | 49.5 | 0 | 0 | 43.9 | 56.1 | 0 |
| | 中国大陆 | 9841 | 10 | 268 | 47.6 | 52.4 | 1.0 | 6.8 | 48.9 | 41.4 | 1.9 |

---

① 中国大陆地区参加 PISA2015 的省市为北京、上海、江苏、广东，参加 PISA2018 的省市为北京、上海、江苏、浙江。
② PISA2015 主要测试领域为科学，PISA2018 主要测试领域为阅读。

续表

| | 经济体 | 学生样本量 | 主要测试领域排名② | 学校校本量 | 男生(%) | 女生(%) | 年级（%） | | | | |
|---|---|---|---|---|---|---|---|---|---|---|---|
| | | | | | | | 7 | 8 | 9 | 10 | 11 |
| PISA2018 | 中国香港 | 5605 | 4 | 165 | 51.5 | 48.5 | 1 | 5.3 | 25 | 67.9 | 0.9 |
| | 中国澳门 | 3061 | 3 | 45 | 50.9 | 49.1 | 2.1 | 10.7 | 31.4 | 54.9 | 0.8 |
| | 中国台湾 | 7221 | 17 | 192 | 50.0 | 50.0 | 0 | 0.1 | 32.3 | 67.6 | 0 |
| | 中国大陆 | 12049 | 1 | 362 | 52.1 | 47.9 | 0.2 | 1.6 | 34 | 63 | 1.1 |

2. 变量选择与阐释。要保证评价数据在不同经济体之间的可比性，评价工具对于不同经济体的学生应该具有同样的结构，即具有测验等值性。本研究选取了PISA2015和PISA2018中与学生学科学习意向和态度相关的变量为分析对象，探究调查是否对四个经济体学生具有测量一致性，即探究异质性的存在及其表现。

具体而言，本研究选取了PISA2015中学生科学相关倾向的三个变量，即科学自我效能（scienceself-efficacy）、科学信念（epistemological beliefs about science）和科学活动（students'science activities）。其中，关于科学自我效能的量表采用四分类量表（我可以很容易做到、我可以通过一点努力做到、我会靠自己努力做到、我不能做到），要求学生评估他们在不同科学任务中的表现；关于学生科学信念的调查采用李克特四点量表（非常不同意、不同意、同意、非常同意）调查学生对科学方法论的看法；关于学生科学活动的量表采用李克特五点量表（经常、偶尔、有时、几乎不、从不）调查学生参与科学相关活动的频率。

此外，本研究还选取了PISA2018中两个阅读态度相关的变量和一个学校意向性变量，即享受阅读（enjoyment of reading）、阅读自我概念（self-concept of reading）以及学生对学校的适应性（resilience）。三个变量均采取李克特四点量表（非常不同意、不同意、同意、非常同意）调查学生对相关陈述的同意程度，在调查中，四大经济体学生在上述变量调查中的信度见表2。

表2 变量信度

| 变量 | | 中国香港 | 中国澳门 | 中国台湾 | 中国大陆 |
|---|---|---|---|---|---|
| PISA 2015 | 科学自我效能 | 0.915 | 0.887 | 0.917 | 0.891 |
| | 科学信念 | 0.921 | 0.850 | 0.934 | 0.857 |
| | 科学活动 | 0.937 | 0.902 | 0.915 | 0.922 |
| | 享受阅读 | 0.813 | 0.834 | 0.840 | 0.812 |
| PISA 2018 | 阅读自我概念[①] 能力感知 | 0.836 | 0.764 | 0.837 | 0.794 |
| | 难度感知 | 0.790 | 0.771 | 0.819 | 0.766 |
| | 学校适应性 | 0.811 | 0.722 | 0.783 | 0.805 |

注：数据来源于PISA2015和PISA2018的技术报告。

### （二）研究过程与分析方法

本研究采用验证性因子分析（CFA）对数据进行分析，以此评估六个变量在四大经济体学生测评中是否以同样的方式和结构被测试，即检验测评工具在不同样本群体中的测量等值性[②]。具体研究过程如下：首先，对每一个变量进行单组验证性因子分析（SG-CFAs），分别验证各个变量的测评工具在四大经济体中的有效性；其次，将四个经济体分为四组，进行多组验证性因子分析（MG-CFA），以检验同一测评工具在不同群体间的等值性。在多组验证性因子分析中，研究采用了三个等值检验模型，即形态等值模型（configural invariance）、单位等值模型（metric invariance）和尺度等值模型（scalar invariance）。形态等值是基线检验模型，检验潜变量的构成形态或模式是否相同；单位等值又称弱等值，检验测量指标与因子之间的关系，即因子载荷在各组中是否等值，如果拟合较好，则说明每一个观测变量在不同组之间具有相同的单位，即潜变量每变化一个单位，观测变量在不同组中都会产生同样程度的变化；

---

[①] 阅读自我概念变量包括能力感知和难度感知两个具体变量。

[②] Millsap R E, Jenn Y T. Assessing factorial Invariance in Ordered-categorical Measures. *Multivariate Behavioral Research*，2004（3）.

尺度等值又称为强等值，用于检验观测变量的截距是否具有不变性，强等值性的确立表明测量在不同组之间具有相同的参照点。一般而言，只有单位和参照点都相同，用观测变量估计的潜变量分数才是无偏的，组间比较才有意义。因此，只有同时满足弱等值和强等值，才能进行均值之间的比较。

为了评估四大经济体数据对 CFA 模型的拟合度，本研究主要使用了以下三个指标：CFI（comparative fit index）、TLI（Tucker-Lewis index）、RMSEA（root-mean-square error of approximation）。其标准分别如下：CFI 和 TLI 的结果在 0—1 之间，愈接近 0 表示拟合愈差，愈接近 1 表示拟合愈好。一般认为，结果大于等于 0.9，模型拟合较好。RMSEA 是评价模型不拟合的指数，如果接近 0 表示拟合良好，相反，则表示拟合愈差；如果 RMSEA=0，表示模型完全拟合，RMSEA<0.05，表示模型接近拟合，0.05≤RMSEA≤0.08，表示模型拟合合理，0.08<RMSEA<0.10，表示模型拟合一般；RMSEA≥0.10，表示模型拟合较差。

为了进一步检验单位等值和尺度等值的合理性，我们采用了拟合指数差异的方法检验测量等值，比较两种相近等值模型之间 CFI、TLI 和 RMSEA 的变化，即 ΔCFI、ΔTLI 和 ΔRMSEA。相关标准如下：当拟合指数差异小于 0.01 表明不存在显著差异，差异值在 0.01 到 0.02 之间表明存在中等差异，当差异大于 0.02 说明存在确定的差异，即 ΔCFI 和 ΔTLI 小于 0.01 时，说明等值成立。[①] 本研究的分析利用 Mplus7.4 软件进行，在三种等值模型中，采用了均值和方差调整加权最小二乘法（WLSMV）作为估计方法。

### （三）研究结果

本研究首先分别对四个不同经济体的学生进行了单组验证性因子分析模型检验，结果如表 3 所示。在 PISA2015 中，就科学自我效能变量而言，中国香港和中国澳门的数据和模型的拟合较好（CFI 和 TLI 均大于 0.95 且 RMSEA 小于 0.08），但对于中国台湾和中国大陆地区，数据和模型的拟合较差（虽然 CFI 和 TLI 大于 0.95，但 RMSEA 均大于 0.1）。对于科学信念和科学

---

① Cheung WD, Rensvold R B. Evaluating Goodness-of-fit Indexes for Testing Measurement Invariance. *Structural Equation Modeling*，2002（2）.

活动两个变量，四个经济体的 RMSEA 均大于 0.1，表明存在模型误设。

表 3  单组验证性因子分析模型拟合

|  |  |  | 中国香港 | 中国澳门 | 中国台湾 | 中国大陆 |
|---|---|---|---|---|---|---|
| PISA2015 | 科学自我效能 | CFI | 0.991 | 0.989 | 0.987 | 0.981 |
|  |  | TLI | 0.988 | 0.985 | 0.981 | 0.973 |
|  |  | RMSEA | 0.080 | 0.067 | 0.104 | 0.100 |
|  | 科学信念 | CFI | 0.978 | 0.975 | 0.994 | 0.947 |
|  |  | TLI | 0.963 | 0.958 | 0.990 | 0.911 |
|  |  | RMSEA | 0.226 | 0.124 | 0.143 | 0.226 |
|  | 科学活动 | CFI | 0.972 | 0.952 | 0.967 | 0.965 |
|  |  | TLI | 0.962 | 0.937 | 0.955 | 0.954 |
|  |  | RMSEA | 0.203 | 0.168 | 0.182 | 0.218 |
| PISA2018 | 享受阅读 | CFI | 0.835 | 0.951 | 0.819 | 0.890 |
|  |  | TLI | 0.670 | 0.901 | 0.638 | 0.780 |
|  |  | RMSEA | 0.245 | 0.133 | 0.276 | 0.194 |
|  | 阅读自我概念 | CFI | 0.597 | 0.704 | 0.615 | 0.655 |
|  |  | TLI | 0.329 | 0.507 | 0.358 | 0.424 |
|  |  | RMSEA | 0.312 | 0.240 | 0.322 | 0.268 |
|  | 学校适应性 | CFI | 0.983 | 0.964 | 0.962 | 0.986 |
|  |  | TLI | 0.966 | 0.928 | 0.924 | 0.971 |
|  |  | RMSEA | 0.073 | 0.085 | 0.102 | 0.065 |

在 PISA2018 中，对于享受阅读和阅读自我概念两个变量，四个经济体的 CFI 和 TLI 几乎都小于 0.95，且 RMSEA 值均超过 0.1，这说明变量的数据和模型表现出较差的拟合度且不具备可比性。而对于学校适应性变量，中国香港和中国大陆地区的 CFI 和 TLI 的值均大于 0.95 且 RMSEA 小于 0.1，表明模型拟合一般，模型在一定程度上拟合中国大陆和中国香港学生的数据，但是对中国澳门和中国台湾来说，TLI 均小于 0.95，且 RMSEA 超过 0.8，数据的拟合程度欠佳。

在单组因子分析中，科学信念、科学活动、享受阅读、阅读自我概念四个变量的数据与模型表现出较差的拟合度，通过多组验证性因子分析（表 4），我们亦得出同样的结论。在形态等值即基线等值检验中，虽然科学信念和科学活动的 CFI 大于 0.95，但是由于 RMSEA 为 0.193 和 0.199，远高于标准值 0.1，这说明上述两个变量的因子构成形态在四个经济体中并不一致，也即对于科学信念和科学活动两个潜变量而言，在四个经济体的测试中测试到的是不同的内容，并不具有直接可比性，也无需进行进一步的单位等值检验和形态等值检验。而对于享受阅读和阅读自我概念两个变量，在形态等值检验中，CFI 值均小于 0.95 且 RMSEA 均大于 0.1，亦说明上述两个变量的因子构成形态在四个经济体中并不一致，不具有直接可比性，也无需进行进一步的单位等值检验和形态等值检验。

表4　多组验证性因子分析模型拟合

| | | | CFI | RMSEA | ΔCFI | ΔRMSEA |
|---|---|---|---|---|---|---|
| PISA2015 | 科学自我效能 | 形态等值 | 0.986 | 0.093 | | |
| | | 单位等值 | 0.987 | 0.082 | 0.001 | −0.011 |
| | | 尺度等值 | 0.984 | 0.074 | 0.003 | −0.008 |
| | 科学信念 | 形态等值 | 0.981 | 0.193 | | |
| | | 单位等值 | 0.98 | 0.167 | 0.001 | −0.026 |
| | | 尺度等值 | 0.98 | 0.131 | 0 | −0.036 |
| | 科学活动 | 形态等值 | 0.967 | 0.199 | | |
| | | 单位等值 | 0.966 | 0.181 | 0.001 | −0.018 |
| | | 尺度等值 | 0.965 | 0.158 | 0.001 | −0.023 |
| | 享受阅读 | 形态等值 | 0.903 | 0.185 | | |
| | | 单位等值 | 0.883 | 0.154 | 0.02 | 0.03 |
| | | 尺度等值 | 0.847 | 0.147 | 0.036 | 0.007 |
| PISA2018 | 阅读自我概念 | 形态等值 | 0.785 | 0.207 | | |
| | | 单位等值 | 0.775 | 0.174 | 0.01 | 0.033 |
| | | 尺度等值 | 0.667 | 0.185 | 0.108 | 0.011 |
| | 学校适应性 | 形态等值 | 0.987 | 0.057 | | |
| | | 单位等值 | 0.978 | 0.055 | 0.009 | 0.002 |
| | | 尺度等值 | 0.946 | 0.072 | 0.032 | 0.017 |

通过对科学自我效能变量进行多组验证性因子分析、研究发现，当把四

个经济体作为四个组来进行因子分析时，CFI 均大于 0.95，RMSEA 处于 0.08 和 0.1 之间，表明模型拟合一般，这说明科学自我效能变量在四个经济体中的构成形态、因子载荷以及变量截距基本一致，能够进行跨组的相关分析和均值比较。通过对学校适应性变量进行多组验证性因子分析，研究发现，在形态等值检验中，CFI 大于 0.95，RMSEA 为 0.057，低于标准值 0.1，这说明上述变量的因子构成形态对四个经济体的学生而言具有一致性，也即在四个经济体的测试中测试到的是同样的内容，具有可比性。通过进一步单位等值检验和尺度等值检验，单位等值检验指标良好，CFI 大于 0.95，RMSEA 小于 0.08，且 ΔCFI 和 ΔRMSEA 均小于 0.01，由此可以在四个经济体中进行跨组的相关分析。但在尺度等值检验中，RMSEA 小于 0.08，但 CFI 小于 0.95，ΔCFI 和 ΔRMSEA 均大于 0.01，尤其是 ΔCFI 大于 0.02，这表明在四个经济体中，变量的截距不具有等值性。因此，在进行跨组之间的均值比较时需要慎重。

综上，本研究分析了 PISA2015 和 PISA2018 中学生学科学习和学校相关的六个变量，以检验不同变量在四个经济体中是否被同等理解和测量。研究结果表明，科学自我效能和学校适应性两个变量可以进行一定程度的跨经济体比较，能够在不同经济体中测试出相同的特质。而对于其他变量，则不能在四个经济体之间进行直接有效的比较。也就是说，尽管 OECD 报告了这些变量及其统计结果，但缺乏确保数据结构具有可比性所需的统计证据。因此，直接使用科学信念、科学活动、享受阅读、阅读自我概念四个变量的数据进行跨经济体的相关分析或均值比较，有可能导致不严谨和不科学的研究结果。

造成评价工具在不同经济体学生之间缺乏等值性具有多方面的原因，包括不同经济体的教育历史、社会文化、语言文字等方面。事实上，在我国大陆地区的教育质量评价中，异质性同样存在。经济发展不均衡、城乡教育差异、多元民族文化均会导致异质性的存在。同时，随着融合教育的进一步发展，特殊需要儿童随班就读的推进，特殊需要儿童在学习背景和学习过程上的差异，亦是造成教育评价异质性存在的原因之一。

## 三、异质性视野下教育质量评价的未来走向

异质性影响着教育质量评价的科学性与精确性，要有效发挥教育评价的问题诊断、政策支撑、促进发展的功能，我们需要正视教育质量评价中异质性的存在，并在评价设计、评价实施和结果解释等方面，寻求有效的应对办法，由此规避异质性可能导致的评价误差。

### （一）科学抽取样本，提高评价样本的代表性

每一项教育质量评价活动都有其特定的评价对象和评价目的，其评价结果的解释和运用也都存在一定的范围和限度，只能够适用于特定的群体和对象。因此，总体的科学界定和样本的有效选择是应对异质性的首要要求，这样才能提高评价样本的代表性，而评价样本的代表性是影响评价结果科学性与精确性的重要因素。

严格定义评价总体、科学抽取样本、提高样本的代表性对于评价标准的设置、评价工具设计、评价过程实施以及评价结果运用都起着关键性的作用，是保证评价各个因素和各个环节间异质性的前提。要对我国的教育质量进行有效的评价，其评价总体就应该包括我国教育中各类型、各层次、各地域学校就读的各年级所有学生群体，这也就意味着，无论是特殊教育学生还是普通学生，无论是少数民族学生还是汉族学生，无论是大城市学生还是偏远农村学生，都应该纳入评价总体中。只有严格定义总体，评价对象的选取（评价抽样）才有基本的依据，才能在一个明确的群体内抽取部分个体进行评价，如果评价总体不明确，评价样本的抽取就是毫无意义的。在严格定义总体之后，要制定出明确的抽样方案，还要考虑各种特殊因素，如特殊需要儿童、男女性别比例、不同地域样本的比例等。对于抽样而言，首先要保证抽取样本对于总体的覆盖率，这是影响评价结果精确性和可比较性的关键。评价样本对总体的覆盖率低，就会直接导致数据的失真，进而导致推断和结论的不准确。其次，采用科学的抽样方法提高评价的代表性，如采取多阶分层抽样方法。以三阶分层抽样为例：第一阶段确定抽取的地域，即明确从哪些地域

抽取学校和学生，在此阶段需要充分考虑各个地域的地理、人文、经济、教育指标、课改进度、教育发展等现实情况，在地域上也要保证对于总体地域的覆盖度和代表性；第二阶段确定抽取的学校，即在选取的地域抽取学校，根据学校位置、学校性质等指标将学校分为不同的类型、层次（如城镇学校和农村学校、优质学校和薄弱学校、公立学校和私立学校），确定不同类型和层次学校的抽取数量；第三阶段，在选取的学校内部根据随机的原则（或根据性别的分层抽样）选取具体的评价对象。三阶分层抽样并非简单的随机抽样，能够在一定程度上保证评价样本对于总体的覆盖率和代表性，减少抽样误差，也能够最大程度地包容所有具有差异性的对象，这是应对教育质量评价异质性的基础，也是提高教育质量评价科学性和精确性的起点。

**（二）考虑差异需要，彰显评价过程的适应性**

针对评价对象中的多元群体，评价者需要充分明确多元群体的差异化需求（尤其是不同地域文化背景和特殊需要儿童群体），采取差异化的实施方法，进而帮助这部分群体在评价中真实地呈现其知识和技能，而不受其机能缺陷或者是语言、文化（主要指少数民族的学生）的影响。在评价工具的设计和评价的实施过程中，评价者需要充分考虑评价对象的差异化需求，提供合理便利，进而彰显评价过程对差异群体的适应性。

在评价工具设计上，评价者需要在评价工具的呈现语言上考虑少数民族双语学校学生的语言学习现状，这些学生虽然在双语学校学习，但其在汉语上明显存在弱势，如果统一采用汉语的调查工具（除了语文学科）进行评价，学生在评价结果上的差异可能在很大程度上来自其汉语水平的差异，而不是学业水平的差异。由此，在评价工具的语言上，可以针对少数民族地区学生进行一定的调适，例如运用当地少数民族语言进行恰当地解释或注释，以减少因少数民族文化差异而导致的学生对测试项目的认知偏差；同时，评价者需要充分考虑那些有肢体机能或其他感官缺陷的学生的特殊需要，通过大字体印刷、盲文的方式呈现评价项目。在评价的实施过程中，则需要针对特殊需要儿童群体提供一定方式的合理便利，包括呈现方式调适（如盲文、大字体）、时间调适（如延长时间、分次评价）、情景调适（如小团队、分组评价)、反应调适（如人机互动）和辅助调适（如放大设备、语音输入）。[①] 当然，为特殊需要学生在评价过程中提供合理便利，需要评价者根据学生的具体情况和评价活动的目的和性质进行科学的决策。是否对某一个或某一部分学生提供合理便利，需要考虑如下几个方面：学生在课堂教学中是否接受一定的调适性教学措施，调适性措施对于某一个或一部分群体是否有效，调适性措施是否会导致新的评价偏差等。[②] 即如果学生在学习活动中接受了调适性的教学措施，在评价中，评价者也需要为这部分学生提供合理便利，真正体现"如何学，如何评"的理念，将学生的学习过程、学习方式与教育质量评价结合起来，增强学习过程对学习结果的解释性。

### （三）科学赋予权重，增强数据处理的合理性

前文已述，为增强评价样本对总体的代表性，我国教育质量评价可以采取三阶分层抽样，而此种抽样方法并非简单的随机抽样，每个学生被抽取的概率不一定相等。因此，在进行评价数据的统计、分析和结果报告时，就不能对评价数据进行直接的分析，而需要对不同类型的数据科学地赋予权重，通过加权后再进行统计与分析，进而差异化地处理具有差异性的数据，增强评价数据处理的合理性。可以说，不恰当地使用加权是在教育质量评价，尤其是大规模的教育质量评价中产生推断误差的主要来源之一。

当前，在我国的教育质量评价中，对于评价数据赋权的研究与实践相对较少，几乎都是对评价数据进行直接统计与分析，忽视评价数据的权重可能会导致评价数据处理的失真和评价结果的不准确，也会对评价数据的二次分析研究造成影响。在国际大规模教育评价中，为了增强各个经济体之间的可比性，在评价数据库中均提供了多种权重，供研究者根据特定的情况进行选择应用。在进行评价数据的权重的研究与确定时，需要考虑如下两个因素：

---

① Cawthon S, Leppo R. Assessment Accommodations on Tests of Academic Achievement for Students Who are Deaf or Hard of Hearing: a Qualitative Meta-analysis of the Research Literature. *American Annals of the Deaf*, 2013 (3).

② Edgemon E A, Jablonski B R, Lloyd J W. Large-scale Assessments: a Teacher's Guide to Making Decisions about Accommodations. *Teaching Exceptional Children*, 2006 (3).

第一，数据分析的目的，如在进行总体描述或推断时，可以直接进行数据的分析，但如果需要进行不同群体或者不同地域的比较时（性别差异分析、地域对比研究等），就需要根据样本特征赋予不同权重；第二，不同群体对于评价总体的代表性，在评价样本选取时，不同群体的样本数不同，导致其对总体的代表性也不同，这也要求根据不同群体（民族地区、特殊需要儿童等）的代表性确定合适的权重。在具体的权重确定方法上，根据教育评价大数据的特征，可以采用主观赋权法（如专家调查法、层次分析法、二项系数法等）、客观赋权法（最大离差权数法、标准差权数法、标准差系数权重法、指标相关性赋权法等）或综合运用主观和客观赋权法。根据不同的分析目的，采取不同的加权方法，在进行分析时对不同的变量赋予不同权重，既是正视教育质量评价异质性的根本要求，也是提高我国教育质量评价精确性与科学性的内在体现。

异质性是教育质量评价中不可回避的问题，无论是在理论研究、实践探索，还是在统计分析、结果解释方面，都还有极大的研究空间。只有正确理解与科学应对教育质量评价的异质性问题，才能提升教育质量评价的科学性与精确性，也才能通过教育质量评价促进教育公平，提升教育质量。同时，对教育质量评价异质性的关注，也能够为高考改革、学业水平考试改革以及综合素质评价改革提供相应的指导。

# 第四部分 深度教学的教学实践探索

# 学科实践：作为一种学科学习方式

刘 艳

学科实践作为一种学科学习方式，是实现学生知识学习向科学素养转化的基本过程和方式。我国新课程改革强调"促进学习方式多样化"，但在现实课堂教学境遇中不难发现，自主、合作和探究学习等学习方式并没有真切地在与学科特质深度耦合的基础上发生。学科实践作为一种学科学习方式，是指向学科核心素养下学习方式的根本变革，以学生主动探索并积极参与学科问题解决的"类实践"学习活动为中心，发挥学科实践之于知识理解、关键能力和素养转化的发展性价值。深化学科实践的学习变革是当前创新育人方式、实现学科育人功能的核心问题。

## 一、学科实践的本质及其意义

实践问题是关涉人类知识发生以及人的多方面存在和发展的基本问题。区别于普遍意义上的实践，教育性实践是学生在实际情境中理解和运用所学知识去分析解决实际问题的学习活动或学习过程。而学科实践则试图实现实践学习方式与学科特质的深度耦合，是依托学科知识和学科问题以导向学科核心素养培育的综合性学习方式。

### （一）学科实践的内涵

实践是人们自觉自我的一切行为。亚里士多德区分人类活动为"理论、生产与实践"，其中实践被认为是人与人之间广义的伦理行动与政治行动。[①]马克思主义哲学将实践理解为主观见之于客观的活动，认为"实践是人有目

---

[①] ［古希腊］亚里士多德. 尼各马科伦理学［M］. 苗力田，译. 北京：中国人民大学出版社，2003.

的地认识世界和改造世界的主体性活动"[①]，这意味着马克思实践哲学更侧重于指向个体自身积极又主动的实践，以改善当前的生存状态和生活活动。中国漫长的历史文化长河中已有先贤智慧阐述有关"做"的价值，从孔夫子的身体力行，到阳明心学的知行合一，再到黄宗羲"经世致用"的实学精神，无一不在知行问题上论证实践的重要意义。

杜威认为，"教育应该是通过多样且具体的实践活动增强个体的学习经验。"[②] 随后，布鲁纳倡导"学生应该像科学家从事科学研究的方式来学习"[③]，通过探究学习实现学生对科学概念的理解。施瓦布将实践作为课程的语言，主张"学科科学中的知识都有其自身的术语表达，是不完美地应用于复杂的实际问题网络中"[④]，试图以具备理论基础的"类实践"来解决学科断裂问题。新课程改革以来，我国积极倡导"自主、合作与探究"等多样化学习方式，聚焦于研究性学习来落实探究性学习理论以实现素质教育。从杜威的"做中学"到学科实践，从探究性学习到学科核心素养导向下学习方式的变革，改革浪潮助力学科实践重新进驻到课堂教学之中，也驱动着学科实践内涵在新时期的重构与丰富。

学科实践是以知识学习为基础，以复杂学习情境和高阶思维参与为基本特征，指向学科问题解决的多维实践活动，由此实现知识理解、知识运用与知识转化的学科学习方式。这必然指向主体的主动参与、积极实践、多维交互与意义建构，实质是一种理解、探究与创造的学习活动，注重对完整学习过程的关照和真实且有意义的学习情境的创设。学科实践通过知识情境化和学习实践化来拓展知识学习与实践学习的边界，达至学生有关科学世界和生活世界的融通与转化，实现"人—知—客观世界"交互，达成人的积极且自主发展。从数理逻辑的思维推演到数学实验的实践活动，从语言实践学习到

---

① 王仕民. 简论马克思的实践范畴 [J]. 哲学研究，2008 (7).

② [美] 约翰·杜威. 民主主义与教育 [M]. 王承绪，译. 北京：人民教育出版社，2001.

③ 任长松. 探究式学习——学生知识的自主建构 [M]. 北京：教育科学出版社，2005.

④ Joseph J. S. The Practical: a Language for Curriculum. *Journal of Curriculum Studies*, 2013 (5).

文化审美实践，从科学原理探究到科学实验操作，都必然包含丰富且多样的学科性实践学习。学习者在这一过程中充分感受学科知识所内涵的逻辑思维和形象思维，在情境体验和主动参与中进行学习经验的统合，以发展个体的洞察、推理、想象、判断及建模能力，在更深层次上培育学习者的理性精神、创新意识、审美体验、文化认同与积极状态。从实践学习的活动样式上看，学科实践蕴含科学探究实践、文化体验实践、课堂审美实践、社会应用实践、生命体悟实践等不同层次。学科实践具有学科差异性，当实践学习方式深刻地与具体的学科特质和学科问题紧密结合时，则逐渐摆脱一般化的实践学习程序，表现为具备学科特性的实践学习方式。

**（二）学科实践导向学生核心素养发展**

素养发展依托于能动活动中直接经验与间接经验的相互作用，以此实现经验、概念和行动整体结构的不断转变。"发展与培养不能给予人或传播给人。谁要享有发展与培养，必须用自己内部的活动和努力来获得。"[①] 素养的不可传递性直接决定了知识学习与素养发展之间存在着天然间隙，因而须得寻求一种综合性的学科实践学习活动，让个体在广泛问题解决中积极调动认知、思维、意志、情感和品质等学习投入，以情境性沉浸和具身性参与的状态进入到深度建构学习和整合性学科学习当中，促进个体认知结构优化、高阶思维发展、情感体验升华和实践能力提升。然而，新课程改革有关学习方式的变革大多局限于表面化、表演化、表层化实践形式的变革，无论是探究、体验，还是操作学习活动，都需要回到学科立场，回到知识基础，让学科知识与学生进行生动地相遇，才能真正发挥实践学习之于个体素养发展与精神成长的教育价值。

学科实践是以基于学科并超越学科在特定情境下的综合学习活动为路径，由此实现学习者综合性学科素养的培育。"学科与人天然地存有双向交互的关系，学科为人提供了一种完整、周延并富有逻辑的未来可能性，而人又通过

---

① [德] 阿道尔夫·第斯多惠. 德国教师培养指南 [M]. 袁一安，译. 北京：人民教育出版社，1990.

自为的行动延展学科的广阔疆域。"[①] 学科实践试图让学生在知识学习和问题解决过程中，习得不同学科所蕴含的人类面对世界时独特的问题解决和经验积累，构建多种认识世界和改造世界的独特学科视角。此外，学科实践通过综合性、开放性、创造性的学科问题和真实且富有意义的学习情境，让学习者在实践学习过程中实现与学科知识、与客观世界之间的互动与交融，并通过不同学科之间作用力的交织、融合与激荡，一同构建学习者的整体素养。多维实践活动能够最大程度地激活个体原有知识，通过分析、综合、判断、推理和想象等高阶思维建立深刻的关联并灵活运用，伴随着学生问题解决能力、知识运用与迁移能力的提升，个体内部的认知与非认知心理资源在问题情境中实现沟通与共融，表现为学生胜任复杂情境下综合性学科运用能力。

## 二、学科实践的基础与立场

唯有把握学科实践的理性基础、学习立场和价值取向，确认学科实践作为以知识为根基的方法论、以学科问题为导向的实践学习以及实现人之自我建构的价值追求，才能保证学科实践不走向真实生活的复演和知识授受的附属两个极端。

### （一）理性基础：以知识为根基的方法论

学科实践的基础是知识理解，是完整的认知参与的学习活动。区别于知识掌握学习，学科实践表现为依托知识情境化和学习实践化来深化学生的感知、观察、想象和思维过程，聚焦在复杂情境和多维实践活动中的知识学习。学科实践首先是认知性实践，着眼于立体化知识学习过程展现"强有力的知识"的教育价值。"强有力的知识"需要依靠面对变化情境、背景差异和体验迥异的学习环境下"信赖知识的不可靠性"[②]。即将学科知识置身于特定学科

---

[①] 董林伟. 走向学科育人："做数学"的时代建构与实践创新 [J]. 教育发展研究, 2021（8）.

[②] Michael Y. Overcoming the Crisis in Curriculum Theory: a Knowledge-based Approach. *Journal of Curriculum Studies*, 2013（2）.

情境与真实生活情境中，拓展知识边界与学科互涉，来展现根植于一定社会、文化和历史等知识的多维属性，实现扁平化符号学习向立体化知识学习的跨越，以此深化学生在实践学习过程中的知识理解、应用与转化。

学科实践作为"以知识为根基的方法论"①，要求课程教学保持知识理解和实践学习的张力。"就学科内容的系统知识而言，它的巨大优越性在于它使得我们可以提前预见实践中的问题……学科知识实际上就是实践的知识，一种去创造、去改变、去变革的巨大潜能。"② 学科知识实践潜能的发挥，要求创设与学科知识生发过程的实践情境、学科知识发展和传播的文化时空情境，以及学科知识享用和应用的社会实际情境等相似的情境组织形式，让学生在学科学习情境的体验过程中以积极情感又富有意义的状态去理解知识或解决问题，乃至创造知识。学科实践并非停留在知识理解向实践情境的单次跨越，更是在知识与实践、认知基础与多维实践、科学世界和生活世界的反复倒转和多次深入浅出和多次深入深出之中实现多维学科实践。以知识理解为基础，伴随着学生对知识冰山下的逻辑理性、历史发生、文化价值、审美意义、社会关切和生命涵养的相遇与对话，在学科实践活动和复杂学习情境中实现"人－知－客观世界"的意义关联和价值实践。

**（二）学习立场：以学科问题为导向的实践学习**

学科实践依托学科问题导向综合性的实践学习。学科问题作为融合学科观念、知识结构、思维逻辑和思想价值的情境载体，是承载复杂学习情境、知识多维属性以及师生多元互动的问题依托，聚焦学生在问题解决过程中所必须经历的学习过程和学习方式。有价值的学科问题能够实现文字符号到客观事物、学科知识到思维过程、科学世界到生活世界的多次转化，并诱发学习者认知、情感和行为的全参与和全投入。"情境参与和问题解决是实践学习

---

① ［英］迈克尔·扬. 把知识带回来——教育社会学从社会建构主义到社会实在论的转向［M］. 朱旭东，等译. 北京：教育科学出版社，2020.

② ［美］WestburyI，WilkofNJ. 科学、课程与通识教育——施瓦布选集［M］. 郭元祥，乔翠兰，主译. 北京：中国轻工业出版社，2008.

方式区别于其他各种学习方式的基本特征。"① 多维且复杂的学科情境成为促进学生学习、理解与应用的学习环境，综合性学科问题则作为实践学习任务，通过复杂且非结构化的学科问题链来激活学生的认知思维和探索心理，让学生在真实而富有意义的问题探究和问题解决中深化知识理解，在知识运用中诱发知识迁移。

学科实践呈现出多维实践学习的样态。学科的发生发展过程本就是人类的社会活动、文化活动以及与人类社会实践相伴的认识世界和改造世界的活动，也就意味着学科知识内部蕴含着反映客观世界内在规律的科学属性、社会属性、文化属性、实践属性等多维发展属性。学科实践则试图通过综合性、真实性的学科问题来展现学科内容的丰富性，以关涉知识理解性问题、学科思想或思维挑战性问题、价值观辨析或情感体验性问题，来揭示有关逻辑与理性的问题、历史与文化的问题、德性与智慧的问题、情感与审美的问题以及社会与生命的问题，在结构化和脉络化的问题探究和解决过程中充分表达知识的多维属性。此外，学科问题学习依托于多维实践学习活动和学习方式，以语言实践学习为基础，以文化实践学习为核心，在不同学科中渐次向科学实践、社会实践、审美实践和生命实践的层次展开。

### （三）价值取向：人之自我建构的实践追求

学科实践试图揭示学习本身蕴含的实践属性，以此作为实践的学习观，发挥学习作为一种特殊实践过程对于个体的生命价值。"学习方式不仅仅是学生'致知'一种手段，更是人的生活方式和思维方式的深刻体现……改变学习方式，意味着改变思维方式、生存方式和实践方式。"② 学习是一种特殊的认识过程，在这个过程中知识成为了学生与自然世界、与社会世界、与自我世界关系的桥梁，通过实践学习获取"关于世界的知识"和"进入世界的知识"，发挥实践之于主体社会生活经验的改组或改造，实现主体精神生命的成长的重要价值。学科学习最终意味着指向人的自我实现和自我建构，在对知识意义的追寻基础之上反向作用于实践主体本身，由此实现个体的自我理解、

---

① 郭元祥. 论实践教育 [J]. 课程·教材·教法，2012 (1).
② 吴永军. 新课程学习方式 [M]. 南京：南京师范大学出版社，2005.

自我确证、自我实现和自我超越，获得精神生命的充盈和主体生命的自由创造。

学科实践通过沟通学生生活世界与学校科学世界，希冀学生从生活世界中的直觉理解发展为"学科专家式"[①]的学科理解，再转而进入生活世界实现对客观世界的改造，由此实现个体"由自在存在转变为自为存在，归根结底还是指向人自身之发展与完善"。[②] 学科实践不仅关注学习作为人的实践存在的价值结果，更关注学习的实践过程取向，希冀通过个体在生活世界和科学世界之间反复出入的实践过程，深化个体知识理解与经验的丰富和系统化。在学科实践学习过程中更要关照人的生活历史和人的生活实践，"人的生活历史就是'履历情境'，是生活经验的历史过程的结晶"[③]，个体在学科实践中的经验累积，自然也在生活世界的不断实践和理性反思中得以重构个人理解、个人观念和个人智慧，由此构筑人作为实践存在的精神力量。

## 三、学科实践的过程与方式

作为一种学科学习方式，学科实践与情境感知、问题探究、思维过程、经验统合与反思迁移等因素密切相关。要结合学科实践的基础与立场，探寻学科实践的基本过程与学习样式，真正进入到学生学科学习的内在机理和学习过程。

### （一）"感受性—思维力—适应性"学习过程

人对问题情境的初步感受是实践学习的出发点。感受性学习是学科实践区别于传统认知学习的关键特征，是建立在个体感知觉基础上对世界的敏锐洞察、丰富感受和深刻体悟的过程，这其中伴随着鲜明的个体经验、认知结构和情感倾向的参与。感受性学习聚焦于学生对学科知识背后所蕴含的事实、

---

① ［美］霍华德·加德纳. 未受学科训练的心智［M］. 张开冰，译. 北京：学苑出版社，2008.
② 鲁洁. 教育：人之自我建构的实践活动［J］. 教育研究，1998（9）.
③ 杨善华. 当代西方社会学理论［M］. 北京：北京大学出版社，1999.

困惑或实践的感受与感悟，根植于真实情境进行广博而细致的学科观察，由此实现疑难问题的确认并进入到思维探究阶段。学科实践的学习情境往往是融合了学科知识背景、学科疑难问题、学生生活情境等相互关联的类实践情境，其本质是以学科问题为核心的复杂情境。个体的学科观察不仅指向对学科问题的觉察，更是对疑难情境背后知识成立条件、知识依存条件以及知识多元表征的识别，是基于学科问题探究背后的知识概念及其复杂关系、学科思想及其思维过程的初步判断。在不同情境脉络中把握知识概念的丰富意义，探索知识的多元表征以及知识的多重链接，在复杂情境中理解学科问题的知识依存、生活依存和历史依存，由此生成的问题意识成为进入实践学习过程的前提。

问题探究是进入思维力学习的关键，这其中的过程体验、推理逻辑、想象机制和经验统合都在这一阶段得以发生。心理过程和逻辑形式是问题探究这一过程的起始阶段和终结阶段，即个体的内在动力、情感投入和认知思维得以调动并投入到问题探究和疑难情境之中，思维过程和思维形式则成为问题探究的内在逻辑和最终追求。"通过识别个体自身与问题相关的知识缺陷来确定学生探究的学习问题"[1]，依托个体学科观察获得有关问题的事实条件和逻辑条件，结合个体学习经验以引发新的暗示和设想，并从多种可能的问题探究路径中进行推理和验证，由此实现疑难情境向确定情境的转化。这其中，推理则成为了这一思维活动过程中的关键。康·德·乌申斯基将推理视为"意识的返回运动"，即通过将概念分解为组成它的判断过程以进一步验证和分析已经形成的概念或定理。[2] 学科实践则不仅包含"意识的返回"，还指向对未来的探查与预见，在学科活动中不断应用分析与综合等推理形式、归纳与演绎等逻辑形式，实现从概念到深化概念，从问题走向更远处的问题，这其中融合了经验、逻辑、想象和心理要素。此外，学科实践还需要将实际思维纳入到探究过程中去，作为一种持续发生且依托情境的思维方式，实际思

---

[1] Cindy E. Hmelo-Silver. Problem-based Learning: What and How do Students Learn? *Educational Psychology Review*，2004（3）.

[2] [俄]康·德·乌申斯基. 人是教育的对象——教育人类学初探（上卷）[M]. 郑文樾，译. 北京：人民教育出版社，2007.

维往往能够关注到更加真切的情境细节、旁白和背景信息，以此实现合乎情境和合乎逻辑两方面思维的协作与统一。伴随着整个问题探究过程的推进，学生的过程体验和经验统合持续不断地深化与发生。由此让个体从情境认知迈进了情境参与，通过个体情境体验、过程体验和方法体验形成的伴有情感反应的意义过程，实现主客体的深度融合。与此同时，基于体验的经验能够使得经验进入到个体的主观感受和内心领悟，并在过程体验中实现个体生活经验、学习经验和学科经验的持续交互与统合。

反思迁移达成高适应性学习，"体验—反思—迁移"的学习过程能够实现感性与理性认知的螺旋式深化。反省是将学科经验与自身状况进行关联，以"回应"自我认知结构、情感体验、行为模式和价值观念的过程，指向个体的自我建构与精神世界的丰盈。"反省性思维包括对为未来的预见，每个理智的暗示或观念都是对某些可能的未来的经验做出的预测。"[①] 反省不仅是一种认知过程，更是一种具备超越性的预见过程，是对"物—我"世界和"你—我"世界以及自我世界的遇见与预见。学习迁移是达成学生学校学习与真实世界问题解决之间的高通路迁移。在学科知识变式学习中获得知识的情境适应性，在不同问题情境下知识整合和跨学科视阈下知识运用中促进个体情境适应力和实践力的提升，通过具体与抽象、抽象与抽象交错的复杂认知思维过程来实现不相似的具体与具体、具体与抽象之间的联结，实现最高层次的迁移学习。

### （二）以学科为路向的实践学习方式

以学科为路向的实践学习是基于大观念、大问题、大任务的综合性学习活动，试图实现学科知识的深度理解、学科知识的灵活运用与跨学科问题解决能力的提升。学科实践往往依托于操作性学习、探究性学习与体验性学习等不同类型的学习方式，但又表现出典型学科特质。有如，语文学科偏向于语言建构与运用、审美体验与鉴赏以及文化感悟等实践活动，数学学科则侧重于操作体验、数学推理与综合实践的学习样态，科学类学科最为看重探究性学习和科学实验学习，人文类学科则推行议题式和主题式探究学习。

---

① [美]约翰·杜威. 我们怎样思维：经验与教育[M]. 姜文闵，译. 北京：人民教育出版社，2005.

大观念通常表现为一个上位概念、大观念或论题。大观念学习通过超越具体的抽象，但又内涵抽象与具体、抽象与抽象之间的多层链接，指向大概念对基础概念及其相互关系之间的抽象概括，又落实于师生合作开展的真实学科实践。这也就意味着大观念学习必然要依托与之相关的实践情境和逻辑推演情境，来经历大概念生成的"具体—抽象—更抽象"的发展过程。这其中的具体并非仅仅等同于真实且具体的情境，也包含与知识生成、确认、发展与应用相关的情境，通过多样联结实现学生认知结构之间不同层次的融通。基于大观念的学习路径需要以基本问题为导向，引导学生经历事实与概念以及大小概念之间的思维关联，让学习者探索其中尚未理解的关键概念和关键问题，并以开放性的基本问题去持续追问来不断打破学生原有的认知观念，引导学生建立复杂认知结构。

基于大问题的学习更加注重问题链的设计，即通过不同层次基本问题的追问，引导学生在与之相适应的学习活动中经历逻辑思维的层次性。学科问题链的设计必然是以学科核心素养为导向，以学科学业质量标准为参照所提出来的有关文本理解、思维挑战、价值辨析的大问题，并配套以解决该问题所必须经历的学习活动和学习方式。以语文学科中思维提升为例，要聚焦文本中人物关系、人物形象以及作品中所隐喻的矛盾和空白，提出指向思维发展的大问题，要让学生在探讨问题的学习过程中能够深入思考有关情感、态度、价值观以及行为方式等方面的问题。通过探究大问题中内在的要素与关系可以衍生出与问题探究相关的基本问题链，并引导学生经历语言实践、认知实践、审美实践、文化实践和生命实践的学习活动，形成学生对学科知识多维属性的探索与理解。

基于大任务的学习是指向跨学科的真实情境下的问题探究和问题解决，是一种"大学科观"的学习思维，即基于对本学科学习思维方式的把握，将其他学科所内涵的学科内容和学科思维方式纳入进来，其实质是对学科内在的逻辑关联和不同学科之间对个体发展的合力价值的考量。而考量关键在于将学习置于有意义的任务之中，以任务和问题驱动学生的主动探索和意义参与，促进学习者认知结构的不断重构与再重构。基于大任务的学习是知识应用型和问题解决型学习活动，其必然要在激活学生已有的学习经验和学习积累基础之上展开，通过任务分析明确任务解决所需要的知识、策略、技能及其组合方案，最大程度激发学生更大范围内的认知链接和知识迁移，提升学生将知识应用和推理策略转移到新问题的能力。

### 四、走向学科实践的学习方式变革

学科实践作为一种学习方式的变革，是对新课改以来实践取向的课程与教学观的深化，也是指向学科素养发展的学习方式变革方向的确认。学科实践涉及学习观的变革，更关涉学科实践的学习样态及其学习环境系统，指向多维实践学习环境的构建。

#### （一）确认学习作为"认知密集型"的意义实践

学习是一种意向性实践，是学生面向科学世界和客观世界的主动参与和认知全投入的意义建构，是马克思主义哲学观下的"目的性实践"。学科实践依赖学生与知识生动相遇、学生与教师双向互动的内在机制，以缔结学生与客观世界的意义链接，使学生成为意义实践者而非知识掌握者。意义实践是通过学科学习追寻前人经验以实现更好的生活意义，在缔造人与知识互动关系的过程中探寻人与社会、人与历史、人与文化以及人与自我的实践关系，以个体主动且积极的介入实现知识理性、德性、美感的种子在人精神生命中的发芽与成长。

学科实践并非是知识密集型的学习活动，而是认知密集型的实践活动，引导学生经历完整的认知过程是学生实践学习的基础和前提。面对抽象化的学科知识，学生必须完整地经历感知、理解、想象、思维和反思的认知过程，去探究知识的符号发生、语言发生、逻辑发生和历史发生过程，以深化知识理解。"学习需要重视情感、道德、身体以及个人认知等层面，真正的学习必然通过行动才真实地发生。"[1] 也就意味着，作为认知密集型的学科实践是指向个体认知、情感和行为全投入的有关逻辑与理性、文化与审美、社会与生

---

[1] KEITH SAYWER R. *The Cambridge Handbook of the Learning Sciences* (Second Edition). Cambridge: Cambridge University Press, 2014.

命的认知实践过程。主体认知实践及认知能力的发展是在学习人类社会历史经验的进程中实现，是对知识符号中的语言逻辑和数理逻辑的重演和创造，这就决定了学科学习必然要引导学生复演学科思维过程以催生学科认知过程。这种重演和创造实质上是个体对人类有关历史文化和生活经验中所体现的"类活动"和"类能力"的再现，其深深熔铸到具备社会历史性的知识学习与个体活动过程，在文化性能动活动中实现人类知识向个体知识的转化，也在个体主动的、能动的实践活动中实现学科知识向个体内在精神力量的转化。

## （二）构建学科实践的学习新样态

构建学科实践的学习新样态是当前学科素养导向下教学生态系统变革的新方向。通过重新构建整合性学习框架，着眼于整个学习生态系统来思考学习问题至关重要，其不仅仅包含多维学习方式和情境化的学习内容，更指向多方面的学习环境。"一种学习环境会给养一种类型的学习，养成一种类型的学习者。"[1] 学科实践所塑造的学习环境是具备问题意识、技术支持、资源支撑和学习活动的学习场域，是致力于对学习内容所隐喻的文化时空、社会交往等社会存在的揭示和还原，试图通过师生之间生动的社会交往和实践活动将知识带回到学生的生命里，让学生在一种交互和交往、动态且持续的环境中实现沉浸性学习和具身性学习。

学科问题链与学科活动链是学科实践学习样态的核心表征。学科实践学习不再局限于知识掌握的学习方式，而是指向以学科问题与学科活动为核心的实践学习样态，多种学科思维、多维知识表征、多方面的复杂情境交织所建构的综合性、开放性的问题链和与之相对应的学习活动链，让学习者在结构化、脉络化的主动探索和问题解决实践中建构知识关联，驱动个体认知，促进思维发展，深化情感体验并建立价值观念。学科问题链由相互关联的基本问题构成，学生进行问题探究和问题解决所必须要经历的学习过程和学习方式则成为了学科活动链的设计来源，以学科逻辑和学生认知思维为参照，对基本问题进行组合和优化，聚焦学生学习活动的认知过程和思维习惯作为

---

[1] [美] 戴·H. 乔纳森. 学习环境的理论基础 [M]. 郑太年，任友群，译. 上海：华东师范大学出版社，2002.

学科活动的内在逻辑，关注学生学习过程中知识理解、知识转化与知识迁移的内在过程和外在依托，以此设计层进性学科活动，实现知识的递进式理解。

### （三）创设真实且有意义的学习情境

学科实践的理性基础在于构建以知识为根基的方法论，这其中如何实现知识的情境化理解最为关键。通过创设学习情境来把握学科知识与学习情境的内在联系，从知识的依存方式来建构学习情境未尝不是一种新思路。任何知识都必然与其产生的自然背景、历史文化背景和社会环境等特定背景相关联，其背后也隐含着特有的思维方式和学科方法论，以及与特定时期的种族经验和认知方式相适应。这就意味着，通过还原知识的背景依存、逻辑依存和经验依存能够更有效、更深刻地理解知识，因而学习情境的构建要试图还原知识的多维背景，下沉到知识的逻辑过程和种族经验，实现学科知识与学习情境的完整且深刻的关联。

创设真实而有意义的学习情境是实现学科知识意义增值的关键。真实可以指向现实生活的真实问题情境，也可以指向符合学科认知和生活逻辑的虚拟情境。地理学科可以创建真实的问题情境实现议题式项目学习，数学空间建构也可凭借媒体媒介实现空间可见，但文学审美则必然要依托学生丰富的情感想象这一基本途径。真实的学习情境是内涵个人体验情境、社会生活情境和学科认知情境，单纯将真实情境等同于现实生活的复刻而缺失与学科知识的关联，则无法发挥学习情境的丰富育人价值。另一方面，意义与否在于学习情境与学科知识之间的嵌入程度是否引发学生的学习投入和情感共鸣。学习情境的建构要着眼于学生知识理解的视角，解构学科知识的内部构成要素及其基本关系、学科知识形成的逻辑思维过程和思维方式，以及学科知识发生和发展过程的文化、社会、历史依存，通过变化知识内部构成要素、知识形成条件和知识应用情境，来提升个体对知识应用和知识迁移的适应性，让学习者在体会学习的掌控感中提升自己的自我感和意义感。

# 中学生科学写作能力的内涵及培养策略探绎

邓 阳

科学写作能力是科学素养的关键要素，意味着个体能够基于书面话语对科学事实、概念、观点以及科学探究过程进行表达与交流。对于中学生来说，科学写作能力的表现非常普遍，既包括基于片段式的文字对科学问题作出回应和解答，也包括完成相对完整的科学实验报告、科技小论文、科普文章等。然而，科学写作的地位在当前基础教育中比较尴尬。一方面，受传统"重知识传授"思想的影响，科学教师往往将重心放在如何提升学生对科学知识的理解和应用上，缺乏对科学写作价值和特点的深刻认识，较少给学生提供完整的利用书面表达进行科学交流的机会。另一方面，国内外许多研究者都指出科学写作对于学生的科学学习至关重要[1][2][3]，也有研究报道称我国青少年科学写作能力发展欠佳，亟待进一步重视[4][5]。因此，究竟该如何更新观念从而深刻认识中学生科学写作能力的内涵，并且探究相应的培养策略，成为了一个十分有意义的研究问题。

---

[1] Hand, B., & Prain, V. Teachers Implementing Writing-to-learn Strategies in Junior Secondary Science: A Case Study. *Science Education*, 2002 (86).

[2] Hand, B., Hohenshell, L., & Prain, V. Exploring Students' Responses to Conceptual Questions When Engaged with Planned Writing Experiences: A Study with Year 10 Science Students. *Journal of Research in Science Teaching*, 2004 (41).

[3] 蔡铁权，陈丽华. 科学教育中的科学写作 [J]. 全球教育展望，2010 (4).

[4] 张洪洋，张会端. 科学写作：一个亟待重视的科学教育领域 [J]. 外国中小学教育，2009 (2).

[5] Deng, Y., & Wang, H. Research on Evaluation of Chinese Students' Competence in Written Scientific Argumentation in the Context of Chemistry. *Chemistry Education Research and Practice*, 2017 (18).

## 一、确定良好的科学写作目的是科学写作的应然起点

科学写作是一种典型的科学话语性实践。首先，它具备实践的基本特征。丁立群在分析实践哲学传统的基础上，从"实践意识""实践行为""人的存在"这三方面的完整性阐述了马克思主义实践哲学对实践概念的深刻理解。他指出，无论是亚里士多德实践哲学中对实践智慧的认识，还是培根实践哲学中对技术手段的弘扬，均存在着从实践要素的角度建立的片面化、割裂式的二元论。[①] 这种二元认识同样也体现在当前基础教育领域关于中学生科学写作能力的简单化培养中。最典型的倾向是试图将科学写作单纯地视作对科学知识的表述，进而从方法、步骤、程序等角度概括科学写作的基本步骤，从而形成具有固定程式的科学写作"模版""套路"，让中学生在固定的文字段落中补充关键概念、核心过程、重要数据。显然，这种对科学写作过程的简单化理解，完全将科学写作客体化、手段化，忽视了体现主体需要的科学写作目的。因此，要深刻理解中学生的科学写作能力，就意味着要阐明他们在科学写作过程中是如何根据需要建立科学写作的目的，进而确定写作内容并设计具体的方法完成高质量的科学写作的。

写作作为一种话语实践，其目的通常是呈现观点、传递信息、表达情感。相对于文学写作来讲，科学写作的目的则更倾向于描述与叙述科学事实、阐释与表达科学概念、争论与辩护科学观点。为了达成这些目的，必须要考虑到具体科学写作作品所要面对的潜在读者。例如，科学家在进行科学写作时需要考虑科学同行。他们只有通过科学写作系统地建立科学观点并加以详细论证才能够得到同行的认可，进而建立自己对科学知识的发现权。相对的，科普工作者在进行科学写作时则往往会考虑普通大众。此时他们需要将科学知识和观点以更加生活化、情境化、通俗化的形式表达出来，从而达到促进科学普及的目的。由潜在读者决定的科学写作目的的差异进一步决定了科学写作的内容、体裁和语域。内容的选择需要考虑潜在读者的科学兴趣、需求和认知能力。体裁的确定则需要思考用怎样的表达结构和形式能够将科学内

---

① 丁立群. 实践哲学：传统与超越［M］. 北京：北京师范大学出版社，2012.

容完整且有效地呈现出来。语域的考量则更加聚焦，需要在具体的体裁运用中根据特定的社会关系、语用情境、人际交往等来完成最恰如其分的科学语言表达。

对于中学生来说，科学写作的目的往往与潜在读者——教师息息相关。教师设计的科学写作任务会直接影响中学生的科学写作目的。例如，在科学实验课程中，由于教师往往只关注利用实验报告的书写检验学生对科学知识的系统理解和应用情况，所以会给学生提供具有格式规范性，甚至是以题目形式呈现的实验报告本，让学生填写与实验相关的目的、原理、耗材、过程、结果等内容。此时学生只需要根据教师的要求将相应的内容"抄写""补充"到实验报告本里"应对教师检查"即可。由于教师对学生科学写作内容的关注点只在科学知识上，因此学生更多地聚焦于如何做到结论正确、表达准确，轻易地认为教师因熟悉相关内容而易于理解自己所写的文字，根本不会考虑如何做到叙述流畅、逻辑清晰、证据客观、论证有理。在这些情况下，中学生的科学写作行为与科学写作的内涵大相径庭，其主动性没有完全表现出来，科学写作能力也无法真正发展。

所以，为了让中学生能够进一步明确科学写作的目的，梳理科学写作的思路，选择科学写作的手段，从而有针对性地发展科学写作能力，在完成科学写作任务时，需要改变科学写作任务的形式，让学生明确确定科学写作目的是科学写作的应然起点，并且将科学写作目的从"达成教师的要求"真正转变为阐明科学观点，实现科学交流，完成科学辩护。这样一来，中学生便可充分地认识到科学写作是科学实践所必不可少的一个环节，具有整理科学探究过程、揭示科学发现、论证科学假设等功能，同时具备分享和传播观点、促进更大范围的意义建构等价值，且这些功能和价值的实现都离不开对科学内容、体裁、语域的审慎选择。

## 二、遵守科学写作规范和逻辑是科学写作的基本约束

科学共同体所认定和共享的科学写作规范和逻辑一方面是科学共同体在长期的科学写作过程中经过梳理、概括、整合后逐渐建立起来的，体现了科

学共同体的特有交流文化。另一方面，这些规范和逻辑在一定程度上又是科学写作过程所必需遵守的基本约束，只有遵守这些规范和逻辑才能够致力于实现科学知识的共同理解和共享意义建构。

科学写作需要遵守的写作规范主要聚焦在科学语言的使用上。科学语言在科学中的重要地位不可小觑，它不仅以约定俗成的文字和符号阐明了特定的科学术语、概念、事实、规则、原理和假说，表达出科学本身的"义"，同时它还致力于帮助科学工作者在特定的社会文化背景下建构并澄明特定的解释、观点、主张和想法，凸显出科学本身的"意"。特别是借助于简洁、通用、准确的科学符号进行科学写作，不仅简化了一般语言文字的繁琐，消除了歧义和含混，同时还便于不同语言文化背景下的人们共同完成科学发现和表达，实现交流和传播，将科学"门外汉""局外人"排除在外，保证了科学事业的专业化。

因此，中学生必须要能够规范地使用科学语言进行科学写作。但是，由于科学语言具有词汇密度大、意义被压缩、与日常生活中所使用的语言意义有所不同等特点，对于中学生来说，要真正认识到并自觉遵守这些科学语言规范，用科学语言而不是日常语言来进行科学写作，是有一定难度的。同时，要使中学生熟悉科学写作的规范，并不意味着可以直接将其灌输给他们；相反，只有让中学生真正明确科学作为人类共同的事业离不开人与人之间基于规范的科学语言的协作和交流，知晓科学语言规范产生的来龙去脉，比较规范和不规范之间在建立共同意义上的区别，养成使用规范科学语言的习惯和自觉性，才能真正将科学语言的规范应用内化到自己的科学写作中。

科学写作需要遵守的逻辑主要包含两个方面，一是结构逻辑，二是论证逻辑。结构逻辑是指中学生在完成具体的科学写作过程中，必须要考虑某种特定类型或体裁的科学写作作品的必备结构要素，同时按照一定的顺序将其组织起来。例如，在叙述科学现象时，中学生需要依次阐明科学现象产生的原理，获得科学现象的手段，还要运用文字、图表来描述具体探究结果，并对结果进行分析和讨论。某个结构要素是否为必备项，在很大程度上受制于科学共同体的科学写作惯例，而如何有逻辑地组织各个结构要素，不仅也与科学写作惯例有关，而且也要依据科学探究过程的基本时序和从属关系，合理地处理并列、交叉、递进、转折等语篇关系。

论证逻辑比结构逻辑更为重要。中学生必须认识到,科学写作的一个关键目的在于论证自己的某个或某些科学论点。之所以要呈现论证过程,并不是单纯地叙述自己的思路或想法,而是要利用书面语言将自己的论证过程宣传和传播出去,使潜在的读者相信、认可、接受和采纳自己的论点。因此,如何在科学写作中完成高质量的论证就不是简单地考虑惯例的事了;相反,需要更全面地考察潜在读者的兴趣、想法、思维方式和态度。为了达到这个目的,中学生在进行任何形式的科学写作过程中,首先要能够明确自己所要支持的论点,恪守证据的客观性准则,区分所阐述的证据以及联系论点和证据的论证过程。不仅如此,为了能够更有力地说服他人认同自己,中学生还需要考虑从他人的立场和视角完善自己的论证逻辑。比如,要思考他人是否会认同自己所提供的证据具有相关性和充分性,是否会提出例外情况或与自己论点相对立的主张,如果存在又需要运用怎样的方法进行驳斥,等等。相关研究表明,在各种类型的科学写作中,上面所提到的各类中学生的论证逻辑常常处于一个较低的发展水平。[1][2] 因此,帮助中学生树立论证意识、掌握论证方法、表达论证过程,对于发展中学生的科学写作能力是相当重要的。

### 三、建立科学话语的文本间性是科学写作的关键特征

科学知识是存在普遍联系的。这种联系不仅体现在科学知识之间的逻辑关系上,还体现在人们建立科学知识的社会关系上。科学语言作为一种呈现科学知识的社会性载体,必然需要展现出科学知识之间的普遍联系。此时,承载不同科学知识的科学语言之间彼此建立联系,就具备了文本间性这一关键特征。反过来,正是因为科学语言具有文本间性,才有可能使得具体科学

---

[1] 邓阳,王后雄. 中学生书面科学论证能力发展水平研究 [J]. 课程·教材·教法,2016 (3).

[2] Kelly, G. J., & Takao, A. Epistemic Levels in Argument: An Analysis of University Oceanography Students' Use of Evidence in Writing. Science Education, 2002 (86).

语言所表达的知识的意义不再孤立，才能够建立起一连串反映特定社会交流情景和文化背景的段落和语篇。同时，科学语言的文本间性将不同个体所持有的对知识意义的理解联系起来，使得不同的科学意义之间可以基于科学语言进行共享、协商和争辩，最终促进意义的社会性理解。正如克里斯蒂瓦所说，文本间性概念的产生使得社会符号系统和实践与语言之间具有了相互塑造的关系。[1]

科学写作中的文本间性特征包括两个方面。首先，在科学书面文本中，任何科学话语片段都可以与其前后的科学话语片段产生联系。其次，个体可以在科学写作的具体情况下，通过引用、借鉴、参考、解释、再解释、反驳、批评等方式处理话语片段，为建立自己的观点和结论作出贡献。[2] 这两个方面分别体现了科学写作的文本间性特征对于处理科学写作内部文本关系和外部文本关系的价值。对于中学生来说，第一，他们在完成各种类型的科学写作过程中，可以利用指代、替代、连接、省略、衔接等语言手段建立起前后科学话语片段的联系，从而保证科学写作内部自洽性。例如，在阐述了具体的科学概念之后，允许中学生利用简称、代词等方式对科学概念进行表达，也可以在必要之处对科学概念的名称加以省略。但是，除非指定了同义概念，绝不能够用相近、相关概念进行替代性、歧义性、混淆性表达，要避免通常所说的"偷换概念"。第二，他们在进行科学写作的时候，可以基于自己对他人科学话语片段的理解和信任程度，将其以合理的方式呈现在自己的写作文本中。如果对他人的相关科学话语片段持有信任、肯定的态度，则可以将其作为间接证据加以引用、借鉴、参考，为自己的观点提供更有力的支持。如果认为他人的相关科学话语片段尚有待完善，则可以对其进行解释或再解释，从而在其基础上发展出自己的看法和意见。如果不认可他人的相关科学话语片段，那么则可以通过反驳或批评加以驳斥，另辟蹊径地建立起自己独到的、更有见地的观点。

---

[1] Kristeva, J. *Desire in Language: A Semiotic Approach to Literature and Art*. New York: Columbia University Press, 1980.

[2] Cunningham, C. M., & Kelly, G. J. Epistemic Practices of Engineering for Education. *Science Education*, 101 (3).

科学写作的文本间性特征为中学生开展科学写作提出了更有挑战性的要求。从文本间性的第一个方面特征来说，中学生需要通过自我监控、自我审查和自我反思不断地考察文本内部的一致性、自洽性、可读性。自我监控意味着在任何形式的科学写作前都要建立起具体的写作思路并严格执行；自我审查意味着能够通过筛查、回顾、整理等方式，进一步调整和优化科学写作文本的内部统一性；自我反思则意味着能够站在读者的立场反思其可能产生的另有意义，并在此基础上消除歧义和含混。相对于第一个方面特征来说，第二个方面特征的实现更为困难，因为此时中学生更需要在文本的层面上处理人与人之间的社会性意义建构问题。首先，中学生要能够合理地获取有助于实现文本间性的话语片段。莱姆基认为，不是任意的书面文本都有助于中学生建立语言的文本间性。只有主题内容、态度立场、体裁结构都相同时，才有可能考虑到文本之间的相关性。如果有一处不同，则需要从更大的视角来审视文本之间的关系，或者放弃建立文本间性。[1] 比如，中学生在针对温室效应这一主题进行科技小论文写作时，需要考虑类似于"全球气候变暖""温室气体"等相关文本，关注表达与自己所要建立的立场相同和相对的话语片段，放弃诸如科普型、科幻型等与科学论述型不一致的体裁。其次，中学生要能够恰当地整合有助于实现文本间性的话语片段。肖特认为，建立文本间性的过程反映了个体在完成书面写作过程中的某种推理过程，有助于人们将已有文本和自己的经验建立联系，从而发现相异状况，形成可能假设。因此，在整合话语片段时，可以基于其与自己经验之间的关系采取接受、修改、拒绝等整合方式。[2] 例如，当个体为了建立"人为温室效应"的观点却面对持有"非人为温室效应"观点的相关文本时，必须清晰地找出二者的界限，回归到观点建立的出发点并重新进行推理，实现对对立文本的证据和推理思路的超越。

---

[1] Lemke, J. L. Intertextuality and Educational Research. *Linguistics and Education*, 1992 (4).

[2] Short, K. G. Researching Intertextuality within Collaborative Classroom Learning Environments. *Linguistics and Education*, 1992 (4).

## 四、提升中学生科学写作能力的培养策略

综合上面的讨论,可以明确中学生的科学写作能力不单纯是一种个体性、技能性能力,更是一种社会性、交往性能力。科学写作能力的内涵是依赖于确定好的科学写作目的决定科学写作的内容、体裁和语域,并在此基础上遵守科学写作规范和逻辑,建立多方面的文本间性,最终实现科学书面文字社会性意义的建构和共享。基于上述观点,从三个方面提出提升中学生科学写作能力的培养策略,使得他们能够在不断地深刻感知、体验和领悟科学写作要义的基础上高质量地完成科学写作任务。

### (一)利用科学阅读建立科学写作的基础性范例

与其将科学阅读看成是一种单向的信息获取过程,不如将科学阅读看作一种促进中学生与阅读文本作者进行"间接性对话"的社会性科学实践。中学生在这种"间接性对话"中能够借助于对阅读文本范例的反思形成对科学书面文本建构过程和特点的基本认识。正如汉德和普兰所指出的,中学生可以通过对范例文本的语言学特征的详细分析,学会特定语言表达实践中的规则和方法。[1] 在阅读高质量的科学写作文本的过程中,如果中学生能够有意识地去思考并分析文本的结构、逻辑和呈现方式等要素,理解并体悟作者的表达方式和表达技巧,那么中学生的阅读收获就不仅仅是建立与文本作者的科学话语方面的联系,还会促使他们以作者的科学表达方式作为自己的写作范例,这会帮助他们提升未来的科学写作质量。同时,大量的科学阅读也为实现科学写作的文本间性特征奠定了基础。当然,在协同科学阅读实践促进中学生科学写作能力发展时,教师需要优选高质量的科学阅读文本,并致力于建立起阅读文本和学生科学写作文本在内容、体裁和语域上的联系。

---

[1] Hand, B., & Prain, V. Teachers Implementing Writing-to-learn Strategies in Junior Secondary Science: A Case Study. *Science Education*, 2002 (86).

## （二）利用同伴互评反思科学写作的交往性标准

在科学实践中，利用同行评价的方法确定科学论文的质量，有利于科学家相互知晓和判断对方的科研工作的过程和效果，从而确定所建立的科学知识的合理性。让中学生开展类似的同伴互评工作，亦可以让他们在阅读他人文本的过程中，通过分析、比较、反思等高级思维甄别不同质量的科学写作文本的差异，了解自己和他人科学写作文本的优点和劣势。与此同时，如果还能给中学生提供一些具体的、清晰的标准进行同伴互评，那么不仅能够提高同伴互评的质量和效果，还会使学生对相应的科学写作标准形成更加深刻的理解。另外，在中学生完成了同伴互评之后，及时获得同伴的观点、反馈和批评也可了解他人在阅读自己的科学写作文本时的感受，完成对自己科学写作文本的修改，从而更好地提升科学写作的交往性功能，营造合作式的科学写作学习氛围和环境。然而，正如施托希的研究表明，在同伴互评中中学生有时只关注于指出一些字词或句子的表达错误，忽略观点的建构、讨论、确认和修正过程。[1] 因此，在指导中学生进行科学写作同伴互评时，教师需要在同伴互评之前对中学生加以必要的指导，同时要善于根据科学写作的目的、内容、完成方式等有针对性地采用多种同伴互评形式（如面对面的对话、网络讨论、匿名评价等）。

## （三）利用合作写作提升科学写作的社会性体验

科学写作有时不是仅由个体独自完成的，不同个体在写作过程中分担责任并相互协作亦是完成科学写作的重要方式。当科学写作过程发生在团体内时，个体之间便可以通过协商共同厘清写作的目的，确定文本的结构和呈现方式，通过合理分工更加精细化地处理各个文本细节，完成对科学书面表达的集体修饰和润色。不同个体之间的生活经验背景差异、科学学习能力差异、科学写作技能差异也使得观点的共享、借鉴和争论成为可能。因此，合作写作是提高科学写作质量、发展科学写作能力的重要策略。不仅如此，在合作

---

[1] Storch, N. Collaborative Writing: Product, Process, and Students' Reflections. *Journal of Second Language Writing*, 2005 (3).

写作中，学生还可以最直接、最及时地获得同伴的全程反馈和帮助，知晓他人对自己的科学写作思路和方法的观点，体验如何最有效地实现科学写作的社会性功能，意识到科学知识建立过程中不同个体的重要贡献以及对科学知识的集体所有权。但是，正如陈颖志等指出，当前科学教育中合作写作往往只发生在最开始的头脑风暴阶段，或者是最后的互评阶段，并没有真正实现全程的合作。[①] 这就意味着教师还需要充分认识到中学生在科学写作各个过程中的合作特点及实现手段，创设更加真实的、更有利于实现合作的科学写作环境，建立学生在参与合作写作过程中的权责观念，让学生学会根据不同个体观点的差异以及科学写作过程的实质进程，灵活、机智地做出比较和评价，并在此基础上做到择用和舍弃。

---

[①] Chen, Y. -C., Hand, B., & McDowell, L. The Effects of Writing-to-learn Activities on Elementary Students' Conceptual Understanding: Learning about Force and Motion through Writing to Older Peers. *Science Education*，2013（97）.

# 凸显"解释—论证"的科学探究：
# 内涵、现实意义和实践策略

邓　阳　王后雄

自上世纪中叶起，各国科学教育一直努力践行着"基于探究的科学教学"这一基本理念。伴随着我国基础教育课程改革的逐步推进，科学教育对科学探究的重视也逐渐增强。然而在实践中，科学探究的落实并不十分乐观，往往存在着"程序性表演"的情况，即学生按部就班地完成科学探究中的各个步骤，墨守"菜谱式"的既定行为。为此，当代美国等发达国家科学教育者提出了科学实践的概念，通过凸显解释和论证这两种核心的科学实践来进一步丰富科学探究的内涵，解决现实中存在的问题。

## 一、解释和论证：科学探究中的核心实践

过去科学教育研究者一直努力尝试着从探究过程和步骤的角度对科学探究的内涵加以说明。比如我国《义务教育初中科学课程标准（2011年版）》中明确指出，科学探究主要包含"提出科学问题；进行猜想和假设；制定计划，设计实验；获取事实与证据；解释、检验与评价；表达与交流"这六个要素。虽然将探究过程细化有助于给师生提供科学探究的基本模式，但是一味地固守这些步骤无法让学生实质地参与与科学知识的建立、发展、完善有关的有意义活动。因此，必须跳出精细化的过程分析的樊篱，基于科学本质的视角，从核心科学实践的角度对科学探究进行再认识。

科学探究是对科学事实进行解释，形成主张，并且对各种主张进行论证的过程。因此，解释和论证是科学探究中的核心实践。对解释和论证的认识，奥斯本和帕特森（Osborne & Patterson, 2011）认为，解释是基于不确定的科学事实对确定的科学事实所进行的意义阐释，也就是说用于解释的命题比

描述待解释的事实的命题具有更少的确定性。待解释的事实常常来源于观察、规则或理论，所以待解释的事实常常被假设为真。比如，对恐龙灭绝这一科学事实的解释之一是气候变化。气候变化相对于恐龙灭绝来说，确定性较弱一些，因为人们都确信恐龙确实灭绝了，但是气候是否发生了变化则会受到一定的质疑。与解释相反，论证的目的是试图用确定的事实作为证据，来支持和辩护不确定的主张，所以论证的特征是逐渐增强确定性。在论证中，如果证据越明确、合理、可靠，越不受争议，那么就越具有较强的论证效果。比如，要论证恐龙灭绝时气候发生了变化这一不确定的主张，就需要利用确定的气候资料、地质资料等事实性证据作为支持。[1]

在奥斯本二人看来，论证和解释在本质上虽有明显的区别，但是二者又共同致力于科学知识的建构。关于这一点，伯兰和麦克尼尔（Berland & McNeill，2012）有更详尽的论述，他们认为解释和论证是互补的、相互协调的，都有助于科学意义的建构。对于解释来说，其意义建构的过程关注于发展对所研究的现象的理解，是科学家试图建立关于现象如何发生和为什么发生的意义的过程。有时对一个现象产生意义时，可能会有多种解释。虽然有的解释可能是完全错误的或者根本就不是一个解释，但是，如果有其他可能成立的解释时，要判断其与现象的一致性、似真性和可理解性程度，解释就需要被争论。此时，科学家就需要基于事实性证据，使同行确信解释的质量。这就是论证。尽管如此，他们也不建议人们以一种规定的刻板方式看待解释和论证，即认为首先需要对事实建构解释，之后才能参与对解释的论证。他们指出，在科学书面文本中，解释和论证有一些明显的重叠：论证的主张是一个对事实的解释，而整个书面文本就又是一个论证，包含支持探索性主张的证据和理由。[2]

基于奥斯本、帕特森与伯兰、麦克尼尔的观点可以认为，解释和论证是

---

[1] Osborne, J., & Patterson, A. Scientific Argument and Explanation: A Necessary Distinction? *Science Education*，2011（95）.

[2] Berland, L. K., & McNeill, K. L. For Whom is Argument and Explanation a Necessary Distinction? A Response to Osborne and Patterson. *Science Education*，2012（5）.

科学探究中的核心实践，二者既在以建构科学知识为目的的科学探究中承担了不同功能，又相互协调，共同组成了科学探究的全貌。科学家在开展科学探究时，首先面对的是来源于科学事实的未知问题。在科学家尝试对未知问题加以解答或形成解决方案后，他们就利用已有知识进行推理，或利用观察和实验的方法，对问题进行解释，形成有待论证的主张。由于个体的认识角度、深度、范围可能不同，因此产生的主张可能是多样的，且主张之间还可能存在争议。这正体现出解释的过程是科学命题从确定到不确定的变化过程。不确定性的产生，为论证带来了基础，即有可能在后续论证中开展争论。随着论证的开展，科学家愈发通过观察和实验获得事实性的证据来支持自己的主张，同时在争论中基于证据劝说他人信服自己的主张，使得主张的不确定性逐渐降低，最终形成具有共识性的科学知识。这也体现出论证的过程是科学命题从不确定到确定的变化过程。整个科学探究过程可以用图 1 进行概括。正如桑多瓦尔和米尔伍德（Sandoval & Millwood，2005）所说，"解释的建构和评估需要核心的论证实践"。[①] 解释和论证虽然在本质上有所不同，但在实践中是互补、互促的：解释可以给论证提供对象，对某个解释的支持者会致力于说服其同伴来理解解释。同时，论证建立了一个背景，使不确定的解释变得更加确定，最终被赋予价值。

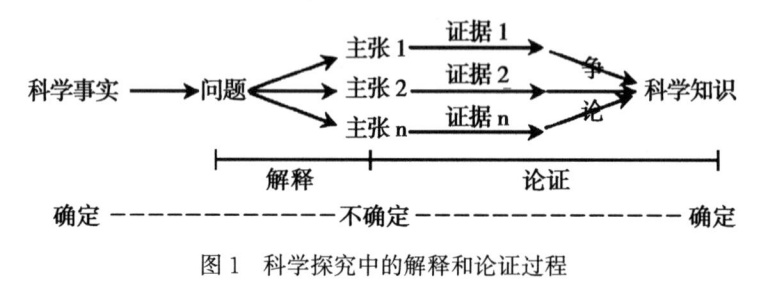

图 1　科学探究中的解释和论证过程

## 二、凸显"解释—论证"的科学探究的现实意义

凸显"解释—论证"的科学探究相比课程标准中的科学探究"六要素"

---

① Sandoval, W. A., & Millwood, K. A. The Quality of Students' Use of Evidence in Written Scientific Explanations. *Cognition and Instruction*, 2005 (1).

来说，突出了在科学探究中建构多样主张的可能性，以及在论证中开展争论的必要性。因此，学生参与凸显"解释—论证"的科学探究，能够有助于改变当前科学探究教学存在的诸多问题。

### （一）改变基于逻辑实证主义的科学探究

逻辑实证主义强调科学探究始于科学事实，之后利用形式逻辑所产生的具有规定性和规范性的科学方法获得可信的、具有真理性的结论。虽然逻辑实证主义的基本思想在科学发展过程中有着举足轻重的作用，但是它却忽视了科学研究中的合理批判以及社会化争论过程。在我国当前的科学教学中，所开展的科学探究有部分是典型的基于逻辑实证主义的科学探究，强调科学主张起源于对科学事实的归纳，且需要转化为能够运用形式逻辑规则进行分析的陈述，并以此获得证据加以验证。这种科学探究忽视了形式逻辑在解构主张、获取证据时由于背景因素导致的可能的局限性，忽视了建构多种主张的可能且这些主张之间存在相互对立、批评的关系，忽视了科学的社会建构特征以及在建构时必须运用的大量论证策略和言语行为。正如普雷利（Prelli，1989）所认为的，"科学有形式逻辑以外的一面"，"需要做出非形式的、材料的、背景的和有争论的论证"。[1] 相反，当学生参与凸显"解释—论证"的科学探究时，能够感受论证的重要价值，有效清除由逻辑实证主义带来的挥之不去的关于科学本质的错误印象，发展发散性思维和批判性思维，体验到科学是要充分发挥探究者主体性和主体间性的活动，不仅仅是以证据为基础的线性认识过程，也是基于共同体文化和语言运用的复杂社会过程。

### （二）改变基于固定探究程式的科学探究

科学探究过程是否存在固定的程式，所包含的科学方法是否能描述为一系列按部就班的方式，尚未存在一致的答案。但是，国外许多科学教育研究者指出，基于固定程式的科学探究并不能够让学生真正有所收获。比如亚伯拉罕和米勒（Abrahams & Millar，2008）在观察了 25 节随机挑选的实验课

---

[1] Prelli, L. J. *Arhetoric of Science: Inventing Scientific Discourse*. Columbia: University of South Carolina Press, 1989.

后发现，学生都按照教师所预期的方式进行资料收集和实验调查活动，但是在这个过程中学生很少反思自己探究出的结果和所依赖的科学方法论。[①] 这种依据"菜谱"的科学探究让学生严格依赖某个探究程式，无法对科学探究过程本身进行思考，尤其是无法运用高级科学思维从整体上对科学探究的目的加以认识，对过程加以设计和统筹。实际上，基于某程式完成科学探究意味着以特定的方式看待任务，严格区分什么是相关的和重要的，什么是可能的和受限制的，这是与学生灵活改变任务的观念，刺激更深刻、更高级的思维活动，发展灵活、辩证、统筹的科学思维是相互矛盾的。相反，最大程度体现科学本质，最能够培养学生高级科学思维和能力的科学探究，是"抵制"固定程式的科学探究，是不严格依赖实验手册或教科书既定程序的科学探究。学生需要根据科学事实提出灵活的、多样的、有争议的科学问题，收集特定背景和条件下的科学资料，运用高级科学思维完成科学解释任务、建构主张，并在各种可能的多样化主张之间开展争辩。这显然是凸显"解释—论证"的科学探究的核心特征。

### （三）改变基于探究结果定向的科学探究

由于教师教学能力的局限，以及国家规定的课程目标和高利害性考试的制约，许多科学探究在实施过程中往往是结果定向的，即教师让学生从探究的起点稳稳地走向最终的、唯一的、教师预期的结论，不可能出现别的情况。在这种科学探究中，学生可能的新想法会被忽视，而这些新想法既可能是学生创造力的充分体现，也可能是学生出现学习障碍之处。结论的单一化、开放性程度的降低，使得发扬学生的创造力、诊断学生的学习障碍成为了不可能，主张的社会建构和争论则更不可能出现，科学探究更容易变成教师的越俎代庖。虽然让学生理解和掌握规定知识的目的无可厚非，但是如果学生在知识获得的过程中不经历一系列的质疑、判断、比较和选择，以及相应的假设、验证、分析和综合过程，没有发散性思维，没有多种主张的碰撞和争辩，

---

[①] Abrahams, I., & Millar, R. Does Practical Work Really Work? A Study of the Effectiveness of Practical Work as a Teaching and Learning Method in School science. *International Journal of Science Education*, 2008 (14).

那么，科学探究就会缺乏生成性和发展性，知识的获得也不可能一帆风顺，因为"对符号知识从接受到理解再到内化知识的文化内涵，并将符号知识与个体生活和社会生活关联起来，从而获得对个体的发展意义，本身是一种个体知识的创生过程"。[①] 相反，凸显"解释—论证"的科学探究视主张的多样化建构为关键特征，诉诸不同主张的形成及其相互争辩的过程，所以学生就不可能再拘泥于单一的从问题到结论的路径，必须扩大思维空间，厘清主张的建构要素和过程，参与主张的争辩。

**（四）改变基于观察实验导向的科学探究**

常常有科学教师认为，离开了观察和实验就不可能开展科学探究。这不仅反映出教师往往忽视了那些对科学理论问题开展的科学探究，更反映出教师往往仅将观察和实验看作科学探究的核心。在这样的观念指引下，训练学生进行观察和实验就是训练科学探究，通过观察和实验完成的资料收集工作就能替代整个探究过程。虽然观察和实验也可能有助于思维的发展，但也有研究者表明学生在观察和实验的过程中很少建立主体性思维，习惯于恪守中立，将个人信念放到一边。比如，即使承认观察和实验误差，也仅仅将其归咎于观察和实验的条件，而不是观察和实验是否在探究目的的指引下真正发挥了作用。[②] 这种不依赖科学本质观和科学认识论去理解观察和实验的行为，更容易让学生认可这样一个观点，即如果所获得的资料是"真的"，那么科学就更不可能存在争论了。实际上，科学探究是基于证据来形成解释并将各种解释接受共同体相互批判、讨论和修改，从而建构知识的过程。所以，科学探究不仅仅是基于观察和实验的调查，基于高级科学思维建构与证据协同的主张来支持或反驳解释，开展争论、争辩和劝说更是科学探究中的重要组成部分。如果学生仅仅开展调查，仅仅观察或做实验，则过于简化科学探究。

---

① 郭元祥. 论教育的过程属性和过程价值——生成性思维视域中的教育过程观 [J]. 教育研究，2005（9）.

② Kind, P. M., Kind, V., Hofstein, A., & Wilson, J. Peer Argumentation in the School Science Laboratory-exploring Effects of Task Features. *International Journal of Science Education*，2011（18）.

凸显"解释—论证"的科学探究,可以让学生更深刻地认识观察和实验的本质,重视其在整个科学探究过程中的角色,并且超越简单的观察和实验,最大程度地运用高级科学思维开展活动,在探究过程中参与更多的社会性建构活动。

### 三、凸显"解释—论证"的科学探究的实践策略

我国广大科学教师在科学教学实践中已经积累了大量的实施科学探究教学的经验和策略。但正如前面提到的,这些策略主要针对课程标准中科学探究"六要素",过于单方面地强调建构科学解释,忽视了论证的重要价值。因此,凸显"解释—论证"的科学探究的实践策略就在于将科学论证这一核心实践恰如其分地融入科学探究中,同时使得解释和论证产生有效联结。国外国际科学教育研究领域提出了一些有意义的教学策略值得我们借鉴。本文主要援引论证驱动的探究(Argument-DrivenInquiry,ADI)以及论证性科学探究(Argumentative Scientific Inquiry,ASI)这两种典型的策略,来说明如何实践凸显"解释—论证"的科学探究。

#### (一) ADI 策略

ADI 策略的提出者是美国科学教育学者 Sampson、Walker 及其研究团队,该模式旨在利用科学论证驱动科学探究,通过实施一个整合的教学单元,鼓励学生参与一系列活动(解释、论证、书写和同伴互评),从而帮助学生更好地理解科学。ADI 策略主要包括七个步骤。第一步是引出研究问题,识别研究任务,让学生能够捕捉到问题,产生注意力和兴趣。第二步是获得资料,即学生通过协作学习的方式来发展并实施一个调查方案来获得资料,从而解决第一步提出的研究问题。调查的目的是为了建构主张从而完成解释,而解释的多样性则源于每个学生小组自主决定为了辩护其解决方案所需要的收集和分析资料的方式。第三步是完成解释工作,要求学生基于第二步的结果建构一个科学解释,并在白板上书写出来与他人分享。第四步是开展论证会议,在论证会议中学生小组有机会分享他们的解释,同时审查、批判其他小组的

解释，从而评判探究的结果（比如主张）、过程（比如方法）和背景（比如理论或经验基础），让学生认识到什么是高质量科学解释，并基于相互评价完成对科学解释的修改。第五步是个人书写书面报告，即让学生能够通过书面形式表达研究的目标、方法和整个科学论证的过程。第六步是双盲互评，即让学生呈交四份书面报告的复印件（复印件中只呈现教师指定的学生编码而不呈现姓名）。教师随机将书面报告、评价标准和反馈意见表分发给其他同伴，让小组一起审阅报告并决定其能否被接受或者需要被修改，同时给出提高书面报告质量的反馈意见。第七步是让学生小组基于双盲互评的结果修改书面报告。[1]

可以看出，ADI策略有效地将解释和论证这两种科学实践结合起来，突出了论证在整个科学探究中的核心地位。其中第四步到第六步，既需要学生参与体现社会性特征的协商、争论过程，也需要学生能够完成相应的科学书面表达任务，从而更好地利用劝说来开展完整的科学论证。基于ADI策略开展研究的研究者发现，运用ADI策略比传统探究式教学更能提高学生对科学核心概念的理解，提升学生的科学论证能力。同时，女生在ADI中比在传统教学中提高得更多。[2] 桑普森和沃克尔（Sampson & Walker，2012）的研究也表明，无论学生科学学习能力如何，他们都能够在经过基于ADI策略的教学后提升科学书面表达技能，并且能够从同伴互评过程中受益良多。[3]

### （二）ASI策略

ASI策略是由韩国科学教育学者Kim和Gong提出的，他们将科学探究

---

[1] Walker, J., Sampson, V., Grooms, J., & Zimmerman, C. A Performance-based Assessment for Limiting Reactants. *Journal of Chemical Education*, 2011 (8).

[2] Walker, J. P., & Sampson, V. Learning to Argue and Arguing to Learn: Argument-driven Inquiry as a Way to Help Undergraduate Chemistry Students Learn How to Construct Arguments and Engage in Argumentation during a Laboratory Course. *Journal of Research in Science Teaching*, 2013 (5).

[3] Sampson, V., & Walker, J. Learning to Write in the Undergraduate Chemistry Laboratory: The Impact of Argument-Driven inquiry. *International Journal of Science Education*, 2012 (10).

活动分为实验活动（解释活动）和论证活动两部分（如图 2 所示）。在实验活

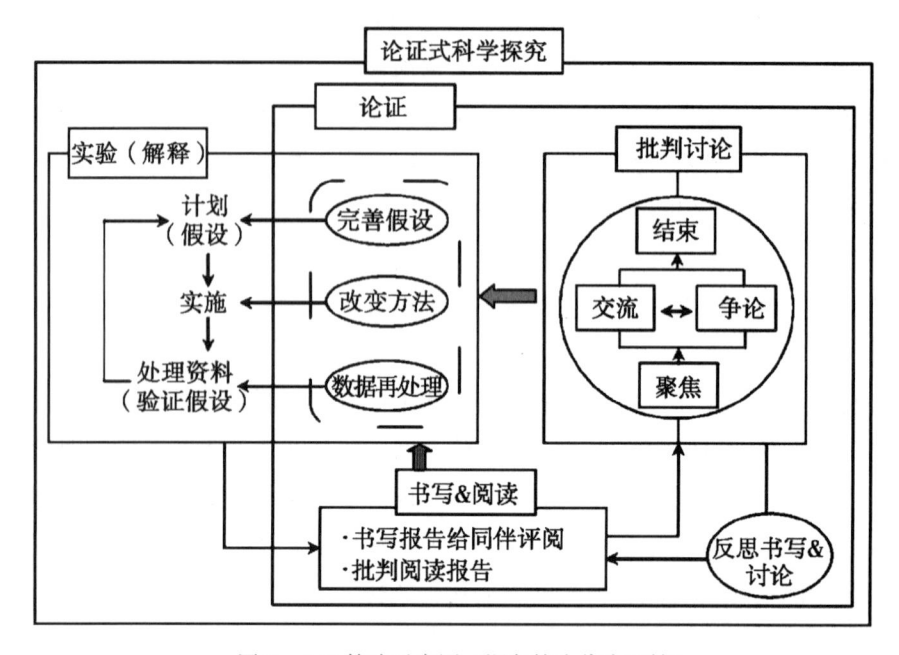

图 2　ASI 策略示意图（深色箭头代表反馈）

动部分，学生完成计划、实施和处理资料三个环节；之后，学生要在教师的指导下完成关于实验活动的书面报告（即完成科学解释工作），随后阅读其他小组的报告并进行评审；最后，通过口头科学论证的方式，对各个小组完成的科学解释进行批判性讨论。在 ASI 策略中，除了要深入体现解释和论证两种科学实践外，书写和阅读也十分重要，它能够让学生开展反思性思考，进一步完善假设、改变方法，再一次收集和处理数据，完成更优质的科学解释。另外，学生通过书写和阅读也为开展口头科学论证，进行批判性讨论做好了准备。一般来说，批判性讨论包含聚焦、交流、争论和结束四个阶段，每个阶段都对建构批判性讨论有独特的贡献。聚焦阶段主要发挥询问信息和观点、澄清或打断对话的功能；交流阶段主要发挥交换信息、相互比较或求教权威的功能。在争论阶段，如果目的是竞争性的，则发挥挑战、重复的功能；如果是合作性的，则发挥建议、协商或改变氛围的功能；如果是认知性的，则发挥质疑观点、澄清、类比、假设、诉诸权威或阐述的功能。最后，在结束

阶段，学生主要完成改变主题、澄清主题、总结归纳等任务。

ASI策略将解释和论证加以适当分离，让解释成为论证的基础，同时论证又能够给解释带来反馈。通过书面表达和阅读活动，ASI策略将解释和论证进行了有效联结，从而让学生学会了反思，并且能够尽可能多地表达、修改和完善自己的观点。整个模式构成了一个循环。Kim和Gong（2006）通过实证研究发现，在批判讨论中充分利用聚焦阶段是实施ASI策略的重要方面，同时，在ASI策略的指导下，学生能够有效提升对实验的解释能力和对实验方法的掌握。[1]

国外科学教育研究者多次运用ADI策略和ASI策略开展实证研究，均有效地说明了二者在全面提升学生科学素养，尤其是培养学生高级科学思维方面的重要价值。通过分析ADI策略和ASI策略可以看出，凸显"解释—论证"的科学探究的核心就是要在原有仅仅完成解释的科学探究的基础上，将论证有效地融入科学探究中，充分发挥解释和论证的特有功能，让二者相互联系、相得益彰。另外，无论是ADI策略还是ASI策略，在融入论证的时候，都力求于让建构不同的、可争论的解释的学生（或学生小组）运用科学语言，以书面或口头的形式对科学解释进行表达，将解释的过程和结果有效地呈现给他人，并且基于科学语言的生动性、深刻性、明确性开展争论、劝说，完成体现科学探究社会性的争论过程。因此，凸显"解释—论证"的科学探究应特别强调学生在科学探究中科学地、规范地运用科学语言，尤其是要发挥科学语言的意义表达、澄清和劝说功能，从而体现科学语言在科学探究中的重要价值。

---

[1] Kim, H. Y., &Gong, J. W. The Features of Peer Argumentation in Middle School Students'Scientific Inquiry. *Research in Science Education*，2006（36）.

# U型模式：素养导向下的深度教学设计与改进

谢虎成

知识导向和活动导向是教学设计的两个极端，知识导向的教学以知识占有为目的，为了"高效"地占有知识，不惜反复训练，不愿意把时间投入到探究与体验之中，批判性思维、创造性思维得不到有效地发展，学科素养无以养成；实施新课标之后又出现了"活动导向的教学""自主学习、合作学习、探究学习"程式化，五花八门的活动充斥课堂，缺乏实质性的知识内容和学习成果，使活动流于形式。教学改革进入到核心素养时代，由知识导向或活动导向的教学转变为素养导向的教学成为当务之急。

基于深度学习理论的U型教学模式把学习过程分为下沉、潜行、上浮三个阶段[1]，围绕学科素养的培养设计问题情境（下沉），遵循学科素养的发展设计学习任务（潜行），检验学科素养的达成设计评价与反馈（上浮），使学科素养在课堂教学中落到实处。以《生物膜的流动镶嵌模型》一课为例，其教学过程设计如下：

表1  《生物膜的流动镶嵌模型》教学过程设计

| 知识内容 | 学科素养 | 学习任务 | 预期成果 |
| --- | --- | --- | --- |
| 细胞膜的组成、特性、功能；细胞膜的内外环境 | 结构功能观（结构影响功能） | 一、展示课前学习成果：1.细胞膜的组成、特性、功能；2.生物体内水的主要存在形式及相对于细胞的分布 | 1.写出细胞膜的组成、特性、功能；2.说出或画出细胞内外都有水的分布 |

---

[1] 陶明凤，谢虎成. U型模式：深度学习导向下概念教学的有效路径[J]. 中学生物教学，2019（17）.

续表

| 知识内容 | 学科素养 | 学习任务 | 预期成果 |
|---|---|---|---|
| 细胞膜磷脂双分子层骨架模型 | 依据磷脂分子的特性和细胞膜内、外都是水环境的事实进行演绎推理、想象、创造，建立模型（假说），并进行论证；评价他人的模型 | 二、建构细胞膜的骨架模型：1. 观看脂质与水混合静置和振荡演示实验；2. 阅读教材，理解磷脂分子在细胞膜中有两层；3. 分组尝试建构细胞膜骨架模型（提出假说） | 1. 说出磷脂分子有亲水和疏水两极；2. 画出或者摆出磷脂双分子层模型；3. 说出磷脂双分子层排列的依据 |
| 细胞膜蛋白质镶嵌模型 | 评价罗伯特森模型（结构功能观）；依据蛋白质分子亲水和疏水性，通过类比推理、想象、创造建构蛋白质的镶嵌模型 | 三、建构蛋白质的镶嵌模型：1. 阅读罗伯特森模型内容并评价；2. 阅读蛋白质分子亲水性补充材料；3. 分组尝试建构蛋白质的镶嵌模型（提出假说） | 1. 联系实际说出罗伯特森模型不合理性；2. 画出或者摆出蛋白质的镶嵌模型；3. 说出蛋白质镶嵌模型的依据 |
| 细胞膜具有流动性 | 分子运动决定了膜有一定流动性（结构功能观）；流动性是有限的（稳态平衡观） | 四、解释细胞膜的流动性：1. 阅读并列举细胞膜流动性实例；2. 分组尝试解释细胞膜的流动性 | 1. 说出磷脂分子可以运动、蛋白质分子可以运动的理由；2. 说出磷脂、蛋白质分子运动方式 |
| 流动镶嵌型的基本内容 | 概括、归纳、有逻辑的表达 | 五、对照模型，归纳流动镶嵌型的基本要点 | 说出流动镶嵌型的基本要点 |
| 细胞膜上糖类的分布 | 理解糖类的形态、分布与其功能的关系 | 六、阅读教材中糖类的分布内容 | 复述糖类在细胞膜中的分布 |

## 一、U型模式是志趣维系的教学

知识导向的教学依靠学习功利来维持教学的进程，学生为考试而学，不考的老师不教、学生不学，考点反复训练、机械重复，内在学习动机不足。活动导向的教学依靠学习兴趣来维持教学的进程。为了调动学习兴趣，教师往往会运用多媒体手段和社会热点问题创设情境吸引学生注意，但接下来的学习往往与此情境无关。比如用"大头娃娃"情境引入蛋白质的学习，一节课上完还是没有解释"大头娃娃"的形成原因；用"孤岛中先吃鸡还是先吃玉米"引入生态系统能量流动的学习，接下来讲的却是草原生态系统的食物关系分析，导致学习兴趣无法持久维持。

素养形成是一个长期的过程，需要对学习主题的持续关注和高度投入，要把对学习的"一时兴趣"转化为"长久志趣"。U型模式的"下沉"对于教师来说是一个创造和设计情境的过程，包含前置学习、引入新课和一个知识点转入另一个知识点学习，只有真实的、生活的、关联性强的情境才能引导学生进入"沉浸式学习"过程，才能通过生物学知识本身的魅力吸引学生，才能将暂时的"学习兴趣"转变成"长久志趣"。

《生物膜的流动镶嵌模型》前置学习任务，包括教材中"组成细胞的化合物中，水占85—90%"和"生物体的含水量一般为60—95%"，这些水主要以什么形式存在？相对于细胞来说，这些水存在于什么位置？这几个问题正是构建细胞膜结构模型的真实情境；学习细胞膜磷脂双分子层骨架模型之前，设计了脂质与水混合静置和振荡演示实验，这一情境引发了学生对脂质在水体内如何分布的思考；在阅读了罗伯特森模型内容后播放了变形虫运动视频，引发了对罗伯特森模型的反思与评价及蛋白质分布的思考；学生尝试建构蛋白质的镶嵌模型后又投影了细胞膜冰冻蚀刻实验的资料和照片，引发学生对自己建构模型的审视和修正。这些情境都源于真实的生物学实验和生命现象，真实而又生动，像一串明珠把学习活动和细胞膜结构模型的知识串在一起，维系着学习过程不断深入。

## 二、U 型模式是素养导向的教学

知识导向的教学，写在教案上的目标与教师心目中的目标并不一致，教师一旦进入课堂，一个知识点一个知识点地"落实"，而"能力、情感态度价值观"则丢到九霄云外去了。U 型模式的"潜行"是以素养为导向的学习过程设计，知识是学习的对象而不是学习的目的，依据知识的内容和结构确定其适合于培养哪些学科素养，再依据这些学科素养的发展规律对知识进行取舍、补充和重组，围绕学生学科素养的发展组织教学。

《生物膜的流动镶嵌模型》主要目标是培养"模型与建模"的学科素养，这是一种综合性素养而不是单一性素养，它由不同的要素组成。常见的模型建模有两种方式，一是基于直接证据（原型）的模型建构，如细胞有丝分裂的模型建构；二是基于间接证据的模型建构。这节课的模型建构属于后者。这种模型建构是在没有见到实物的条件下完成的，要根据收集到的间接证据进行推理和猜测，尝试建立模型，并对建立的模型进行解释、评价和修正，"分析、推理、想象、提出假设（模型）、科学解释、评价"这些能力都属于"模型与建模"素养的组成要素，具备了这些要素才真正具备了"模型与建模"素养。素养导向的教学就要结合知识内容将"模型与建模"素养的组成要素具体化、系列化，围绕这些要素的培养来组织教学内容，设计学习任务，预测学习成果。在整个教学设计环节，学科素养作为中心和纽带，把教学的内容、活动、评价与反馈紧密连成一个整体。

素养导向的教学不能被知识牵着鼻子走，要依据学科素养发展的逻辑对知识内容进行选择、重组和加工。这节内容循着"细胞膜组成→磷脂双分子层排列→蛋白质分子排列→细胞膜"的流动性顺序展开，在"磷脂双分子层排列"之前增加了质壁分离及复原的动画，让学生知道细胞膜的内、外都是水溶液，作为提出假说的补充证据；在"蛋白质分子排列"前增加了阅读材料"构成蛋白质的氨基酸的侧链基团，有的疏水，有的亲水。若蛋白质外围都是亲水基因，疏水基因藏于内部，则该蛋白质亲水；若蛋白质外围都是疏水基因，亲水基因藏于内部，则该蛋白质疏水；有的蛋白质部分亲水，部分疏水。"学生有了前面"磷脂双分子层排列"的经验，根据这一材料又可以将该经验迁移至"蛋白质分子排列"中，不仅巩固"想象、推理"等素养要素，又潜移默化地形成结构功能观，内容的选择、组合、呈现都服从和服务于素养的发展。

### 三、U型模式是任务驱动的教学

知识导向的教学是以"教"为中心的教学，认为把知识"教"出去了就等于学生学了，所设计的教学过程本质上是"教"的过程，却忽视了一个道理——素养是无法"教"的；有位教师上本节公开课，一开始就将生物膜的立体模型展示出来，对照模型讲述流动镶嵌型的基本要点，接下来就是题目训练、模型制作。这种设计确实"高效"，但省略了学生的思考过程，也就剥夺了学生素养发展的机会，剩下的只有记忆和模仿了。

活动导向的教学以学生的活动为中心，往往会脱离知识的牵引，同时也忽视了另一个道理——素养是建立在结构化知识基础之上的，脱离了知识系统化学习的活动是碎片化的无效活动。有位教师在这节公开课设计了小组活动："请参考科学史，设计实验，证明磷脂分子在细胞膜中排列为连续的两层"，这节课知识目标是理解流动镶嵌型的基本内容，素养目标是培养模型与建模素养而不是科学探究素养，"磷脂分子在细胞膜中排列为连续的两层"是用来帮助建构细胞膜骨架模型的事实性知识，是第二手资料，没有必要、也不可能进行"探究"，这种设计看起来很新颖、很热闹，实际上偏离了学习主题。

U型模式的"潜行"通过一系列任务，驱动学习过程"层进式"深化，选择什么样的学习任务以学科素养发展的需求为依据，每一个任务都对应学科素养的某一或几个要素；任务的排序要考虑知识的认知规律与素养的发展规律，这些任务驱动着学生通过实验与探究，或者学习素材的分析与综合、归纳与演绎、想象与论证等多种思维方式，一层一层地接近生命活动的本质规律。

这节课一共设置了6个大任务，每一任务又由活动和问题来驱动，其中第二、三、四都是富有挑战性的任务，教师提供相应的素材作为帮助，磷脂分子的摆放、蛋白质分子的摆放，学生可以画图，可以摆平面模型，也可以制作立体模型，可以反复试验，可以讨论和商量，从未知结构建立一个结构模型，需要批判性思维和创造性思维参与。

### 四、U型模式是成果跟进的教学

知识导向的教学以学生获得知识"量"的多少作为评价教学的主要甚至唯一标准，与此对应的是以纸笔测试、终结性测试为主的单一性评价方式，不能客观地反映学生素养的发展。U型模式将学科素养具体化为预期学习成果，成为可观察、可检测的观测指标，"上浮"对于学生来说是知识的表达与反思，对于教师来说则是评价与反馈。每完成一项学习任务都设置过程性的学习成果，按照布鲁纳的掌握学习理论，70％的人完成了学习目标才能进入下一个学习阶段。

这节课的学习成果包括磷脂双分子层骨架模型、蛋白质镶嵌模型，以及建构这种模型的依据和理由，观察学生建构的两种模型可以直观地、初步地判断目标达成的程度，根据学生对建构模型依据和理由回答证据是否充足，推理是否符合逻辑，可以进一步判断素养发展的水平，根据学生素养发展水平调整教学节奏。教师要对学生的回答作出积极的回应，维持学习过程向纵深发展，促进素养要素不断积累，素养水平不断提升。

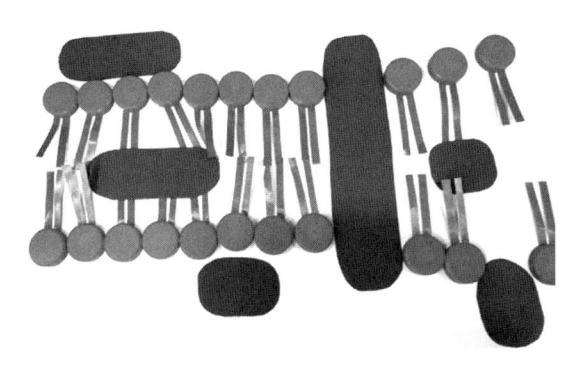

图1　学生制作的蛋白质镶嵌模型

这节课最后布置了课外作业：自选材料制作生物膜模型。可以作为这节课终结性评价作业，综合评价知识理解水平和素养发展水平。

知识导向的教学对知识的理解通过阅读、听讲来获得，学习过程也许快捷但不完整，学科素养得不到有效发展。U 型教学是一种完整的学习过程设计，是一种促进深度学习的教学设计，对知识的获得要经历推理、猜测、想象等复杂的思维过程，要通过阅读、回忆、讨论、操作等多种方式学习，知识的理解来源于自我建构，不仅需要认知参与，而且需要感情和意志的投入；不仅理解了知识本身，而且也理解了知识背后的学科思想和学科方法[1]；不仅收获了知识的理解，而且获得了关键能力的发展和素养水平的提升。

---

[1] 谢虎成. 核心素养视野下概念教学的价值追求［J］. 中学生物教学，2017（12）.

# 在感悟建构中培养学生的空间观念

## ——《体积与体积单位》教学案例

### 董 艳

**教学内容**：人教版《义务教育教科书数学》五年级下册第38～39页。

**教学目标**：

1. 通过实验，经历猜测、验证等活动，理解体积的意义，认识立方厘米、立方分米、立方米常用的体积单位，感受它们的实际大小；能利用体积单位直接计量物体的体积。

2. 通过操作、想象、估测，进一步发展学生的空间观念。

3. 在具体的问题情境中，经历探究、类推、验证等学习活动过程，培养学生的问题意识，发展数学思考。

**教学重点**：理解"体积"的含义。

**教学设想**：

《体积和体积单位》是人教版小学数学五年级下册内容，属于《课程标准2011版》中"图形与几何"这个领域。本节课是在学生已经初步认识了"长方体和正方体的特点"和"表面积的计算"基础上进行的，为进一步认识其他立体图形和学习有关体积计算及应用打好基础；培养学生空间观念的同时，丰富和发展学生对"图形"的学习经验。

**教学过程**：

**课前谈话**：

与学生聊聊"牛顿发现万有引力"和"瓦特发明蒸汽机"的故事。

一、导入新课

1. 欣赏"乌鸦喝水"的故事。

2. 质疑：从故事中你发现什么现象，又有什么思考？

——为什么石块放入水中，水面就会升高呢？

生$_1$：因为石块很重，把水压上来了。

生$_2$：因为石块放进去后，占了水的"位置"（空间），所以水就跑上来了。

……

3. 揭示课题：今天这节课，我们就来研究"乌鸦喝水"中的数学问题。

（出示课题："乌鸦喝水"中的数学问题）

【思考】

何为"体积"，怎样计量"体积"，对学生而言都是不易理解的。为此，在初步认识"体积"这一概念时，基于学生的已有知识基础及认知规律，设计如上情境，回到学生的认知原点。

二、探究新知

1. 动手实验操作，理解"体积"的含义。

（1）通过实验体会"物体都占空间"。

①设疑：

究竟是因为石块有重量，还是因为石块占空间呢？

如果石块占空间，其他的物体占不占空间呢？

能不能利用你们桌上的材料，通过实验来证明自己的猜想？

②学生分组实验。

③集体汇报交流：

a. 木块占空间、铁球占空间、乒乓球占空间……即固体占空间；

b. 水占空间……即液体占空间；

c. 空气占空间……即气体占空间。

（2）联系生活实际，举例说明物体都占空间。

在交流中引导学生发现物体所占的空间有大有小。

（3）小结：物体都占空间，而且所占空间的大小不同。

（4）揭示"体积"的含义。

——物体所占空间的大小叫做物体的体积。

【思考】

"为理解而教"是实现教学发展性目标的基础。对于"体积"的概念，死记硬背地记住"符号"，其本质上仍是"灌输"，是难以真正理解知识的。郭教授主张课堂应具有"画面感"，通过直观教学、联系实际、实验教学来实现对"体积"表象与表征、属性与本质、联系与规律的认识与理解。

建构"体积"概念的基础是"空间"。由"乌鸦喝水中的石子"到生活中的木块、铁块、乒乓球、水、空气等等，通过实验，学生初步体会物体"占有空间"。随后启发学生观察比较，整体感知物体有大有小，其所占"空间"也有大有小，故物体的体积也有大小之分。特别是这里仅利用直接观察即能做出判断，由此为后面进一步深入比较、引发认知冲突埋下伏笔。

2. 联系生活实际，认识常用的体积单位。

(1) 感受体积单位产生的必要性。

①比较甲、乙两堆木块的体积。

（每个木块大小相同，但两堆木块的个数不同。）

生：左边这堆木块体积大。因为左边有 10 个木块，右边只有 6 个。

②比较甲、乙两堆木块的体积。

（每个木块大小不同，两堆木块的个数也不同。）

生$_1$：还是左边这堆木块体积大，因为它的块数多。

生$_2$：右边的木块虽然少，可是，它的每一块要大啊……我觉得右边的体积大！

生$_3$：我感觉两堆木块的体积一样大。

生$_4$：我觉得无法比较呢！

③小结：比较体积的大小时需要有统一的标准，这个统一的标准就是体积单位。

【设计意图】

学习是人的成长方式，是学生作为人的生长过程的目的性的现实生活。真正的学习是追求知识对于学生的生长意义及其价值实现的过程。从此意义上讲，学习即发展。深度教学追寻知识的广度、知识的深度和知识的关联度，需要引发学生的高阶思维。

在小组合作的基础上交流各自的方法，看似简单的比较，实质上对学生而言是比较抽象的。通过"数"的方式发现"10个正方体"比"6个正方体"的体积大，这点虽然显而易见，但其中蕴含的深意多数学生似懂非懂。

接下来还是"10个正方体"与"6个正方体"，谁的体积大？正好填补了学生认知的空白，由"个体相同"与"个体不同"的交错比较、辨析，进一步培养了学生的逻辑分析能力，透过外显表象直击问题的核心。

本环节并未简单地呈现出常用的体积单位，而是引导学生理解和掌握"单位"（即"标准"）所表达的意义。学生的知识学习不是止于符号，而是超越符号，获得符号背后的意义。

（2）从已有单位迁移到体积单位。

①猜测一：长度单位用线段表示，面积单位用正方形表示，那么体积单位应该用什么样的图形来表示？

②猜测二：体积单位应该用什么样的正方体（也就是棱长多长的正方体）来表示？

③认识立方厘米、立方分米、立方米。

• 学生拿出棱长1厘米、棱长1分米的正方体，用米尺围出棱长1米的正方体，通过观察、比划，建立1立方厘米、1立方分米、1立方米的表象。

• 学生举出生活中体积大约是1立方厘米、1立方分米、1立方米物体的实例。

• 估一估橡皮、鞋盒、空调的体积。

④小结：立方厘米、立方分米、立方米就是常用的体积单位。

三、总结

1. 通过"乌鸦喝水"的故事，我们研究了哪些数学问题？
2. 我们是怎样研究这些数学问题的？

四、练习（应用数学知识，解决实际问题）

1. 在括号里填上合适的体积单位。

（1）一块橡皮的体积约是8（　　）。

（2）一台电脑显示器的体积约是35（　　）。

(3) 运货集装箱的体积约是 70（    ）。

(4) 一本新华字典的体积约是 0.4（    ）。

(5) 三峡工程第二次截流中抛投一块大石料的体积约是 3（    ）。

2. 操作。

用 12 个 1 立方厘米的正方体拼摆立体图形。

学生展示作品，思考：哪个物体的体积更大？为什么？

生₁：一样大，因为小正方体的数量相同。

生₂：每个小正方体的体积一样，都是 12 个，所以摆成的图形体积一样大。

师：从中你发现了什么？

生₁：组成物体所含的单位体积个数相同，它们的体积就相等。

生₂：体积相等的物体形状不一定相同。

【设计意图】

观察是一种思维积极参与的感知活动。利用体积守恒，从单一要素到认识要素关系，让学生在变化中观察、辨析图形的异同。其中，大小相同的 12 个小正方体变换成形态不一的图形，但体积始终如一。学生在不断辨析中，突破思维定势，促进对"体积"概念的系统内化。

全课反思：

对学生而言，"体积"是一个新概念。由平面图形到立体图形，从二维空间到三维空间，是学生空间发展的一次重要跨越。在教学时，我们该给学生怎样的助推，实现深度教学，培养学生空间观念，这是值得深思的问题。

郭元祥教授认为，知识的教育要有生命立场和主体视野。一切教育问题的根本出发点是学生的生命成长，是学生作为主体人的发展需要和发展过程。在对待知识问题上，教育不能仅仅把知识"作为人类认识的成果"来传递和教授的。对知识的理解，不是把知识作为一种事实存在，不把知识看作是一种事实存在的符号、载体，而看成是与学生的生长、生成和发展相关联的意义系统。《数学课程标准 2011 版》中的课程总目标从"双基"扩展为"四基"，其中"基本思想"就是要学生学会数学地思考，"基本活动经验"则强调数学学习要经历过程，积累数学活动经验。这充分说明，对学生的发展来说，仅有知识和技能是不够的，还要去经历、去体验、去发展。如果把知识仅仅当作符号来传递、当作事实来记忆、当作物品来展现，把未确定的假定性意义告诉学生，这种教育对学生来讲，都是缺乏活力的，都只能够使学生处于被动状态。

下面，重点结合这两方面谈谈笔者对这节课的思考。

**(一) 注重引导学生经历数学知识的体验和探索过程，发展空间观念**

数学是科学思维的工具，具有高度抽象性。外在的数学知识只有转化为学生内在的自身体验，学生才能构建自己的数学知识。发展空间观念不能纸上谈兵，必须给学生亲身体验实践的机会。

深度教学关注学生学习时的"生成历程"和"过程取向"。生成历程和过程取向反对在教育活动中直接对知识进行接受性的传递，强调通过学生与知识的相遇，实现知识教学的丰富价值。

因为对知识的简单占有，不是教育活动的目的和结果。教育目的绝对不是仅仅基于认知层面对表层符号知识的"知道"。而真实的教育结果实际上是教育过程的结果，是师生在教育情景中围绕知识主题，进行交互作用而实现的创造性、发展性结果。

在这节课中，笔者注重引导学生从已有的知识和经验出发去体验学习过程，用他们自己理解的方式去探索和建构数学知识。这样，学生不仅深入理解了相关数学知识，而且积累了活动的经验，掌握了有效学习的途径，发展了积极向上的情感与态度。

数学活动经验产生于数学学习中，是对观察、实验、猜测、验证、推理与交流等数学活动的初步认识。这节课中，对于"体积"这个抽象的概念，教师是这样引导学生逐步探索和体验的：当学生思考"乌鸦喝水"的故事中水面为什么会上升时，有的猜测石块占了水的位置，水被"挤"了上来；有的猜测石块很重，水被"压"了上来。这时，教师没有过多地"分析"和过早的"评判"，而是引导学生通过实验来验证自己的猜想是否正确。教师为学生准备的实验工具盒材料花了一番功夫，不同的材料和实验分别能说明不同的问题，将学生的探究引向纵深。当学生经过实验，发现很重很重的石块、铁球，很轻很轻的木块、乒乓球都占空间时，检验了自己原来的猜想，发现了"物体都占空间"。通过实验中"多出的沙""上升的水面""膨胀的塑料袋"这些可见可感的现象，实实在在地体验到"体积"这个寥寥数语的概念背后丰富而深刻的含义。正是这种"润物细无声"的教学方式，使学生在经历猜测、验证、实验、发现的过程中，获得对"体积"含义深刻的体验，积累数学活动经验。

**（二）注重引导学生对数学思想和方法的体验和掌握**

当代诗人杜牧有句名言："学非探其花，要自拔其根。"知识的本质是观念，是思想。数学思想与方法是学习数学和应用数学的根本所在，是隐含在符号知识背后的内容，是从知识学习走向学科素养发展的灵魂。在学生充分参与获得感受、体验之后，老师注重引导学生把这些感受、体验上升到数学思想和方法。

上课伊始，老师就营造出一股浓郁的科学探究氛围，先由牛顿和瓦特进行科学探究的故事引入新课，再创设"乌鸦喝水"的故事情境，引导学生通过所看到的"水面上升"的现象，也像牛顿和瓦特一样去进行思考，去进行有意义的探索。

这里，情境的作用不只是提供绚丽多彩的动态画面和热热闹闹的课堂气氛，也不只是暗含数学问题，而且是拉近了学生与科学家之间的距离，让学生在经历探究过程的潜移默化中悟到了"现象——思考——探究"的科学思想和方法，提升了学生学习数学的情感态度和价值观。

这节课中学生体会到可借助"实验法"来比较物体的体积，特别是通过实验理解"多出的沙的体积""上升部分水的体积"就是"放入木块（石块）的体积"，推理得出放入沙（沉入水）的物体的体积大小。

又如在"体积单位"的教学中，教师通过两次续编"乌鸦喝水"的故事，让学生产生认知矛盾而热烈讨论，并逐渐明确：没有一个统一的标准，不便于比较体积的大小。如此一来，学生自然而然地体会到规定体积单位的必要性。"观察比较""数数比较""统一标准"三种比较方法的层次递进，有利于培养学生的空间观念。同时，学生知识学习的不断进阶，新知识的不断增加，必然引起学生知识结构的重建。

接着，学生猜想体积单位应该用什么图形来表示。这一猜想，由于有旧知识作迁移的依据，学生很快猜想出正方体，然后顺水推舟，由学生"规定"出常用的体积单位。数学知识内部的推演，体现了数学推理的思想。

数学知识的建模是一个迭代的过程。在认识"体积"时，利用变式比较，有利于透过表面特征凸显"体积"概念的本质特征，加速知识内化。最后一个环节让学生拼一拼、摆一摆、想一想、议一议，思考"为什么拼出的这些图形形状不同，体积却都是 12 立方厘米"；知道要计量一个物体的体积，就是看它含有多少个体积单位。突破思维定势，促进学生对"体积"概念的系统内化。

从学生认知的全过程来看，从对"体积"的符号表征，到形象表征，再到概念学习和意义掌握，都是以思维为核心的理解过程。深度教学要求引导学生在知识理解和掌握的过程中，经历完整的思维过程，强调"高阶思维"。

纵观这节课，学生通过个体有意义的实践，利用观察、计算、测量、变式等多维方式，从整体感知"空间"、初步弄清"单位"，到精细体会"方法"、深度辨析"关系"，最终实现体积概念的建构与内化。在发展学生空间观念的同时，提升了学生的数学素养。

# 素养表现型教学：提升学习层次

武凤霞

江苏省无锡市东林小学的前身是著名的东林书院，作为无锡市第一所公办新学，走过120年发展历程，取得了辉煌的办学成就。新时期，在促进教育高质量发展的背景下，学校聚焦小学生学科核心素养的培育，承担江苏省基础教育前瞻性教学改革项目"小学语文素养表现型教学的实践探索"，经过多年的理论研究和实践改进，在素养目标、教学结构、学习形态、素养评价和操作策略方面进行了有益探索。

## 一、素养表现型教学的意蕴

### （一）为什么提出素养表现型教学

一方面是基于学生年龄特点。小学阶段，孩子充满好奇，喜欢表现与表达，尤其是面对学习需要，面对教师要求，面对同伴欣赏的时候，表现的欲望更为强烈，他们会无所顾忌地把自己的观点呈现出来，不管是否偏颇，不论深浅对错，甚至不介意教师和同伴的看法，说自己想到的，说自己想说的，大方而纯粹。好的教学应该是顺应孩子天性的教学。另一方面是基于我们对教学的认知。我们认为，教学过程是一种文化实践过程，是建立在知识与学生发展之间的中介，应该是学生深度参与、能充分表现其认知、能看见学习和学习结果、能感受自己和同伴成长的过程。在这个过程中，让师生能彼此"看得见教与学的结果"就成了重要的存在，而"让学生充分表现"是达到这一目的的重要方法和手段。基于上述原因，我们提出了素养表现型教学方法。

### （二）素养表现型教学的意蕴

素养表现型教学是以学生素养表现为核心，把学习者的学习结果以及学习者内在素养充分外化展示出来的一种学习方式。它强调"学以致用"，强调在真实的学习情境中，通过表现性任务把内在的知识、素养、能力、品格、心理等展示出来，让自己和他人能够清晰感受到、观察到，并在表现中获得知识、能力、思维深层次提升的一种学习方式。素养表现型教学有四个特点。一是理解性。学生只有对教材所呈现的知识有了充分深刻、条理明晰的理解，才能知道文本讲的是什么，学习中应该做什么，知识的深刻意蕴在哪里，才能知道新旧知识之间是如何贯通的，也才能把所思所解通过语言行为呈现出来。二是反思性。素养表现型教学基于素养而表现的特质，确定了学习要建立在对知识理解的充分广度、充分深度和充分关联度的基础上，学生与不同阶段的知识相遇，与不同的思考形式相遇，甚至与不同的人生、不同的理念和价值观相遇，并与之产生交融、碰撞、冲突，迫使学生不得不对自我、对知识甚至对世界进行反思，并在反思中生成新的认知与思考。三是回应性。学生的每一次自我表现，都是对自己所学知识的回应，也是对自身内在的认知，对已有学科素养、学科能力的回应。在一次次的回应中建立起知识学习与文化的联系、与个人生活经验的联系，进而促进学科素养的逐步提升。四是创造性。鼓励和帮助学生把文化符号与自身经验相融合，通过独立思考或在同伴启发下创造出属于自己的独特感受，并运用语言文字表达出自己的观点，同时提倡用行为进行表达，努力做到吸收与表现、内化与外显统一起来。

## 二、素养表现型教学的课堂结构

### （一）素养表现型教学的基本结构

素养表现型教学以"主题—任务—表现"为基本模型，聚焦特定情境中相对真实的表现性任务，帮助学生专注完成表现性任务以获取学科知识、学习能力、深度思维和学习习惯，以学生个体多样化表现和学生群体共同发展为目的的。在素养表现型教学的课堂结构中，学生是素养表现的主体，教师是学习任务的主要提供者、学习活动的主要设计者，在课堂学习中"指导表现的过程，聚焦表现的难点，强化表现的深度，共享表现的结果，反思表现的得失"（肖龙海语）。一句话，要帮助学生与知识很好地融合在一起，使所知与所用达到一种良好的生态平衡状态。

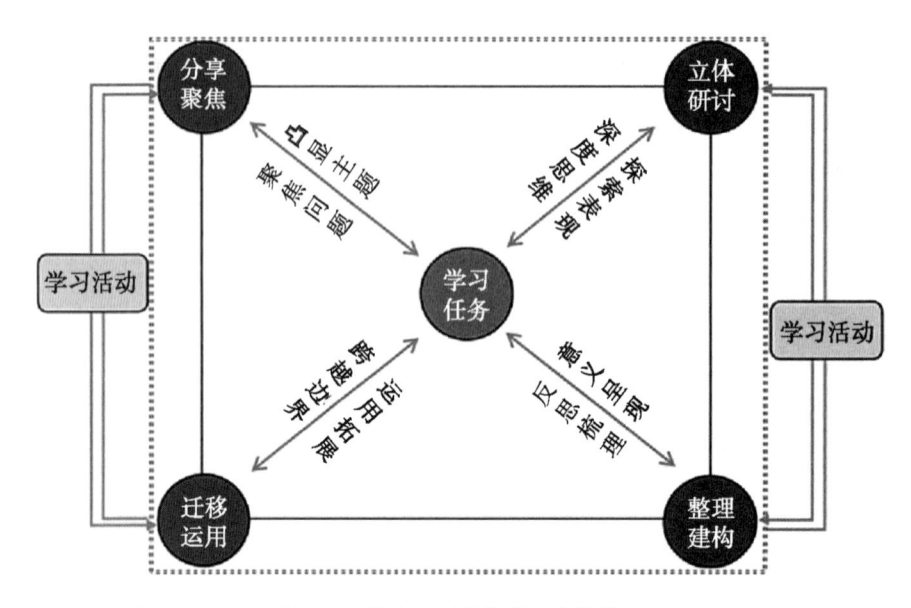

图1 素养表现型教学的动态结构图

**(二) 素养表现型教学的动态结构图**

在这个结构图中（如上图1），分享聚焦、立体研讨、整理建构、迁移运用既是教学的流程，又是学习的方法。分享、研讨、整理、迁移分别指向不同的知识和能力的建构，彼此之间相互独立又相互包含，各有侧重又彼此支撑。四个方面既可以是独立个体的形式做大循环，又可以就某一方面做微循环。具体实践中，教师可以根据教学目标和学生学习需要灵活选择不同的环节，也可以把几个环节根据需要灵活组织成不同形式，对步骤和顺序做相应调整。

### 三、素养表现型教学的操作策略

**(一) 用表现性任务统率学习过程**

素养表现型教学特别关注课堂学习用可见的表现性任务来统领，表现性任务的设置应该具备这样几个特征：凸显任务设置的情境性，立足文本学习的综合性，关注学习过程的独立性，提倡任务表现的合作性。如此，在表现性任务的统领之下，学生学习从文本阅读起步，完成具体的情境任务，再到表现学习的结果，呈现了一个以学和用为核心的完整的学习过程。这样的学习方式因为与学生的生活相结合，有利于让学生沉浸其中。一位教师教学统编语文教材六年级上册《故宫博物院》（注：以下均为统编教材）一文时，就很好地使用了这一策略。在对教材内容有大致了解的基础上，教师设计如下情境任务：（1）为家人计划故宫一日游，画一张故宫参观线路图。（2）选择几处景点，为家人做讲解。在完成情境任务的过程中，教师似乎没有明确提出学习内容，学生也仿佛忘记了这是一节语文学习课，但他们分明又在学习——阅读文字，提炼、梳理、概括、讲解，每一个环节都是真正的语文学习，都在表现着自己的语文学习能力和学习结果；不仅凸显了学习的重点难点，还突出了学生个体学习与小组合作的充分融合，让学习成为学生的自我需求，让学习过程和学习结果变得直观、可感。

### （二）用知识结构化推进学习不断进阶

作为教育者，我们一直努力把"这一篇"真正教成"这一篇"，而不是以往任何时候学习的"那一篇"。发掘这一篇的特质，教出这一篇对于学生成长的价值，是每位教师竭尽全力追求的教学境界。也正因为如此，每一节课可能带给学生的要么是新知，要么是旧知的新维度。比如，同样是立足"怎样写物"这一语文要素，三年级下册第一单元的要求是"试着把观察到的事物写清楚"，三年级下册第七单元的要求是"初步学习整合信息，介绍一种事物"，五年级上册第五单元的要求是"搜集资料，用恰当的说明方法，把某一种事物介绍清楚"，五年级下册第七单元的要求是"搜集资料，介绍一个地方"。不同单元，侧重点不同。知识就这样以"点"的形式储存进学生头脑中。素养表现型教学强调把这些"点状"的知识放入属于它的系统中，让同一类知识之间产生勾连，并把所学知识要素按其相互作用、相互联系的方式和秩序组合起来，使知识由繁杂变为简化概括，形成一个完整的知识体系，即强调知识的结构化。只有当知识形成结构的时候，才能形成学科能力，实现教学价值，并最终达到学科育人的目的。

### （三）用明确的评价标准保证学习质量

即时、准确的评价对于保证高质量学习十分必要。素养表现型教学倡导的评价有两种形式。形式一：用明确的学习标准规范学生学习。实际教学中，这容易被教师忽略。比如，教师在课堂上经常提出学习要求：正确、流利、有感情地朗读课文。这一要求其实很不明晰——读正确的标准是什么？怎样才是达到了流利的程度？要表达出什么感情？读得怎样才表达出了自己的感情？评价标准不清晰，导向就不明确，学习也会处于一种懵懂的状态。为此，我们要求教师设计学习任务单，不仅明确学习环节做什么，还要明确做到什么程度，检测的标准是什么。比如上述朗读的要求，我们会明确这样的标准：读课文，把字音读正确，把句子读流畅，句中停顿要合理，尝试通过语调、语气、节奏和表情表达出文章的情感。如此，学生就知道读到什么程度就达到了学习的要求，教师也能够根据学生的读书情况，作出有针对性的点评。形式二：通过完成表现性任务促进教学评一体化发展。教学评一体化，意味着评价不是独立存在于学习过程之外，而是融合了"学的是什么""用得怎么样"两个方面进行评价。比如教学六年级下册《宇宙生命之谜》这篇文章，教师设计情境任务如下：假如我们是中国科学院宇宙生命研究所的研究团队，要召开一个新闻发布会，发布关于宇宙生命的最新研究进展，以此解答公众最为关注的问题：宇宙中究竟有没有其他生命存在？现有的研究资料之一是《宇宙生命之谜》，我们该发布哪些宇宙生命研究的新成果？在这一任务统率下，设计了四个活动。活动一：浏览全文，找出需要发布的研究新成果，标出相关语段，跳读。可以运用"找中心语句、画关键词、提取关键信息、逐层分析"等方法学习。活动二：交流归纳，列出拟发布的内容（至少找出三个方面）。活动三：模拟召开发布会。（1）作为"发言人"，自由组成三人发布小组，准备发布的文稿和图片资料，相应的佐证资料可从图书馆、网站等获取。（2）作为"记者"，拟定提出的问题。（3）作为"观察员"，记录"发言人"发布信息的时间节奏、准确程度及现场效果，提出改进意见；记录"记者"的提问次数、问题的科学性等，作出效果评价。这是一个教学评一体化的典型案例，在明确的学习任务统领之下，每一个学习活动都是教师在教——教学生有效读书，有针对思考，有质量表达；每一个学习活动又都是学生自己在学——选择重点段落阅读思考，梳理提炼重要内容，完成文本语言到个人语言的转化；每一个学习活动同时又是在评——对教师设计的学习活动、选择的学习方式和学生阅读能力、概括能力、表达能力、思维能力的监测与评价。如此，让学习在明确的标准中进行，在教学评的共融共生中一步步深入，最终助力学生形成学科素养和能力。

### 四、素养表现型教学的成果及展望

素养表现型教学的研究，带给教师和学生多方面的改变。学生沉下心来思考，完整清晰表达，切实转变了学习方式。素养表现型教学用生动的学习形式，强调学生的自主学习，让他们更多去经历和体验各类启示性、陶冶性的学习活动，逐渐形成多方面要素的综合与内化，养成现代社会所需要的思想品质、精神面貌和行为方式，使学生的学习力、合作力、表现力、组织力得到提升，特别是提高了学生的高阶思维能力和创造性解决问题的能力。在全国、省、市举行的教学展示活动中，东林小学的孩子展现出来的沉下心学习的状态，能依据核心问题多层面全方位思考的能力，以及运用准确的语言条理清晰、言语丰富、完整地表达自己思考的习惯得到了高度评价。教师注重学生自主学习及核心素养的培养。素养表现型教学强调用情境性学习任务的完成达到让学生深度学习、思维发展的目的，这就要求教师在备课过程中把教材所呈现的材料做二次梳理组合，站在学生自我获取知识和在实践中锻炼学科能力的角度设计学习活动。所有学科教师参与设计的学习任务单是学生放手学习的重要凭借，教师逐渐领悟到好的教学，要教在困惑处，教在提升处，教在拓展处。近年来，立足素养表现视域下的课堂教学在省市区优质课比赛中连续三年获得特等奖或一等奖；在全国、省、市、区层面，我校教师向来自全国各地的同行展示示范课96节，在梁溪区对各学校进行课堂教学的调研中，连续两年优课率名列区域前茅。

人人都是教研员。为了深入研讨素养表现型教学，我们以"网格教研"

为抓手，成立东林小学教育研究院，院下设研究所，所内设若干研究室，室内设若干研究组，组内有若干研究成员，形成"所→室→组→员"的网格教研格局，围绕学生学习、教师教学、专业发展、学科建设、破解难题等有针对性地确定各种任务研究模块，实现了人人都是教研员的美好图景，把教师培养的方式方法带到高处，落到实处。近年来，学校进行素养表现型教学研究141场，开展研究课246节，主题报告57场，发表研究论文83篇，接待来自全国各地近40个教师团体到校学习。学校获评"江苏省教科研先进集体"，入选江苏省首批"四有"好教师团队重点培育项目等。无锡市东林小学就是这样以教学改革为突破口，在教师培养、学生发展等方面找准聚焦点，抓住关键点，快速而稳健地走出了自己美好的样子。

# 智慧教育视域下的知识追踪：
# 现状、框架及趋势

王志锋　熊莎莎　左明章　闵秋莎　叶俊民

## 引言

　　进入 21 世纪，人工智能、大数据、虚拟现实、区块链、物联网等高新信息技术引发了人类社会的颠覆性变革，也进一步推动着传统教育向智慧教育新范式转型和演进。《新一代人工智能发展规划》提出要发展"智慧教育"，以推动教学方法改革。① 《教育信息化 2.0 行动计划》和《中国教育现代化 2035》也进一步指出，要探索新的智慧教育模式，促进以个性化学习为基础的智能化教学支持环境建设的开展，推动人工智能技术在教学方面的应用。②③ 智慧教育的实践与落地，有赖于智能教育的核心支撑作用：一则智能教育通过技术赋能教育，从而支持智慧学习环境的构建（如智慧校园、智慧教室、智慧终端、智慧教育云、创客空间等）；二则智能教育通过技术赋能学习服务，从而支持智慧教学法的形成（如精准教学、智能学习推荐、自适应学习、个性化学习等）；三则智能教育通过教育大数据与学习分析支持智慧学习评估的建立（如多元化评价、全程化评价、个性化评价等）。④

---

① 国务院. 国务院关于印发新一代人工智能发展规划的通知［EB/OL］.［2017-07-12］. http://www.gov.cn/zhengce/content/2017-07/20/content_5211996.htm.

② 中华人民共和国教育部. 教育部关于印发《教育信息化 2.0 行动计划》的通知［EB/OL］.［2018-04-18］. http://www.moe.gov.cn/srcsite/A16/s3342/201804/t20180425_334188.html.

③ 新华社. 中共中央、国务院印发《中国教育现代化 2035》［EB/OL］.［2019-02-23］. http://www.gov.cn/zhengce/2019-02/23/content_5367987.htm.

④ 杨倩，许峰. 简论研究生培养中的多元化智慧教育［J］. 河南师范大学学报（哲学社会科学版），2020（5）.

近五年来，知识追踪作为一项重要的智能技术，受到学术界和产业界的广泛关注，并逐渐发展成为实践智慧教育的一条重要路径。知识追踪的目标在于对学习者的知识水平与认知结构进行建模，根据学习者的历史学习轨迹，融合统计学习、深度学习等智能技术手段，深入分析、挖掘学习者的知识掌握水平与知识认知结构，来准确预测学者未来的学习表现[①]。知识追踪从提出至今已有近三十年的发展历程，同时伴随大量在线教育平台的涌现、海量学习数据的累计以及越来越多新兴人工智能技术的引入，使得知识追踪能够更好地表征学习者的复杂学习状态，为智慧教育实践提供技术支撑。

本文聚焦于智慧教育视域下的知识追踪，综合运用文献调研、大数据建模、深度学习、多模态分析等研究方法，关注并尝试回答以下具体问题：（1）智慧教育视域下知识追踪的概念如何界定？（2）面向智慧教育应用的知识追踪发展的现状如何？（3）目前知识追踪在智慧教育场景中所存在的问题及解决思路为何？（4）如何构建面向智慧教育实践的知识追踪框架？（5）知识追踪在智慧教育中的未来发展趋势及应用路径有哪些？

## 一、智慧教育视域下知识追踪概念界定及最新研究进展

### （一）文献分析及概念界定

本文以"中国知网"和"Web of Science"索引库作为文献来源，以"知识追踪""Know ledge Tracing"为搜索关键词，检索时间为1994年1月—2021年3月，研究方向为计算机科学、心理学、教育学等，开展相关文献检索。剔除无关文献后，再从参考文献中继续获取二级文献，最终得到有效文献169篇。接着，从年限、领域、平台以及方法四个方面，对知识追踪相关文献的分布特点进行了分析，并从中探究知识追踪的发展现状，如图1所示。

首先，知识追踪的研究拓展符合智慧教育的发展需求。2020年以来，受新冠疫情影响，线上教育达到空前规模。如何在开展大规模在线教育的同时有效提供个性化学习服务，成为了迫切且重要的需求，知识追踪则成为满足

---

① Corbett A T, Anderson J R. Knowledge Tracing: Modeling the Acquisition of Proce-dural Knowledge. *User Modelingand User-Adapted Interaction*, 1994 (4).

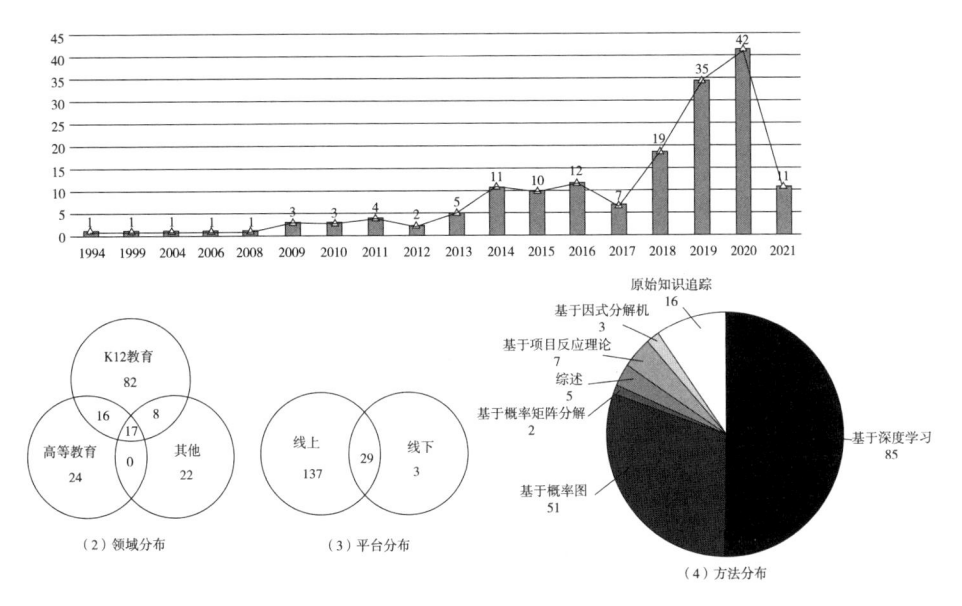

图 1 知识追踪相关文献分布特点

这一需求的重要范例。如图 1 所示,知识追踪领域文献成果呈上升趋势,尤其是 2019 年和 2020 年呈现"爆发式"增长,说明知识追踪已逐渐成为一个研究热点。筛选的文献涉及 123 个 K-12 教育场景、57 个教育场景、47 个其他教育场景,分为 166 个线上教育环境、32 个线下教育环境,说明知识追踪的教育适用场景多样化。但目前知识追踪的应用对象主要聚焦在 K-12 阶段的学习者,应用环境主要集中于在线教育平台。

其次,知识追踪能融合新兴的智能技术来促进智慧教育的发展。如图 1 所示,涉及 85 篇基于深度学习的知识追踪文献、51 篇基于概率图的知识追踪文献,这两个方向占据整个文献量的 3/4,说明这两个方向是较为广泛的知识追踪应用方法。从时间脉络上来看,自 2015 年起,基于深度学习的知识追踪成为了知识追踪研究的"主力"。究其原因在于近年来人工智能技术和深度学习的快速发展,带动了人工智能赋能教育,助推了知识追踪应用的快速发展。综上,自深度学习引入知识追踪以后,知识追踪便得到了飞跃式的发展,并且越来越多新兴的智能技术融入了知识追踪,这为进一步促进智慧教育的发展提供了新的思路和机遇。

最后,通过梳理知识追踪相关文献,本文给出了智慧教育视域下知识追踪的概念界定：知识追踪即通过跟踪学习者的历史学习轨迹，对学习者与学习资源的学习交互过程进行建模，深入分析、挖掘、追踪学习者的动态知识掌握水平与认知结构，并准确预测学习者未来学习表现，通过人机协同优化教学过程，助力于学习者终身发展的智慧教育新模式。

### (二) 三个不同角度的研究进展

自 20 世纪 90 年代以来，一些研究者提出了多种类型的知识追踪方法，从早期的概率模型到当前的深层神经网络。例如，在贝叶斯知识追踪中使用隐马尔可夫模型（Hidden Markov Model，HMM）；在深度知识追踪中使用递归神经网络模型（Recursive Neural Network，RNN）。本文依据知识追踪模型中核心技术所属领域，并结合上述对知识追踪文献来源的分析，从基于概率图的知识追踪、基于深度学习的知识追踪、基于参数估计的知识追踪这三个类型对知识追踪的研究进展进行梳理。

1. 基于概率图的知识追踪

概率图模型是一种学习任务的框架描述，其任务具体为用已知变量对未知变量的分布进行推断。贝叶斯知识追踪（Bayesian Knowledge Tracing，BKT）模型就是典型的基于概率图的知识追踪模型，其使用的核心方法隐马尔可夫模型就是一种基于模板的概率图模型。在深度学习还没有引入知识追踪任务之前，BKT 模型即为当时主流的知识追踪模型。它是一种构建学习者学习的时序模型，本质是一个含有隐变量的马尔可夫模型，以隐含层表示知识状态，以观察层表示性能数据，并且 BKT 模型给出了"三个假设"：(1) 学习者的知识状态只有掌握和未掌握；(2) 学习者在学习过程中不会产生遗忘；(3) 知识点之间是相互独立的。

然而，针对学习者所处的真实学习场景的"三个假设"过于理想化。针对假设 1，认为学习者的知识状态表达只有掌握和未掌握两个状态，会导致对学习过程的分析粒度过粗，而形成建模误差；针对假设 2，学习者在学习过程中必然会存在遗忘行为，若假设学习者一旦学会就不会遗忘，则不符合现实情况；针对假设 3，在学习过程中知识之间具有一定的关联，如学习者在了解加法的交换律这一概念后会对其理解乘法的交换律产生促进作用。

表 1　针对不同假设存在的问题提出的改进方法

| 针对假设 | 相关模型 | 思路说明 |
| --- | --- | --- |
| 假设 1 | TLS-BKT①；Spectra BKT② | 认为学习者的知识状态不仅只有掌握和未掌握两种状态，设计出其他过渡状态以更好地表征学习者学习的演变过程 |
| 假设 2 | 叶艳伟等人③；BF-BKT④；KT-Forget⑤ | 认为学习者在学习过程中是会不断产生遗忘和再学习的，通过给遗忘参数赋初值、融合影响遗忘的因素等建模学习者在学习过程中的遗忘，从而提高模型的预测精度 |
| 假设 3 | CS-BKT⑥；BKT-ST⑦；PC-BKT⑧；LFKT⑨ | 认为知识点之间是存在层次结构和关系，将知识点之间的影响关系、知识点的先验关系、知识点之间的层次结构等融入知识追踪模型，以更准确地诊断学习者知识状态 |

---

① Zhang K，Yao Y. A Three Learning States Bayesian Knowledge Tracing Model. *Knowledge-Based Systems*，2018（148）.

② Falakmasir M，et al. Spectral Bayesian Knowledge Tracing. in Santos O C，et al. *Proceedings of the 8th International Conference on Educational Data Mining*. Worcester：IEDMS，2015.

③ 叶艳伟，李菲茗，刘倩倩，等. 知识追踪模型融入遗忘和数据量因素对预测精度的影响［J］. 中国远程教育，2019（8）.

④ 黄诗雯，刘朝晖，罗凌云，等. 融合行为和遗忘因素的贝叶斯知识追踪模型研究［J］. 计算机应用研究，2021（7）.

⑤ Qiu Y，et al. Does Time Matter? Modeling the Effect of Time with Bayesian Knowl-edge Tracing. in Mykola P，et al. *Proceedings of the 4th International Conference on Edu-cational Data Mining*. Worcester：IEDMS，2011.

⑥ Meng L，et al. CS-BKT：Introducing Item Relationship to the Bayesian Knowledge T-racing Model. *Interactive Learning Environments*，2019.

⑦ Hawkins W J，Heffernan N T. Using Similarity to the Previous Problem to Im-prov-e Bayesian Knowledge Tracing. Stamper J，et al. Worcester：IEDMS，2014.

⑧ Nedungadi P，Remya M. Predicting Students' Performance on Intelligent Tutoring System-Personalized Clustered Bkt（PC-BKT）Model. in *2014 IEEE Frontiers in Educa-tion Conference（FIE）Proceedings*. Piscataway：IEEE，2014.

⑨ Khajah M，et al. Integrating latent-factor and Knowledge-tracing Models to Predict Individual Differences in learning. in Stamper J，et al. *Proceedings of the 7th International Conference on Educational Data Mining*. Worcester：IEDMS，2014.

因此，研究者们也提出了许多BKT模型的变体来解决因"三个假设"而产生的模型缺陷，其不仅能够更好地反映真实的学习场景，也在不同程度上提高了模型在预测学习者表现的精度，详见表1。

另外，引入个性化学习参数也是知识追踪研究中的一个热点方向。研究者们认为，基于概率图的知识追踪模型的预测精度取决于其参数，传统BKT在预测过程中将四个参数固定不变。然而，在实际学习场景中，不同学习者的初始掌握概率、做题的失误、猜测概率都不一样。因此，个性化学习参数[1][2][3][4]能够更好地对学习者的整个学习过程进行表征，也能提高预测精度。基于概率图的知识追踪是用图来表示变量概率依赖关系，使用学习者答对答错这个观察量和学习者潜在知识状态这个隐变量，表示概率图的两个节点，再设计出隐变量与变量、变量与变量之间的联系，最后假设这些变量服从特定的分布。其优势在于：（1）对数据集大小的要求不高；（2）模型简捷，可以很好地利用教育学原理，可解释性强。而其不足之处在于：（1）由于其固有的结构以及函数形式的限制，不能对学习者长期学习的时序依赖建模；（2）依赖教育专家对教学场景的理解，容易导致建模的局限性。目前，基于概率图的知识追踪因其解释性强、模型简捷，已被广泛应用于各类智能导学系统和在线学习平台。

2. 基于深度学习的知识追踪

深度学习是近年来新兴的人工智能方法，在计算机视觉和自然语言处理等许多传统人工智能应用中，发挥着重要的助推作用。随着人工智能在教育

---

[1] Yali C, et al. Learning Trend Analysis and Prediction Based on Knowledge Tracing and Regression Analysis. in Liu A, et al. *DASFAA 2015*. Switzerland: Springer International Publishing, 2015.

[2] Yudelson M V, et al. Individualized Bayesian Knowledge Tracing Models. in Lane H C, et al. *AIED 2013*. Berlin: Springer-Verlag, 2013.

[3] Pardos Z A, Heffernan N T. Modeling Individualization in a Bayesian Networks Imp-lementation of Knowledge Tracing. in Bra P D, et al. *UMAP 2010*. Berli: Springer-Verlag, 2010.

[4] Baker R S J D, et al. More Accurate Student Modeling Through Contextual Estimate-on of Slip and Guess Probabilities in Bayesian Knowledge Tracing. in Woolf B P, et al. *ITS 2008*. Berlin: Springer-Verlag, 2008.

领域的持续发展，深度学习也被逐渐应用于教育领域。2015年，斯坦福大学的皮耶希（C. Piech）等[①]首次将循环神经网络的变种——长短期记忆网络（Long Short-Term Memory，LSTM）引入到知识追踪任务当中，提出第一个深度知识追踪模型（Deep Knowledge Tracing，DKT），来建模学习者的知识状态。由于循环神经网络（Recurrent Neural Network，RNN）相比隐弥哥夫模型具有更高维连续的潜在状态表示，且其在时序任务中更具优势。因此，DKT相较于BKT可以建模学习者长期学习时序依赖，而不是局限于当前学习者知识掌握情况只与上一时刻学习者知识掌握情况有关的假设。尤其是循环神经网络（RNN）的变种——长短期记忆网络，其独特的"三门"结构可以记忆学习者与试题更长时间的交互，从而更好地模拟人类的记忆系统。而DKT的出现，也极大地提高了学习者表现预测的精确度，吸引了越来越多的研究者投入其中并助力于知识追踪领域的发展。可见，近年来，基于深度学习的知识追踪模型，在学习者知识状态表征、学习者表现预测方面，性能远超以往传统的知识追踪模型，使得知识追踪得到了快速发展。至此，越来越多的深度学习方法被研究者应用于知识追踪任务当中，从而更好地对学习者的知识状态以及学习表现进行预测。目前，在知识追踪领域引用的深度学习方法，详见表2。

---

① PiechC, etal. Deep Knowledge Tracing. in CortesC, et al. *Proceedings of the 28th. International Conference on Neural Information Processing Systems*. Cambridge: MIT Press, 2015.

表 2　在知识追踪领域引用的深度学习方法及代表模型

| 深度学习方法 | 代表模型 | 特点 |
| --- | --- | --- |
| 循环神经网络 | DKT①②③④⑤⑥⑦⑧⑨ | 能够捕获更复杂的学习者知识表示；能对多知识点进行建模；能够反映长时间的知识关系；是知识追踪领域发生新突破的转折点 |

---

① Lap Pong C, Haiqin Y. Heterogeneous Features Integration in Deep Knowledge Traci-ng. in Derong L, et al. *ICONIP* 2017. Switzerland: Springer International Publishing AG, 2017.

② Sein M, et al. Deep Knowledge Tracing and Dynamic Student Classification for Kno-wledge Tracing. in *2018 IEEE International Conference on Data Mining（ICDM）*. Piscataway: IEEE, 2018.

③ Zhang L, et al. Incorporating Rich Features into Deep Knowledge Tracing. in *Procee-dings of the Fourth（2017）ACM Conference on Learning @ Scale*. New York: Association for Computing Machinery, 2017.

④ Khajah M, et al. How Deep is Knowledge Tracing. in Tiffany B, et al. *Proceeding-s of the 9th International Conference on Educational Data Mining*. Worcester: IEDMS, 2016.

⑤ Xiong X, et al. Going Deeper with Deep Knowledge Tracing. in Tiffany B, et al. *Proceedings of the 9th International Conference on Educational Data Mining*. Worcester: IEDMS, 2016.

⑥ Yeung C-K, Yeung D-Y. Addressing Two Problems in Deep Knowledge Tracing via Prediction-consistent Regularization. in *Proceedings of the Fifth Annual ACM Conference on Learning at Scale*. New York: Association for Computing Machinery, 2018.

⑦ Bin X, et al BiRNN-DKT: Transfer Bi-directional LSTM RNN for Knowledge Trac-ing. in Weiwei N, et al. *WISA 2019*. Switzerland: Springer Nature Switzerland AG, 2019.

⑧ Su Y, et al. Exercise-enhanced Sequential Modeling for Student Performance Predict-ion. in *Proceedings of the AAAI Conference on Artificial Intelligence*. Menlo Park: AAAI, 2018.

⑨ Liu Q, et al. EKT: Exercise-aware Knowledge Tracing for Student Performance Pred-iction. *IEEE Transactions on Knowledge and Data Engineering*, 2021（1）.

续表

| 深度学习方法 | 代表模型 | 特点 |
|---|---|---|
| 记忆增强神经网络 | DKVMN①②③④⑤⑥⑦⑧ | 具有准确诊断学习者在每一个知识点上的掌握情况的能力，也能更好地表征知识点之间的依赖关系 |
| 卷积神经网络 | CKT⑨⑩⑪⑫ | 能有效地对学习者整个学习序列的长期效应和学习过程中的遗忘曲线进行建模 |

---

① Jiani Z，et al. Dynamic Key-value Memory Network for Knowledge Tracing. in *Proceedings of the 26th International Conference on World Wide Web*. Republic and Canton of Geneva：International World Wide Web Conferences Steering Committee，2016.

② Sun X，et al. Dynamic Key-value Memory Networks with Rich Features for Knowledge Tracing. *IEEE Transactions on Cybernetics*，2021.

③ Liu D，et al. Multiple Features Fusion Attention Mechanism Enhanced Deep Knowledge Tracing for Student Performance Prediction. *IEEE Access*，2020（8）.

④ 艾方哲. 基于知识追踪的智能导学算法设计［D］. 北京：北京交通大学，2019.

⑤ 李标. 在线学习平台中知识追踪机制研究［D］. 武汉：武汉大学，2019.

⑥ 马骁睿，徐圆，朱群雄. 一种结合深度知识追踪的个性化习题推荐方法［J］. 小型微型计算机系统，2020（5）.

⑦ 宗晓萍，陶泽泽. 基于掌握速度的知识追踪模型［J］. 计算机工程与应用，2021（6）.

⑧ 赵旭. 基于动态键值记忆网络的知识追踪算法研究［D］. 西安：西北大学，2020.

⑨ 徐盛原. 基于深度学习知识追踪模型的在线教育数据挖掘研究［D］. 哈尔滨：哈尔滨工业大学，2020.

⑩ Shuanghong S，et al. Convolutional Knowledge Tracing：Modeling Individualization in Student Learning Process. in *Proceedings of the 43rd International ACM SIGIR Conference on Research and Development in Information Retrieval*. New York：Association for Computing Machinery，2020.

⑪ Shanghui Y，et al. Deep Knowledge Tracing with Convolutions［DB/OL］.［2020－07－26］. http：//arxiv.org/abs/2008.01169v1.

⑫ 李东华. 基于贝叶斯神经网络的深度知识追踪方法研究［D］. 武汉：武汉理工大学，2019.

续表

| 深度学习方法 | 代表模型 | 特点 |
| --- | --- | --- |
| 图神经网络 | GKT[1] | 结合了课程知识的图形结构性质，建模知识点之间复杂的多重关系，更好地考虑了知识点之间的相关性 |
| 图卷积神经网络 | GIKT[2] | 建模了练习与知识点之间的关系，缓解了数据稀疏性问题和多知识点问题，也能更好地模拟学习者对新练习及其相关知识点的掌握程度 |
| 动态学生记忆分类网络 | DSCMN[3] | 能够捕捉学习者长期学习过程中每个时间间隔的时间学习能力（特定技能的学习速率），从而更好地展现学习能力在学习过程中的重要性并预测学习者的表现 |
| 顺序键值记忆网络 | SKVMN[4] | 既能准确地诊断学习者在特定知识点的状态，又能捕捉练习序列中的长期依赖性，克服了现有知识追踪的局限性 |

---

[1] Nakagawa H, et al. Graph-based Knowledge Tracing: Modeling Student Proficiency Using graph Neural Network. in Barnaghi P, et al. *2019 IEEE/WIC/ACM International Conference on Web Intelligence（WI）*. Piscataway: IEEE, 2019.

[2] Yang Y, et al. GIKT: A Graph-based interaction Model for Knowledge Tracing. in Hutter F, et al. *ECML PKDD 2020*. Switzerland: Springer Nature Switzerland AG, 2020.

[3] Sein M, et al. Dynamic Student Classification on Memory Networks for Knowledge Tracing. in Qiang Y, et al. *PAKDD 2019*. Switzerland: Springer Nature Switzerland AG, 2019.

[4] Abdelrahman G, Qing W. Knowledge Tracing with Sequential Key Value Memory Networks. in *Proceedings of the 42nd International ACM SIGIR Conference on Research and Development in Information Retrieval*. New York: Association for Computing Machinery, 2019.

续表

| 深度学习方法 | 代表模型 | 特点 |
| --- | --- | --- |
| 异构信息网络 | AKTHE[1] | 通过使用异构信息网络对问题及其属性进行建模，解决了实际学习场景中学习者数据稀疏的问题 |
| 贝叶斯神经网络 | BDKT[2] | 能够对功能丰富的学习者行为特征进行建模，且贝叶斯神经网络与深度知识追踪的融合使得模型泛化能力更强，也能有效地防止过拟合问题 |

3. 基于深度学习的知识追踪

基于参数估计的知识追踪进展，包括以下三个方面：（1）基于概率矩阵分解的知识追踪引入了概率矩阵分解技术，从概率建模角度动态跟踪和解释学习者知识状态的变化情况，将学习者和练习映射到具有明确含义的知识空间中，再利用矩阵分解模型将每个学习者的相关信息嵌入到同一个知识空间中，从而追踪其知识状态。其从概率建模角度提升了模型结果的可解释性，但其不足之处在于扩展性差且不适用于大数据集。（2）基于项目反应理论的知识追踪融合了项目反应理论的特性，并假设学习是一个渐变的过程，从而直接预测学习者的表现。其模型高度结构化，可解释性较强，但是仍需依赖专家标记知识点与练习之间的映射关系。（3）基于因式分解机的知识追踪，将知识追踪看作是一个融入学习者学习过程的学习行为特征，以及试题属性特征的分类问题，从而预测学习者表现。该方法适用于小数据集和稀疏数据集，且预测结果具备可解释性。

---

[1] Nan Z, et al. Attention-based Knowledge Tracing with Heterogeneous Information Network Embedding. in Gang L, et al. *KSEM 2020*. Switzerland: Springer Nature Switzerland AG, 2020.

[2] Li D, et al. Deep Knowledge Tracing Based on Bayesian Neural Network. in Xhafa F, et al. *IISA 2019*. Switzerland: Springer Nature Switzerland AG, 2020.

## 二、当前研究存在的问题及解决思路

面向智慧教育应用，知识追踪已经成为热门研究话题，相关的新研究接踵而至，但是由于学习环境多变、学习过程复杂、学习行为不易量化等因素，知识追踪仍然存在诸多亟需解决的问题，主要体现在以下四个层面。

### (一) 从数据层面看，存在跨学科且不平衡的问题

首先，目前知识追踪建模涉及的学科主要为 K-12 教育的数学学科，主要原因是该学科知识清晰、逻辑严密、层次分明，在知识点标注、作答行为量化方面都有利于知识追踪建模。但是，若换成其他知识结构模糊、学习行为不易量化的学科（如语文、英语等），知识追踪的跨学科移植性就面临巨大的挑战；其次，线上教育模式收集学习日志较为便捷且收集的数据量庞大，线下教育模式可能会出现收集学习数据体量较少的现象。虽然知识追踪可应用于不同的教育模式，但不同的知识追踪模型能处理的数据体量单一。例如，基于概率图的知识追踪在数据体量小的数据集上表现较好；而基于深度学习的知识追踪在数据体量大的数据集上表现良好。可见，这种数据不平衡的问题极大地限制了知识追踪的适用性。基于上述问题的解决思路，即针对知识追踪的跨学科移植性问题，可引入模糊逻辑对不同学科知识量化的不确定性进行建模，从而基于模糊逻辑架构开展知识追踪；针对知识追踪的数据不平衡的敏感问题，可融合迁移学习等小样本智能学习技术，提升知识追踪处理小样本、不平衡的能力，从而增强知识追踪的适用性。

### (二) 从模型层面看，存在体系化及标准化的问题

首先，目前知识追踪未形成统一的、体系化的理论框架，现行方法大多遵循一些各自制定的前提假设，采用的建模手段也大相径庭，适用的教育场景也各不相同，知识追踪的理论体系构建成为了亟待解决的问题；其次，当前的知识追踪系统研发缺乏统一的参照标准。例如，数据接口标准为何？模型构建标准为何？决策输出接口标准为何？这些标准化问题极大限制了知识

追踪在智慧教育中的应用。基于上述问题的解决思路，即针对知识追踪的体系化理论缺乏问题，可综合运用教育学、心理学、计算机及脑科学等多学科知识，自上而下地从顶层设计统一的理论体系。针对知识追踪系统标准缺失的问题，可参照学习者建模标准、学习系统体系结构与服务接口等，利用软件工程方法，制订知识追踪体系结构与接口标准。

### (三) 从决策层面看，存在解释性弱且迁移能力差的问题

随着深度学习等人工智能技术的引入，知识追踪虽然在准确性上得到了极大地提升，但是同时也带有解释性弱、迁移能力差的问题。首先，深度知识追踪模型因其黑盒属性，无法给出决策过程及决策结果的解释信息；其次，目前的知识追踪模型大多基于数据驱动的范式，换一个应用场景就需要再训练一个对应的新模型，针对不同教育场景的迁移能力较差。

基于上述问题的解决思路，即针对知识追踪可解释性弱的问题，一方面，可考虑引入可解释机器学习方法，对知识追踪的决策进行解释；另一方面，可融合教育学、心理学等领域知识作为决策的解释支撑。另外，针对知识追踪迁移能力差的问题，还可引入自适应学习机制，通过领域自适应来构建迁移能力强的知识追踪方法。

### (四) 从应用层面看，存在实践路径不清晰及领域偏向性的问题

首先，目前知识追踪应用于智慧教育的实践路径尚不清晰，如何充分利用知识追踪的效能从而促进智慧教育范式的形成，是亟需解决的问题；其次，目前知识追踪建模时存在学科偏向性、学习环境偏向性、学习者偏向性等问题，如何在应用知识追踪时弥合这些偏向性显得尤为关键。

基于上述问题的解决思路，即针对知识追踪实践路径不清晰的问题，可通过实证研究将知识追踪应用于真实的智慧环境中，探究知识追踪的有效作用路径。针对知识追踪的领域偏向性问题，可采用智能数据增强技术消除偏向性的影响，并结合多模态分析方法构建多元知识追踪模型，从而构建更具普适性的知识追踪模型。

## 三、智慧教育视域下的知识追踪框架

针对上述所提出的解决思路，综合运用大数据建模、深度学习、多模态分析等方法，本文提出了智慧教育视域下的知识追踪框架，如图 2 所示。

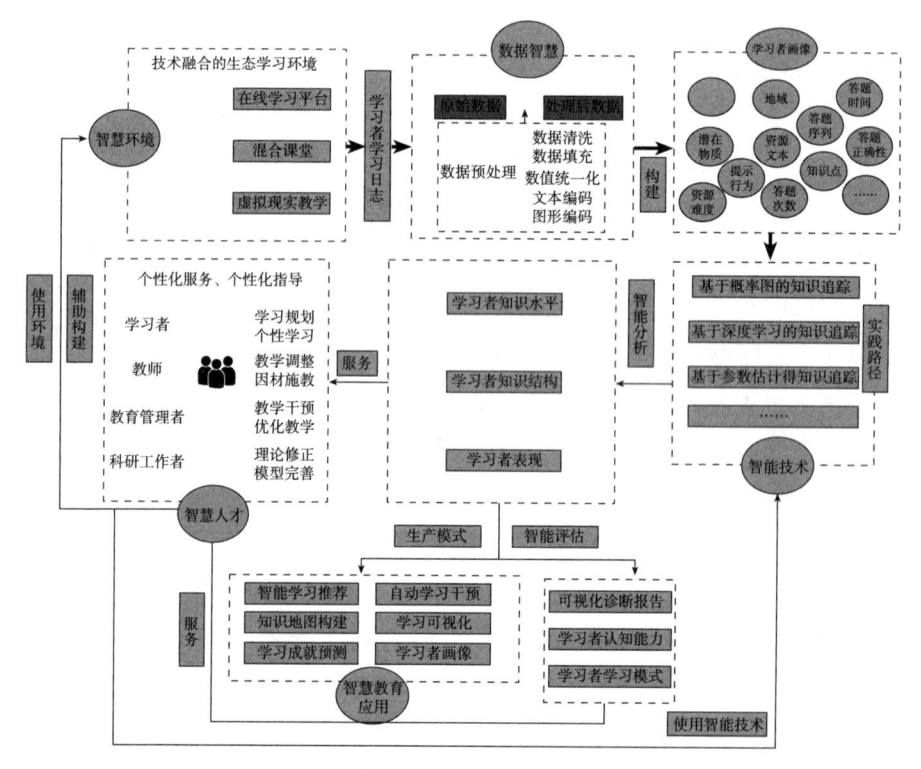

图 2　智慧教育视域下的知识追踪框架

具体而言，学习者在在线学习平台、混合课堂、虚拟现实教学等智慧环境中的学习，会不断产生学习日志数据，这些数据往往蕴含着丰富的待挖掘信息。为此，首先需要采集这些数据并做一系列包括数据清洗、数据填充、数值统一化、文本编码、图形编码等数据预处理操作。在这些数据中所记录的学习者学习过程的作答情况，可以反映学习者真实的学习过程并进而借此构建学习者画像。学习者画像囊括了一系列指标，每一个指标都能对应学习者的某一学习情况。接着，以基于概率图、深度学习、参数估计的知识追踪等智能技术为实践路径，智能分析学习者的知识水平，挖掘学习者的知识结构并预测学习者下一时刻的表现。进而，知识追踪的诊断分析结果，可应用于智能学习推荐、自动学习干预、知识地图构建、学习可视化、学习成就预测、学习者画像等教育领域，并从学习能力、认知结构等维度，对学习者学习模式进行智能评估，并给出结构化的可视诊断报告。可见，无论是知识追踪的诊断分析结果，还是其产生模式和智能评估结果，都能为培养智慧人才服务，从而辅助智慧环境的构建。

该框架对学习者来说，能使自己更加清晰地掌握自身知识结构，认识到自己的知识盲区，从而查漏补缺，规划学习，提高学习效率，促进个性化学习的开展；对教师来说，能更好地了解学习者学习状态、知识水平，以调整教学策略，并根据学习者的薄弱环节因材施教，从而提升教学效率和教学质量。同时，教师可以给予学习者更具针对性的学习反馈，制订学习方案，指导学习者个性化需求等，从而提高教学效果；对于教育管理者来说，这有助于进行更有恰切性的教学干预，帮助教师优化教学，同时优化教育管理；对科研工作者来说，这能更好地修正知识追踪原理，完善知识追踪模型，助推相关研究的发展。

## 四、面向智慧教育的知识追踪实践应用

### （一）智能学习推荐

智能学习推荐是给学习者推荐适合自己的教学资源，例如最佳学习项目序列、习题资源等。知识追踪能够通过学习者过去的学习交互序列追踪学习者的知识状态，从而预测下一次交互作答的准确概率。因此，教师可以借此观察学习者的预期学习状态，并推荐下一个能使学习者知识状态更好的学习问题，再利用启发式 Exceptimax 算法，给出学习者的最佳学习项目序列[1]。

---

[1] Piech C, etal. Deep Knowledge Tracing. in Cortes C, etal. *Proceedings of the 28th International Conference on Neural Information Processing Systems*. Cambridge：MIT Press，2015：503—513.

艾方哲等人[①]通过将改进的基于深度强化学习的知识追踪模型，建立学习者模拟器，强化学习要素中的环境模型，并通过学习者环境模型准确预测某一学习者对某一道题答对的概率，根据学习者针对某个一级知识概念进行专题训练，设计习题推荐策略。

## （二）自动学习干预

知识追踪能够在学习过程中不断更新学习者的知识状态，使教师能够及时了解学习者的知识结构，进而采取补救措施，如针对学习薄弱点进行教学、为学习者推荐难度适中的练习等，从而提高教学效能，达到因材施教的目的，为学习者提供个性化的发展机会。有研究将改进的贝叶斯知识追踪模型应用于六年级小学数学课堂中[②]，利用知识追踪模型诊断学习者的知识掌握水平，并给出可视化诊断报告，使学习者明确自我在某一知识点上是否还要继续努力，从而督促学习者学习，同时也能为这些学习者提供个性化的帮助。

## （三）知识地图构建

知识地图构建即构建知识点之间的关系。知识点之间存在不同的关系，例如先验关系、依赖关系等，但如果用人工标记这些知识点之间的关系，会造成人力成本过高，且准确率无法保证。因此，在知识追踪过程中使用神经网络[③]或者设置知识点关系参数[④]等，来自动挖掘知识点之间的关系的应用便应运而生。总体来看，挖掘知识点之间的关系，不仅能够更好地表征学习者的学习过程，也能够被再度利用来提升知识追踪预测学习者表现的能力。

---

① 艾方哲. 基于知识追踪的智能导学算法设计 [D]. 北京：北京交通大学，2019.

② 张明心. 基于认知诊断的贝叶斯知识追踪模型改进与应用 [D]. 上海：华东师范大学，2019.

③ Shuanghong S, et al. Convolutional Knowledge Tracing：Modeling Individualization in Student Learning Process. in *Proceedings of the 43rd International ACM SIGIR Conference on Research and Development in Information Retrieval*. New York：Association for Computing Machinery，2020：1857-1860.

④ Meng L, et al. CS-BKT：Introducing Item Relationship to the Bayesian Knowledge Tracing Model. *Interactive Learning Environments*，2019：1-11.

### (四) 学习可视化

研究者通过文本数据的交互结构图形来形象地展示信息或者知识，可以帮助人们更加直观地理解相关教育数据。在知识追踪领域，有研究者通过可视化知识追踪诊断结果，从而直观地分析学习者的知识掌握情况、知识点之间的关系网络。例如，张明心等人[①]考虑知识之间的影响程度，提出新的BKT模型，并将其应用于小学数学认知诊断中，生成了个性化认知诊断报告，可明晰知识追踪诊断效果以及学习者能力水平。还有研究者以热力图的形式，展现某一学习者在试题上的交互结果，即学习者在做完每道试题后答对下一道试题的概率，以更好地展现知识追踪在发展学习者知识掌握进程中的作用。

### (五) 学习成就预测

学习者成就预测通过学习者与试题的交互，建立学习者学习行为与学业表现间的关系模型，用以预测学习者最终的成绩。一方面，知识追踪的目的之一就是根据学习者在在线学习平台上的学习日志，清理挖掘出学习者对知识的掌握情况并预测学习者在下一时刻的成绩；另一方面，大部分知识追踪模型的性能，都是通过比较其在学习者成绩预测方面的性能表现来判断的。

### (六) 学习者画像

学习者画像能够通过对学习者建模来挖掘不同学习者的特点，如情绪、认知、学习偏好等，以识别不同类型的学习者，从而对其施加相应的措施，来满足学习者的个性化学习需求。知识追踪是学习者建模的一种方法，根据学习者与试题产生的学习日志，通过知识建模，诊断出学习者的知识掌握情况以及预测学习者在下一时刻的表现。除了建模知识，一些改进的知识追踪模型，还可以建模学习者的情感特征、学习者学习过程中的记忆与遗忘因素、学习者掌握知识点快慢、学习者做题时间等等，从而优化个性化学习。长谷

---

① 张明心. 基于认知诊断的贝叶斯知识追踪模型改进与应用 [D]. 上海：华东师范大学，2019.

(K. Nagatani) 等人[①]通过建模与遗忘有关的多种类型的信息来考虑遗忘，从而提高预测精度。

## 五、知识追踪的未来发展趋势

### （一）多模态知识追踪

目前，绝大多数知识追踪模型都是以学习者的历史答题情况为基础，涉及的特征只有试题包含的知识点以及学习者的作答反应，然而学习者的学习过程却更为复杂，会产生许多其他特征。这些特征可分为"学习者特征"以及"试题属性特征"，其中"学习者特征"指的是学习者在与试题进行交互时产生的行为特征以及情感特征，例如学习者的作答反应、作答时间、答题次数、查看提示、学习速率和消极/积极的情绪等；"试题属性特征"指的是学习者作答的试题本身所具有的属性特征，例如试题与知识点的映射关系特征、试题之间的依赖关系特征、试题中知识点之间的关系特征、试题难度等。这些特征最终会影响学习者的知识状态诊断以及学习成绩预测。因此，如何采集并选择适合的特征进行学习者知识建模？如何根据特征的不同特点进行数据预处理增加知识追踪模型的可移植性？如何使得多特征充分且深入地融合？这些都是未来的研究方向之一。

### （二）个性化学习参数

不论是深度知识追踪还是以往的贝叶斯知识追踪，它们的参数要么基于试题，要么全部学习者共用。然而，学习率、学习能力、失误概率、猜测概率、遗忘等学习参数，都应该是因学习者而异的。基于学习者的学习参数，能更好地解释学习者之间的差异，并利用这些信息更准确地预测学习者的表现，实现进一步推动个性化教学和达到因材施教的目的。因此，加强个性化也是未来知识追踪领域的研究方向之一。

---

① Nagatani K，et al. *Augmenting Knowledge Tracing by Considering Forgetting Behavior*. Proceedings of the World Wide Web Conference. New York：Association for Computing Machinery，2019：3101-3107.

### (三)面向跨学习模式

随着教育的改革与发展,各种学习模式如雨后春笋般争相而出,例如,合作学习、小组学习、SPOC等等,学习者学习模式的改变必然会对学习者产生影响。当然,对知识追踪领域来说,如何追踪参与不同学习模式的学习者的知识状态。如何利用不同学习模式对学习者的影响来追踪学习者个性化的知识状态。这些都将会成为知识追踪领域关注的重点。

### (四)融合认知解释性

深度知识追踪在可解释机制方面一直不够完善,主要原因在于认知领域方面的理论支撑不足。因此,介入教育学、认知心理学等方面的理论知识去完善知识追踪原理以及提升知识追踪模型,具有客观的研究前景。例如,如何完美融合认知诊断模型与知识追踪模型,使得认知诊断模型不具有时序性、知识追踪模型诊断结果可解释性不强等问题都能得到解决。又如,如何引入布鲁姆教育目标分类认知领域的理论去优化知识追踪模型,进而改善知识追踪模型诊断粒度较粗的问题。

### (五)小样本适用模型

以往的知识追踪模型虽然适用于小样本小数据量的数据集,然而,预测效果却并不如深度知识追踪。而深度知识追踪需要大量的数据来做训练,也不适用于小样本、小数据量的数据集。因此,在保证预测效果的前提下,如何使得深度知识追踪模型也能适用于小样本小数据量的数据集,是今后值得探索的研究方向之一。

## 六、研究结论及建议

首先,智慧教育旨在实现人机协同优化教学过程、助力学习者的智能发展,知识追踪作为重要的智能教育方法和技术,逐渐成为实践智慧教育的重要抓手。本文通过对国内外相关文献的梳理,采用大数据建模、深度学习、多模态分析等方法，基于智慧教育视域，界定知识追踪的概念，力图让知识追踪从真正意义上服务于智慧教育实践。

其次，本文从基于概率图的知识追踪、基于深度学习的知识追踪、基于参数估计的知识追踪这三个角度探究其最新研究进展及面临的挑战，并获得如下结论：（1）从数据层面看，知识追踪存在跨学科、不平衡的问题；（2）从模型层面看，知识追踪存在体系化、标准化的问题；（3）从决策层面看，知识追踪存在解释性弱、迁移能力差的问题；（4）从应用层面看，知识存在实践路径不清晰、领域偏向性的问题。基于此，本文提出以下建议：（1）引入模糊逻辑对不同学科知识量化的不确定性进行建模，从而基于模糊逻辑架构开展知识追踪，融合迁移学习等小样本智能学习技术，提升知识追踪处理小样本及不平衡的能力，从而增强知识追踪的适用性；（2）综合运用教育学、心理学、计算机等多学科知识，自上而下地从顶层设计统一的理论体系，参照学习者建模标准、学习系统体系结构与服务接口等，利用软件工程方法，制定知识追踪体系结构与接口标准；（3）引入可解释机器学习方法，对知识追踪的决策进行解释，融合教育学、心理学等领域知识作为决策的解释支撑，引入自适应学习机制，通过领域自适应来构建迁移能力强的知识追踪方法；（4）通过实证研究将知识追踪应用于真实的智慧环境中，探究知识追踪的有效应用路径，采用智能数据增强技术消除偏向性的影响，并结合多模态分析方法构建多元知识追踪模型，从而构建具有普适性的知识追踪模型。

再次，本文综合运用大数据建模、深度学习、多模态分析等方法，提出了智慧教育视域下的知识追踪框架，以期为后续研究提供思路与参考，并从智能学习推荐、自动学习干预、知识地图构建、学习可视化、学习成就预测、学习者画像等方面，探究知识追踪面向智慧教育的实践应用路径。

最后，本文从多模态知识追踪、个性化学习参数、面向跨学习模式、融合认知解释性、小样本适用模型五个层面，总结了知识追踪的未来发展趋势，以期进一步推动知识追踪在智慧教育领域的落地与实践。